中国社会科学院甘肃国情调研基地成果

奋力推进旅游强省建设的
甘肃实践

夏杰长　孙盼盼　刘睿仪　等◎著

经济管理出版社
ECONOMY & MANAGEMENT PUBLISHING HOUSE

图书在版编目（CIP）数据

奋力推进旅游强省建设的甘肃实践 ／ 夏杰长等著.
北京：经济管理出版社，2025. 3. -- ISBN 978-7-5243-
0346-6

Ⅰ. F592.742

中国国家版本馆 CIP 数据核字第 2025QT5100 号

组稿编辑：申桂萍
责任编辑：申桂萍
责任印制：张莉琼
责任校对：陈　颖

出版发行：经济管理出版社
　　　　　（北京市海淀区北蜂窝 8 号中雅大厦 A 座 11 层　100038）
网　　　址：www. E-mp. com. cn
电　　　话：（010）51915602
印　　　刷：唐山玺诚印务有限公司
经　　　销：新华书店
开　　　本：720mm×1000mm/16
印　　　张：17. 25
字　　　数：271 千字
版　　　次：2025 年 3 月第 1 版　　2025 年 3 月第 1 次印刷
书　　　号：ISBN 978-7-5243-0346-6
定　　　价：98. 00 元

序　言

党的十八大以来，习近平总书记作出了一系列重要指示，为加快建设旅游强国、推动旅游业高质量发展提供了重要指引。2024 年 5 月 17 日，全国旅游发展大会在北京召开，会上传达了习近平总书记对旅游工作作出的重要指示，习近平总书记强调"着力完善现代旅游业体系，加快建设旅游强国，让旅游业更好服务美好生活、促进经济发展、构筑精神家园、展示中国形象、增进文明互鉴"。旅游业是综合性产业，具有产业链条长、关联度高、资源消耗小、综合效益好的特征，在现代化经济体系中具有十分重要的地位。推动旅游业高质量发展和建设旅游强国，既是全面建成社会主义现代化强国的内在要求，也是推进中国式现代化的重要基础和有力支撑。

建设旅游强国，需要各地区一起奋进发力。在建设旅游强国的进程中，甘肃如何结合省情实际，锚定目标、找准定位、创新举措，为旅游强国建设贡献甘肃智慧和甘肃力量，这是摆在甘肃面前亟待解决的重大理论和现实问题。对此，甘肃高度重视。在全国旅游发展大会结束后不久，甘肃省文旅厅就联合省委宣传部、省发展改革委、省财政厅、省交通运输厅等相关部门和单位印发了《关于贯彻落实习近平总书记重要指示精神和全国旅游发展大会精神推动旅游强省建设的实施方案》，从总体要求、主要任务和保障措施等方面做了系统阐述和具体要求。推进旅游强省建设是甘肃立足于新发展阶段、深入贯彻新发展理念、深度融入新发展格局，在推动社会主义现代化强国建设中所作出的重大战略决策。

甘肃作为中华民族和华夏文明重要的发祥地之一，是我国历史文化悠久和文旅资源富集的大省，充分发挥其历史文化底蕴深厚和旅游资源丰富多彩的优势，牢牢抓住旅游业高质量发展这条主线，全力推进甘肃强省建设，谱写旅游强国建设甘肃篇章，势在必行，水到渠成。本书瞄准甘肃旅游业亟待解决的重大理论和现实问题，聚焦甘肃旅游强省建设这条主线，旨在为推进旅游强国建设的甘肃实践提供智力支撑，回答好"如何推动甘肃旅游业跨越式发展"这一时代之问。围绕这个目标，我们依托中国社会科学院甘肃国情调研基地进行了大量实地调研，广泛征求各相关方的意见，在此基础上完成了这本书稿。重视调查研究和实践案例的剖析，是本书的鲜明特色。我们深知，作为科研工作者，要解决实践中的难题且有学理性、系统性阐释与研究，只端坐书斋阅读文献和搬弄文字游戏无济于事，必须深入实践了解实情，在掌握第一手材料后多分析、多思考，从实践中来、到实践中去。

2022年，笔者接手中国社会科学院甘肃国情调研基地的工作，从而有了更多、更深入的调研机会，并尽可能地把调研成果整理出来，推出各种基于甘肃省情的研究成果（包括政策咨询报告、学术论文、著作等）。呈现在读者面前的这本著作，就是中国社会科学院甘肃国情调研基地新的阶段性研究成果。本书围绕新时代如何推进中国式现代化的甘肃实践，聚焦甘肃旅游强省建设的实践创新，做了比较深入且系统的研究。全书共有十章内容。

第一章，旅游强省建设的理论内涵与时代意义。旅游强省指的是旅游产业在经济社会发展中占据战略性地位、发挥着支柱性贡献，旅游资源丰富、产业体系完善、产业机制健全、国际化程度高，为地方经济、社会、文化等多方面带来显著贡献的省份。奋力推进旅游强省建设是加快旅游业质量、效率和动力变革的集中体现，是应时代之使命、谋发展之宏业，是培育地区发展新动能、实现高质量发展的战略选择。甘肃拥有建设旅游强省的优势条件，要把握时代机遇，为旅游强国建设贡献甘肃力量和甘肃智慧。

第二章，甘肃建设旅游强省的基础与成效。甘肃建设旅游强省，在历史文化、自然资源、经济要素、产业支撑、市场潜力和区域合作等方面具备基础条件。在建设旅游强省的过程中，甘肃坚持以文塑旅、以旅彰文，正在实施"强基础、强产业、强供给、强品牌、强人才"工程，在推进旅游强省建设的进程中取得了突出的成效，但也面临诸多挑战。面向未来，甘肃要充分利用好悠久的历史文化和丰富的旅游资源，把握历史机遇，化解旅游业发展中可能遇到的各种挑战，在旅游强省建设的征途上行稳致远。

第三章，甘肃迈向旅游强省的战略定位与总体思路。明确甘肃迈向旅游强省的战略定位和构建符合时代要求的总体思路，不仅是推动旅游业高质量发展和提升甘肃旅游竞争力的关键，也是实现旅游业可持续发展、助力地方经济社会全面进步的必由之路。要深化旅游业供给侧结构性改革，推动旅游业向高质量发展方向迈进，不断加快旅游强省建设，完善现代旅游业体系，提升旅游业竞争力，努力把旅游业打造成为绿色发展崛起的战略性支柱产业和综合性幸福产业。

第四章，新质生产力与甘肃现代旅游业体系。新质生产力以劳动者、劳动资料、劳动对象及其优化组合的跃升为基本内涵，以全要素生产率提升为主要目的，其与文旅融合高质量发展存在深刻的内在逻辑。甘肃省文化和旅游资源禀赋高，旅游业发展拥有丰富的新质生产力应用场景。新质生产力的形成及发展以战略性新兴产业和未来产业为基础，凭借创新性、高关联性、高渗透性以及高附加值等特点，培育新兴旅游业市场主体，引领现代旅游技术创新突破，锻造"+旅游"深度融合的新生态，创造旅游消费新场景和新业态，推动旅游业与生态文明建设深度融合。

第五章，甘肃旅游业发展与铸牢中华民族共同体意识。旅游业是奋力谱写中国式现代化甘肃篇章中的重要产业方向，也是铸牢中华民族共同体意识的重要抓手。现代旅游业和高水平建设旅游强省是旅游铸牢中华民族共同体意识的基础，而铸牢中华民族共同体意识、构筑精神家园更是新时代旅游工作的重要使命，是民族地区旅游业高质量发展的内在要求。全面推进落实旅游铸牢中华民族共同体意识，必须正确把握好四对关系，即"共同性和差异性的关系""中华民族共同体意识和各民族意识的关系""中华文化和各民族文化的关系""物质和精神的关系"。

第六章，非物质文化遗产活化与甘肃旅游强省建设。甘肃历史悠久，文化底蕴深厚，是中华民族和中华文明的重要发祥地之一，拥有着深厚的历史底蕴和璀璨的非物质文化遗产。让甘肃非遗彰显朝气，为甘肃旅游强省建设赋能，具有深远的时代价值。甘肃在非遗活化方面有许多新探索，摸索出了很多成功的经验，正在构建非遗活化与甘肃旅游业发展相互促进的良性循环机制，非遗积极融入旅游空间，旅游又进一步传承和激活了非遗，非遗与旅游实现了双向奔赴，这种双向奔赴在推动甘肃旅游强省建设方面发挥了积极的作用。

第七章，县域旅游与甘肃旅游强省建设。县域旅游作为县域发展的重要引擎，不仅带动了地方特色产业的发展，还促进了城乡融合和区域协调发展。同时，县域旅游也是地方文化传承和生态保护的重要途径，能够通过乡村旅游、文化旅游来提升地方文化自信与生态文明意识。随着国家政策的引导和市场需求的推动，甘肃县域旅游市场持续扩展，新兴的旅游形式如露营、研学等迅速崛起，推动了县域旅游的多样化和快速发展。甘肃县域旅游也面临目的地整体性不强、部门协同不足、平台机制不完善、营销力度不够等问题，需要在全面深化改革中化解这些挑战，为旅游强省建设奠定坚实的基础。

第八章，入境旅游助力甘肃旅游强省建设。改革开放 40 多年来，甘肃入境旅游业的发展取得了一定的成就，在"服务美好生活、促进经济发展、构筑精神家园、展示我国形象、增进文明互鉴"中的作用日益增强。但与建设旅游强省的要求相比，甘肃的入境旅游市场还很薄弱，面临着客流增速低、外国游客占比小、客源结构单一和创收水平低等严峻挑战，加快发展入境旅游，提高入境旅游的规模和质量，任重道远。未来，需要在改善进入条件、完善旅游设施、提升旅游体验和培养专业人才等方面苦下功夫，充分发挥入境旅游在旅游强省建设中的应有作用。

第九章，甘肃旅游强省建设的创新实践与典型经验。旅游强省建设是旅游强国建设的重要组成部分和重要支撑。甘肃高度重视旅游强省建设，聚焦高质量发展这一主题，加速构建"敦煌引领、丝路串联、网状协同、全域推进"的旅游业高质量发展新格局。甘肃在积极探索和建设旅游强省的过程中取得了一系列宝贵的创新实践成果。甘肃旅游业的战略性支柱产业定位越来越凸显，在推动全省经济社会高质量发展的进程中发挥了重要的驱动作用。在旅游强省建设过程中甘肃开展了一系列创新实践，形成了可复制、可借鉴的经验与模式，为新时代旅游业高质量发展和旅游强国建设提供了有益的经验借鉴。

第十章，奋力建设甘肃旅游强省的实践路径。甘肃正在奋力推进旅游强省建设，且成效初显，机遇与挑战并存。未来，为了更高质量地建设旅游强省，甘肃需要在推动旅游业改革开放、促进旅游业技术进步、培育壮大旅游业市场主体、优化旅游业发展环境、推动旅游业融合发展、健全旅游业要素保障体系等方面协同发力，不断提升甘肃旅游业在国民经济和社会发展中的战略地位，为全力推进旅游强国建设和中国式现代化贡献甘肃力量。

旅游业是综合性很强的行业，旅游强省的建设不只是文旅部门的职责，其涉及面很广，需要方方面面协同努力。自然地，对旅游业或旅游强省建设的研究，也不是掌握旅游业基本理论和方法就能把握的，需要更综合的专业知识加持，只有这样才能系统深入地推进相关的研究工作。正因如此，我们的研究可能还存在不少结构性缺陷，尚待在今后的研究中逐渐弥补，也期待同行专家和广大读者多提改善意见，我们一定虚心接受你们专业而中肯的意见，不断提高研究水平，以期拿出更加厚重和更接地气的研究成果。

夏杰长

2025 年 1 月 6 日于北京

目　录

第一章　旅游强省建设的理论内涵与时代意义

　　旅游业作为现代服务业的重要组成部分，融合度高、覆盖面广、拉动力强，具有"一业兴带动百业旺"的独特作用，是满足人民美好生活需要的重要内容、推动经济增长的重要产业、增进文明交流互鉴的重要载体和践行绿色发展理念的重要领域。① 改革开放以来，尤其是党的十八大以来，我国旅游业发展取得了突出成就，彰显出旺盛活力，我国旅游业正在成为新兴的战略性支柱产业和具有显著时代特征的民生产业、幸福产业。习近平总书记明确提出，要"着力完善现代旅游业体系，加快建设旅游强国"②，这为新时代新征程旅游业发展指明了方向。据国家统计局发布的数据显示，2023 年，国内出游人次 48.91 亿，同比增长93.3%，国内游客出游总花费 4.91 万亿元。③ 我国已形成全球最大国内旅游市场，成为国际旅游最大客源国和主要目的地，旅游业展现出强大的韧性与活力，作为国民经济战略性支柱产业的地位更加凸显，开启了旅游强国建设的新征程。在建设旅游强国的目标指引下，旅游强省建设成为各地推动区域旅游产业转型升级的重要途径。奋力推进旅游强省建设是加快旅游业质量、效率和动力变革的集

---

　　① 宋瑞，保继刚，魏小安，等．旅游强国建设与旅游业高质量发展［J］．旅游学刊，2024，39（7）：16-27．

　　② 习近平对旅游工作作出重要指示强调　着力完善现代旅游业体系加快建设旅游强国　推动旅游业高质量发展行稳致远［N］．人民日报，2024-05-18（01）．

　　③ 国家统计局．中华人民共和国文化和旅游部 2023 年文化和旅游发展统计公报［EB/OL］．（2024-09-01）［2024-12-01］．https：//www.gov.cn/lianbo/bumen/202409/content_6972211.htm．

中体现，是应时代之使命、谋发展之宏业，是培育地区发展新动能、实现高质量发展的战略选择。在新时代背景下，应该深刻认识旅游强省建设的重大意义和价值所在，推动旅游强省建设不断取得新的成效和突破。

第一节 旅游强省建设的理论内涵

一、旅游强省的概念与特征

我们认为，旅游强省指的是旅游产业在经济社会发展中占据战略性地位、发挥支柱性作用，旅游资源丰富、产业体系完善、产业机制健全、国际化程度高，为地方经济、社会、文化等多方面带来显著贡献的省份。旅游强省强调的是"强"而非"大"，旅游强省并非单纯指旅游业在数量或规模上的"大"，更重要的是在质量、效益和产业体系完善程度上的"强"，意味着与旅游大省相比，旅游强省更注重旅游业的综合效益和可持续发展能力，其不仅拥有庞大的旅游资源和游客数量，而且在旅游服务质量、旅游产品开发、旅游设施完善等方面市场竞争力强，能够持续吸引游客，提升旅游体验，实现旅游业的长期稳定发展。[①] 由此，旅游强省的发展特征可概括为以下几个方面：

（一）旅游业具有战略性地位与支柱性贡献

旅游强省首先意味着旅游业在该地区经济社会发展中具有重要的战略地位，政府将旅游业视为推动经济增长、促进就业、提升地区形象和国际影响力的重要手段，通过政策引导、资源配置和制度创新等手段，推动旅游业与其他产业的深度融合和协同发展。因此，旅游强省通常会在政策制定、资源配置、基础设施建

---

① 武虹剑，李仲广，谢彦君，等. 旅游强省的研究现状、理论基础与评价体系研究 [J]. 旅游学刊，2008（4）：53-57.

设等方面给予旅游业更多的支持和倾斜。作为战略性产业，旅游强省的旅游产业在地区经济社会发展中发挥着支柱性贡献。这体现在旅游业对地区 GDP 的贡献率高、旅游就业人数占社会就业总人数的比例大、旅游税收在地方财政中占有较大的比重等方面，对经济增长的贡献大，有较强的市场竞争力和影响力，要求旅游业不仅要实现规模的扩张，更要注重效益的提升，通过优化产业结构、提升服务质量等方式，增强旅游业的竞争力。

（二）旅游资源禀赋丰富

每个国家和地区都有其独特的自然景观、文化遗产、历史遗迹等旅游资源，这些资源是吸引国际游客的重要因素，旅游强省具有丰富的旅游资源禀赋，不仅高度重视旅游资源的科学保护与合理利用，还致力于新旅游项目的开发、新技术的引入以及新市场的拓展，保持旅游技术创新、旅游产品创新和旅游服务创新的领先地位，旅游设施设备现代化水平高、旅游服务专业化程度高、旅游管理智能化程度深，并且不断提高新质生产力水平，挖掘旅游资源存量中的新元素，不断丰富旅游产品供给，确保了旅游资源的可持续利用。将存量转化为增量，在保持"质"的有效提升的同时，实现"量"的合理增长，让旅游业迸发出更强劲的动能。此外，旅游强省还注重提升旅游公共服务设施水平，加强智慧旅游建设，提高旅游交通便利性和舒适度，进一步增强地区旅游业的吸引力和竞争力。

（三）旅游业的产业体系完善

旅游业产业体系的完善，首先体现在其全面性和多元化上。一个完善的旅游业产业体系，应当涵盖旅游产业链中的旅游资源的开发、旅游产品的设计、旅游服务的提供、旅游市场的营销以及旅游基础设施的建设等各个环节，旅游强省建设需要构建强大的旅游产业链，通过资源整合、产品创新、服务优化等方式提高整个产业链的附加值和竞争力，带动相关产业的协同发展，形成良性循环，不仅能满足游客多样化的旅游需求，也能实现旅游业内部各环节的协同发展。现代旅游业体系包含旅游业、关联产业以及多元衍生业态，具备系统性、动态性、开放性的特征。旅游强省重视旅游业体系下各个产业协同联动发展，其旅游业能够发挥出强大的综合性带动功能，实现吃、住、行、游、购、娱等环节的相互关联渗透与协调发展，适应和满足不断变化的市场需求、社会趋势与政策导向，带动相关产业发展并形成完整的产业链条和产业集群效应，响应时代发展节奏，助力宏观发展目标，不断吸纳前沿理念、技术、模式，在转变发展方式、调整经济结构、带动相关产业、解决社会就业等方面发挥重要作用。同时，旅游业产业体系的完善还体现在其与现代科技、文化创意等的深度融合上，通过运用大数据、人工智能等现代信息技术，能够实现对旅游资源的精准管理和优化配置，提升旅游服务的智能化和个性化水平，推动文化创意产业与旅游业的发展相结合，为旅游业注入新的文化内涵和创新活力，使旅游产品更具吸引力和竞争力，从而促进地方经济的多元化发展。

（四）旅游业产业机制健全

在旅游强省的建设过程中，建立健全的旅游市场机制是至关重要的。一个健全的旅游业产业机制应当具备高效、协同、可持续的运作效能，为旅游业的健康发展提供有力保障。旅游强省的旅游业产业机制的健全，首先体现在其市场化运作和高效协同上。市场机制是市场经济条件下资源配置的基本方式，通过价格机制、竞争机制、供求机制等调节市场主体的行为。其中，价格机制是市场机制的核心，在旅游业中，价格机制通过影响旅游产品的供求关系来调节旅游市场的运行。合理的价格体系可以引导旅游资源的优化配置和高效利用，同时保障旅游消费者的合法权益。因此，旅游强省需要建立透明、公正、合理的旅游价格体系，加强对旅游价格的监管和调控，在市场化运作方面，应当遵循市场规律，实现旅游资源的优化配置和旅游产品的多样化供给，提高旅游业的运营效率。竞争机制是市场机制的重要组成部分，在旅游业中，良好的竞争机制可以激发旅游企业的创新活力和发展动力、推动旅游产品和服务的升级换代。旅游强省需要营造公平、公正、有序的竞争环境，鼓励旅游企业加强技术创新、提升服务质量、拓展市场份额。供求机制是市场机制的基础，在旅游业中，供求机制通过反映旅游市场的需求和供给状况来调节旅游资源的配置和利用。旅游强省须密切关注旅游市场的供求变化，及时调整旅游产品的结构和供给方式。此外，旅游强省的旅游业产业机制的健全还体现在注重可持续发展和长远规划上。在全球化背景下，旅游业必须注重可持续发展，实现经济效益、社会效益和环境效益的协调发展，加强长远规划，明确发展目标和发展路径，为旅游业的持续健康发展提供有力支撑。

（五）旅游业国际化程度高

旅游强省通常具有较高的国际化程度，要求地区旅游业具备一批具有国际竞争力的旅游企业和品牌，成为国际旅游市场的重要组成部分。同时，旅游强省还注重与国际旅游市场的接轨和合作。在全球化背景下，国际旅游市场的竞争日益激烈，旅游强省要将创新旅游营销策略作为地区旅游业高质量发展的重要突破口，通过线上线下相结合的方式，利用互联网和新媒体平台进行宣传推广，开展国际旅游交流活动，举办国际旅游节庆活动。通过运用大数据、云计算等现代信息技术，提升旅游服务的智能化水平，为游客提供更加便捷、个性化的旅游体验，提高地区的国际知名度和美誉度。

二、旅游强省建设的理论内涵

从理论内涵来看，旅游强省建设是融合了经济、社会、生态、文化和政治等多方面的发展过程。

（一）从旅游业的经济属性来看，旅游强省建设是地区经济发展的重要动力

旅游强省注重旅游业对经济的多元化贡献。旅游业具有综合性的产业属性，在旅游强省的构建中，旅游业不仅被视为一个独立的支柱产业，更是区域经济多元化发展的重要引擎。一方面，旅游业通过直接的旅游消费拉动经济增长。旅游活动伴随着消费群体的有效集中与大规模流动，能够有效聚集人流、物流、资金流和信息流，推动当地餐饮、住宿、交通等相关产业的发展。一个地区旅游业的发展能否提供符合市场需求、吸引游客的旅游产品和服务，是决定旅游消费水平的根本要素。因此，构建旅游强省的关键在于主动适应游客结构的演变和需求趋势的变化，通过丰富消费场景、优化消费环境、简化消费流程、深挖消费潜能等

举措，增强供需之间的契合度，为地区经济发展提供直接的增量性要素保障。另一方面，这种多元化的经济贡献不仅体现在直接的旅游收入上，更体现在对地方经济结构的优化和升级上，通过产业链延伸和辐射效应，形成以旅游业为龙头，带动农产品加工、手工艺品制作等一系列相关产业发展的多元化经济贡献格局，构筑多层次的功能互补的旅游产品体系，形成产业链条的良性循环，丰富旅游客体、完善旅游业态、拓宽旅游空间结构，促进地区旅游产业向结构化、高度化方向发展。

旅游强省的建设注重旅游资源的深度整合与旅游产品的多元化开发。丰富且多样的旅游资源是旅游业发展的基础，然而，旅游资源兼具整体性、关联性和多样性等属性，受资源类型、开发阶段、市场环境、政策支撑等多重因素的共同影响，如何将这些旅游资源进行有效整合、科学规划与合理布局，形成具有竞争力的旅游产品，是旅游强省建设的关键环节。这要求在旅游资源的开发上遵循市场规律，注重资源的合理布局和协同发展。一方面，旅游资源的深度整合是实现优化配置的前提，打造旅游强省，需结合政策导向与市场机制，发掘宏观政策与市场需求的契合点，通过品牌、产品、线路、产业及配套的综合整合策略，最大化地区旅游资源的价值及综合效益。此过程旨在创造独具特色、高度吸引人的旅游产品，促进旅游资源的优化配置，进而增强旅游业的竞争力与影响力。另一方面，要注重旅游产品的多元化开发，根据市场需求和游客偏好，从宏观政策、市场特征和地区特色等角度出发，对区域内闲置或未实现最优配置的资源进行深度挖掘与优化重组，调整旅游产品的结构和类型，提高旅游资源的利用率，致力于资源共享、品牌联合构建，以打造兼具文化吸引力、市场号召力及政策驱动力的旅游产品。

（二）从旅游业的社会属性来看，旅游强省建设是增进民生福祉的重要事业

旅游业作为现代社会的重要组成部分，不仅具有显著的经济属性，更承载着丰富的社会属性。从社会属性的角度来看，旅游强省建设意味着通过扩大就业"蓄水池"、优化旅游资源配置、提升旅游服务质量，为民众提供更多高质量的

旅游产品和服务，其不仅是经济发展的"助推器"，更是增进民生福祉的重要事业。

从主客体来看，一方面，游客作为旅游活动的主体，其本身就是社会成员的一部分，具有社会性。在旅游过程中，游客不仅体验了自然风光与人文景观，更在社会性互动中拓展了社交圈、增强了社会归属感，深化了对社会的认识和理解，有利于构建更加和谐的社会关系。旅游强省建设通过打造多样化的旅游产品、提升旅游服务质量、打造良好的旅游环境，满足不同层次、不同需求的游客，为民众提供更加便捷、舒适的社交体验，更好地满足民众对美好生活的向往，丰富精神世界，提升生活品质，促进社会的和谐稳定。另一方面，旅游客体，即旅游资源，也具有明显的社会性。旅游资源不仅包括自然风光和文物古迹，还包括各种社会现象和文化活动。这些资源都是社会历史的产物，反映了社会的变迁与发展，游客在游览这些资源时，不仅是在欣赏美景，更是在感受社会的变迁和文化的传承，有助于游客更好地认识和理解社会，从而增强对地区的认同感和归属感。

从旅游强省建设与民生福祉的互动关系来看，一方面，旅游强省建设通过改善民众经济状况和文化教育水平来增进民生福祉。旅游业的发展为当地居民提供了更多的就业机会和收入来源，有助于提高居民生活质量，增进民生福祉。[1] 旅游业的发展还促进了文化交流和教育普及，提高了全社会的文明程度。另一方面，民生福祉的提升为旅游强省建设提供了更加广阔的市场空间和发展机遇。随着民众生活水平的提高和消费观念的转变，越来越多的人开始注重旅游消费，追求更高品质的旅游体验，这为旅游产业的发展提供了巨大的市场需求和发展机遇。旅游强省建设需要紧紧抓住这一机遇，加大对旅游基础设施的投入力度、加强旅游产品的创新和开发、提升旅游服务的质量和水平。政府需要加大对旅游产业的投入和支持，完善旅游基础设施和公共服务体系；企业需要加强创新和管

---

① 王洋，徐晓，赵腾泽，等．繁荣发展大众旅游 持续增进民生福祉 [N]. 中国旅游报，2023-03-08（001）．

理，提升旅游产品和服务的质量；社会各界需要积极参与旅游活动，推动旅游产业的繁荣发展，以增进民生福祉，点亮向往的生活。

（三）从旅游业的生态属性来看，旅游强省建设是生态文明建设的重要途径

生态文明建设是新时代的重要任务之一。2024 年 7 月，党的二十届三中全会对深化生态文明体制改革作出了重要部署，明确提出"中国式现代化是人与自然和谐共生的现代化。必须完善生态文明制度体系，协同推进降碳、减污、扩绿、增长，积极应对气候变化，加快完善落实绿水青山就是金山银山理念的体制机制"。① 旅游业是典型的资源节约型、环境友好型绿色产业，具有显著的生态属性。一方面，旅游业对自然生态具有依赖性。旅游活动与自然环境、文化遗产、社会风貌等生态要素紧密相连，这些生态要素都是游客选择旅游目的地的重要考量因素，决定了旅游经济与生态环境之间有着相互依存、相互促进的密切关系，是实现"绿水青山"向"金山银山"转化的重要途径。另一方面，旅游业是弘扬生态文化的重要载体，在传播生态理念、提升公众环保意识方面发挥着重要作用。因此，旅游强省建设要更加兼顾经济社会发展与自然保护，充分发挥其在美丽中国建设中的独特作用，这将对甘肃各地区的旅游发展提出更高要求，在旅游业发展中助力生态文明建设将成为旅游目的地建设的重要维度。

旅游强省建设不仅是提升地区旅游竞争力、促进地区经济发展的重要途径，更是推动生态文明建设、实现生态与经济协调发展的重要手段。首先，旅游强省建设有助于推动生态产业体系的构建。在建设旅游强省的过程中，政府在政策制定上将更加充分地注重旅游业的生态性、绿色性、循环性与低碳性，将在生态文明理念下推动构建更具体系化特征的旅游方式和旅游运行模式，推动现代旅游业体系的质量变革、效率变革与动力变革。旅游企业要以满足人民群众日益增长的旅游消费需求和生态环境需要为出发点和落脚点，积极投入生态文明建设，通过科学规划、精细设计、文化传承、生态保育及有效运营，促进新质生产力的发

---

① 中共中央关于进一步全面深化改革　推进中国式现代化的决定［M］. 北京：人民出版社，2024：38.

展，加大绿色低碳旅游产品的开发，采用节能环保材料和技术优化旅游基础设施，加大数字技术的融入，实现对旅游资源的精准管理，优化旅游路线，提高旅游效率，降低资源消耗，满足游客对高品质旅游体验的需求，使旅游经济效益反哺生态保护，实现产业结构的优化升级，形成可持续的循环经济发展模式。其次，旅游强省建设不仅加大对相关的旅游产业运营及旅游设施建设等方面的生态文明约束，也对游客的旅游活动进行生态文明约束。在旅游强省的建设中，旅游业成为传播生态文明理念的重要载体，政府和企业会通过各种渠道宣传生态旅游的理念和实践，展示生态文明建设的成果，激发全社会对生态文明建设的关注和参与热情，促使其更好地了解生态文明建设的必要性和紧迫性，为生态文明建设的深入推进奠定了坚实的群众基础。最后，旅游强省建设在生态文明建设中发挥着示范效应，这主要体现在其作为区域发展标杆和生态文明建设先行者的角色上。一方面，旅游强省通过自身的实践探索，为其他地区提供了可借鉴的生态文明建设经验；另一方面，在旅游强省的建设过程中，政府和旅游企业等相关主体不断探索生态与经济协调发展的新路径、新方法，这些创新性的实践成果不仅为本地旅游业的发展提供了新思路、新路径，也为其他地区旅游业的发展提供了宝贵的经验借鉴。

（四）从旅游业的文化属性来看，旅游强省建设是文明交流互鉴的重要平台

旅游强省建设承载着文化传承和社会进步的重要使命。在全球化日益加深的今天，不同国家和地区之间的文化交流与融合已成为不可逆转的趋势。旅游作为一种文化现象，具有直观、生动、易于接受的特点，有着天然的文化属性和传播功能。旅游强省是文明交流互鉴的重要平台，旅游强省建设不仅意味着旅游资源的深度开发和旅游设施的完善，更意味着该省要拥有丰富的文化积淀、独特的自然景观以及高度整合的文化旅游资源，成为一个展示地域文化多样性、促进文化认同与尊重的重要窗口。

首先，旅游强省建设为文化多样性的展示提供了重要窗口。旅游强省通过构建完善的旅游服务体系和打造高质量的旅游产品，吸引了来自世界各地的游客，

实现了文化的双向传播和相互影响。一方面，游客将自己的文化观念和价值观带入旅游地，与当地文化产生碰撞和融合。在旅游强省建设的过程中，通过深入挖掘地方文化内涵、打造具有地方特色的旅游产品，向外界展示该地区文化的多元性和深厚底蕴，更好地满足了游客对异域文化的好奇心和探索欲，从而打破文化隔阂，增进了不同文化背景下的个体之间的文化交流与融合以及相互理解和尊重。另一方面，当地居民通过旅游活动了解和学习了外来文化，拓宽了文化视野，增强了文化包容性，为社会的和谐稳定贡献了力量。

其次，旅游强省建设在提升地区文化软实力方面发挥着重要作用。文化软实力是一个国家或地区综合实力的重要组成部分，体现了一个地区文化的吸引力、凝聚力和影响力。旅游强省通过发展旅游业，不仅促进了地区经济的繁荣和发展，更提升了地区的文化品位和文化形象，增强了地区文化的吸引力和影响力。旅游强省意味着该地区拥有较高的文化创新能力和文化传播能力，通过整合文化资源、创新旅游产品、提升旅游服务质量等方式，不断打造具有地方特色的文化旅游品牌，提升地区的知名度和美誉度，不仅吸引了更多的游客前来旅游观光，也吸引了更多的文化投资和文化交流活动，从而推动了地区文化的繁荣和发展，促进了地区文化的传承和创新，为地区文化的可持续发展奠定了坚实的基础。

（五）从旅游业的政治属性来看，旅游强省建设是对外开放合作的重要窗口

在全球经济一体化和地缘政治的影响日益明显的背景下，开放合作成为地方经济社会发展的重要途径。旅游业是开放型经济的重要组成部分，素有"民间外交"之称，具有天然的开放性和包容性，旅游活动不仅仅是游客的简单流动，更承担着增进民族友谊、消除地区隔阂以及推动文化、价值观和意识形态交流与碰撞的重任，具有深厚的政治属性。在这一背景下，旅游强省的建设对提升国家形象、增进国际理解和友谊、促进国际交流与合作具有十分重要的意义。

旅游强省建设在维护国家形象与利益方面具有重要的战略意义。旅游业作为国家的"软实力"之一，对塑造和提升国家形象具有不可替代的作用。旅游强省建设是推动地区与国际合作的重要力量，能够充分发挥旅游的外交作用，加强

与周边国家和地区的友好往来，为地区经济的持续健康发展创造更加有利的外部环境。一方面，通过加强与国际旅游市场的联系和合作，引入更多的国际资本和技术，共同开发旅游资源、建设旅游设施、开展旅游市场营销，打造具有国际影响力的旅游品牌和产品，为来自世界各地的游客和业界人士提供了解当地文化、体验当地风情、开展旅游合作的平台，更好地展示地区文化魅力和历史底蕴，增进国际社会对中国文化的认同，提升地区的国际知名度，为地区经济的对外开放和国际化发展提供有力支撑。另一方面，旅游强省的建设促进了国际间的相互理解和信任。通过加强与周边国家和地区的友好往来和互利合作，能够增进与周边国家和地区的相互了解和信任，为地区间的经济合作和共同发展奠定坚实的基础，对维护世界和平与稳定、推动构建人类命运共同体具有重要意义。此外，旅游强省的旅游业发展能够产生可观的经济收益，从而不仅促进了地方经济的繁荣与发展，还为国家创造了大量的就业机会和税收收入，既提升了国家的经济实力和国际竞争力，还为国家的经济社会发展提供了有力的支撑和保障。

旅游强省建设是构建新发展格局的重要支撑。新发展格局强调以国内大循环为主体、国内国际双循环相互促进，而旅游业作为连接内外的桥梁，在坚持高水平对外开放、加快构建新发展格局的背景下，更好地发挥旅游业的优势和特点、用好两个市场的资源、促进国内国际双循环是旅游业发展的应有之义。通过旅游强省建设，能够充分发挥当地的独特优势，推进高水平对外开放。首先，旅游强省建设能够提升地区的国际影响力。旅游强省拥有丰富的旅游资源、高品质的旅游产品和优质的旅游服务，能够吸引更多的国际游客，有助于增进国际社会对该地区的认知和认同，为该地区在国际合作中争取更多的话语权和主动权。其次，旅游强省建设有助于推动形成全面开放新格局。通过加强与国际旅游市场的联系，引入更多的国际资本、技术和先进管理经验，推动旅游产业的转型升级和高质量发展。在数字技术的推动下，通过运用大数据、云计算、人工智能等先进技术，为国际游客和业界人士提供更加便捷、高效的交流与合作平台，为国际合作提供更加便捷、高效的沟通和协作手段，为国际合作的顺利开展提供有力保障，让旅游外交更加立体地呈现地区特色。因此，旅游强省要更好地服务于国家总体外交大局，更有效地扮演旅游外交与国际合作的先锋角色，加快发展旅游新质生产力，深化并落实针对海外游客的旅游便利化与支付优化措施，打通海外游客来华旅游的堵点，推动地方经济与国际市场的深度融合，促进贸易和投资的便利化，为地区经济增长开辟更广阔的市场空间、提供更坚实的资源基础与更强劲的发展动力。

第二节　旅游强省建设的时代意义

旅游强省建设是推动地方经济和社会文化全面发展、提升国家综合实力的重要战略举措，具有鲜明的时代特征与意义。旅游强省建设不仅加快了国家战略与地方实践的紧密结合，确保了国家政策导向在地方层面的有效落地与实施，也推进了经济发展与文化传承的互融共促，进一步深化了民生改善与社会稳定的良性互动。在全球化的背景下，旅游强省建设促进了国际竞争力的提升，为国家的对外开放与合作开辟了更广阔的空间。

一、旅游强省建设加快了国家战略与地方实践的紧密结合

近年来，旅游业已成为全球经济发展中增速最快、潜力最大、带动力最强的产业之一。在国家提出了建设旅游强国的战略目标的背景下，旅游强省成为推动地方经济转型升级、提升区域竞争力的重要战略。旅游强省建设不仅是对国家旅游强国战略的积极响应，也是地方实践的具体体现。因此，各地在推进旅游强省建设的过程中，应以政策为导向，充分把握时代发展机遇，将国家战略要求与地方实际情况紧密结合，科学规划、合理布局、创新发展模式，为地方经济转型升级、着力完善现代旅游业体系、加快建设旅游强国作出更大贡献。

第一，旅游强省建设是美丽中国建设的生动注脚。建设美丽中国是全面建设社会主义现代化国家的重要目标。党的十八大以来，生态文明建设成为国家发展的重要方向，也成为地方必须做好的一项基础性和底线性的工作。党的十九大报告明确提出到 2035 年基本实现"美丽中国"建设目标，[①] 2023 年 12 月 27 日，《中共中央　国务院关于全面推进美丽中国建设的意见》出台，明确提出要践行绿色低碳生活方式，倡导简约适度、绿色低碳、文明健康的生活方式和消费模式，发展绿色旅游。[②] 美丽中国建设旨在构建一个生态环境优美、文化繁荣兴盛、人民生活幸福的现代化国家，旅游业具有低能耗、高带动性、发展潜力大等特点，在国土空间格局优化中的重要作用日益凸显，是推动生态文明建设的重要力量。旅游强省不仅承载着推动地方经济社会发展的重任，更在深层次上与国家层面的生态文明建设和文化传承紧密相连，地方通过科学规划、合理布局，充分利用各地的自然资源和人文景观，将其转化为推动地方经济发展的强大动力，为游客提供一个感受中国自然之美、文化之韵的窗口，这一过程既是对美丽中国建设理念的生动诠释，也是地方实践对国家战略的积极响应和具体落实。在推进旅游强省建设的过程中，地方不仅注重旅游产业的快速发展，更关注旅游产业的可持续发展。通过加强生态环境保护、提升旅游服务质量、推动文化旅游融合发展，为游客提供了一个安全、舒适、愉悦的旅游环境，这种以旅游业为引领的可持续发展模式，不仅符合美丽中国建设的核心理念，也为地方乃至国家全面协调可持续发展奠定了坚实的基础。

第二，在我国经济结构优化与转型升级的关键时期，旅游强省建设是推动产业结构调整和区域协调发展的重要力量。随着经济的快速发展和人民生活水平的不断提高，旅游业作为第三产业的重要组成部分，对推动经济结构优化升级具有

---

① 习近平. 决胜全面建成小康社会　夺取新时代中国特色社会主义伟大胜利——在中国共产党第十九次全国代表大会上的报告 [N]. 人民日报, 2017-10-28 (01).

② 国务院办公厅. 中共中央　国务院关于全面推进美丽中国建设的意见（2023 年 12 月 27 日）[EB/OL]. （2024-01-11）[2024-12-01]. https: //www.gov.cn/gongbao/2024/issue_11126/202401/content_6928805.html.

显著作用。旅游强省建设具有广泛的辐射效应，通过深度挖掘和整合地方特色旅游资源，不仅直接带动了餐饮、住宿、交通、购物等相关服务业的快速发展，形成了多元化的产业结构，而且有效促进了农业、工业与文化产业的深度融合，催生了诸如乡村旅游、生态旅游、文化旅游等新兴业态，进一步提升了经济整体素质和竞争力，成为推动产业结构由传统向现代转型的重要力量。同时，我国地域辽阔，各地资源禀赋和发展水平差异较大。旅游强省建设促进了旅游资源的合理配置与高效利用，通过旅游资源的共享、旅游项目的共创、旅游线路的整合，将旅游资源丰富的地区与周边地区连接起来，形成旅游产业链，不仅有助于提升整个地区的经济实力，还能促进周边地区的就业和产业升级。旅游强省建设缩小了地区间经济发展水平的差异，加强了区域间的经济合作与联动发展，推动了区域经济的协调与平衡，为我国经济结构的整体优化与可持续发展提供了强有力的支撑。

第三，在乡村振兴战略的实施过程中，旅游强省建设成为带动农村经济发展和农民脱贫致富的重要引擎。乡村振兴战略是新时代解决"三农"问题的总抓手，旅游业作为乡村振兴的重要产业之一，具有独特的优势。在旅游强省建设过程中，各地区结合美丽乡村建设和农村"三变"改革，把乡村旅游作为全面推进乡村振兴的重要载体，大力发展省域内的乡村旅游，推动农区变景区、农舍变旅馆、农民变导游，能够有效促进农村基础设施的完善和农村环境的改善，带动农村经济的发展，推动农村产业结构的调整和优化，促进农村经济的多元化发展，促进城乡居民广泛参与旅游发展，共享旅游发展成果。

二、旅游强省建设推进了经济发展与文化传承的互融共促

旅游强省建设在推动经济发展与文化传承的互融共促中，发挥着不可替代的作用。推进文化和旅游深度融合发展是新时代旅游业高质量发展的内在要求，也是旅游强省建设中的重要环节。在大众旅游时代，"文化+百业"进一步展现文旅消费市场活力，高品质的文旅产品、个性化的文旅服务、中高端的文旅消费等需求持续增加，自驾游、康养旅游、乡村旅游、文创体验游、购物休闲游及运动探险游等一系列新兴业态应运而生。这些新兴业态展现出强烈的体验导向、高科技融合、产品精细化等共性特征，并呈现出重视文化底蕴、高颜值设计以及精细化运营等发展趋势，不仅更加注重提升游客的参与感和沉浸感，还巧妙融入现代科技元素，使旅游产品更加智能化、个性化，致力于提供多样化、个性化、品质化的旅游体验。旅游强省建设深深植根于地方文化的沃土之中，建设旅游强省需要注重地区文化与旅游产业的协同发展，构建完善的产业链条和服务体系，实现两个产业的良性互动与共同发展，提升旅游产品的供给质量。通过对传统文化的挖掘、保护与传承，以中华优秀传统文化、非物质文化遗产等为核心的文化元素融入旅游业，借助科技赋能、数字化转型，推动文化旅游与数字经济深度融合，加快发展多元化、数字化、智能化的新业态，提升旅游产品的文化内涵和品位，进一步丰富旅游产品的文化内涵，提升文化产业的附加值，更好地满足消费者多样化的需求，在推动旅游经济发展的同时，也为文化传承提供坚实的支撑。

在旅游强省的建设过程中，文化资本的经济转化与文化自信的重塑成为其推动经济发展与文化传承互融共促的重要路径。旅游强省建设通过整合地方文化资源并将其转化为具有吸引力的旅游产品，满足了游客对文化体验的需求，也实现了文化资本的经济价值。同时，旅游强省建设还通过文化活动的举办、文化遗产的保护等措施，重塑了地方文化的自信。这种文化自信不仅体现在对传统文化的尊重与传承上，更体现在对现代文化的创新与发展上，为旅游强省建设提供了强大的精神动力。

三、旅游强省建设深化了民生改善与社会稳定的良性互动

旅游强省建设能够推动经济的繁荣和文化的传承，促进社会治理的创新与效能提升，为社会的和谐稳定与持续发展奠定了坚实的基础。

第一，旅游强省建设是民生改善的新引擎与社会稳定的推进器。一方面，旅游强省建设与民生改善紧密关联。作为地方经济的重要组成部分和劳动密集型产

业，旅游业的发展需要大量的人力资源。从旅游规划、景区建设、酒店管理、餐饮服务到导游讲解等每个环节都需要大量的人才支撑。因此，旅游强省建设能够直接创造大量就业机会，特别是为那些技能水平相对较低的劳动力提供了更多的就业机会和收入来源，有助于缓解就业压力，提升居民的生活水平。旅游业的繁荣不仅直接带动了餐饮、住宿、交通、购物等相关产业的繁荣，还能够为当地居民提供更多的商业机会和收入来源。特别是在旅游旺季，居民可以通过经营民宿、餐饮、纪念品销售等方式获得可观的收入，也促进了地方财政收入的增长，为民生改善提供了坚实的经济基础。另一方面，旅游强省建设还通过旅游业的辐射效应促进了地方基础设施的完善和社会服务的提升。旅游强省建设过程中，为了满足旅游业的发展需求，地方政府需要不断加大对基础设施和交通、通信、医疗、教育等公共服务的投入，通过进一步改善交通状况、提升景区设施、提升旅游服务质量、优化旅游环境、丰富旅游产品等方式，吸引大量国内外游客，带动地方经济的快速增长，这种增长不仅体现在经济总量的提升上，更体现在人民群众生活水平的显著提高上。这些基础设施的完善和社会服务的提升进一步提高了社会服务的整体水平，不仅为旅游业的发展提供了有力的支撑，也为人民群众的生活带来了极大的便利，更好的交通设施能够减少通勤时间和成本，更优美的生态环境能够为当地居民带来更好的生活环境。随着旅游业的不断发展，人们的收入水平、就业机会、社会保障等方面都得到了显著的改善，从而促进了社会的稳定与和谐。

第二，旅游强省建设能够强化文化认同与提升社会凝聚力。旅游强省建设不仅在经济层面推动了民生改善与社会稳定，还在文化层面发挥了重要的作用。旅游业的发展促进了地方文化的传播与交流，提升了地区的知名度和美誉度，增强了民众对本土文化的认同感和自豪感。当游客对旅游目的地的文化、历史、风景等方面给予高度评价时，当地居民会感到自豪和满足，这种情感共鸣有助于增强社会凝聚力，促进社会的和谐稳定。同时，旅游强省建设还通过旅游活动的组织与交流，促进了不同地域、不同民族之间的文化交流与融合，拓宽了人们的视野，增强了社会的包容性和开放性，促进了社会凝聚力的提升。

第三，旅游强省建设能够推动社会治理创新与提升社会治理效能。旅游业的发展需要良好的社会治安和公共服务作为支撑。旅游强省建设对地方社会治理提出了新的挑战和要求，地方政府既需要加大对旅游市场的监管力度，打击非法行为，维护市场秩序，还需要不断创新社会治理模式和方法，提高社会治理的效能和水平。例如，通过建立旅游投诉处理机制、加强旅游市场监管等措施，保障了游客的合法权益和旅游市场的秩序稳定。同时，通过推广智慧旅游、提升旅游服务质量等方式，提高旅游业的竞争力和吸引力。此外，旅游强省建设还将通过旅游活动的组织与交流，促进政府与民众之间的沟通与互动。在旅游活动中，政府能够更加直观地了解民众的需求和期望，从而制定出更加符合民意的政策和措施。同时，民众也可以通过旅游活动参与到社会治理中，发挥自己的积极作用。这种政府与民众之间的沟通与互动有助于增强社会的参与性和透明度，提高社会治理的民主性和科学性。因此，旅游强省建设在推动社会治理创新与效能提升方面发挥着重要的作用。

四、旅游强省建设促进了全球化背景下的国际竞争力提升

随着经济全球化的加速推进，国际旅游市场日益繁荣，旅游业已成为衡量一个国家或地区国际竞争力的重要指标之一。旅游强省建设是提升地区旅游业发展水平的关键举措，在经济全球化背景下，对提升国际竞争力发挥着日益显著的作用。

第一，旅游强省建设促进了国际文化交流的深化。旅游作为一种特殊的服务贸易形式，是连接不同国家和地区文化的桥梁。旅游强省建设通过打造具有地方特色的旅游产品和线路，吸引了大量国际游客前来体验。这种跨文化的交流不仅丰富了游客的文化体验，也促进了地方文化的国际传播。通过旅游活动，不同文化背景的人们得以相互了解、相互尊重，从而加深了国际社会对地方文化的认知和认同，提升了旅游强省的国际知名度，也为地区在国际舞台上树立了更加开

放、包容的形象，进一步增强了地区的国际竞争力。

第二，旅游强省建设促进了我国国际旅游市场的拓展。在经济全球化背景下，国际旅游市场的竞争越发激烈。旅游强省的建设往往伴随着旅游产业的全面升级和国际化发展，通过提升旅游资源的吸引力、完善旅游设施和服务、加强旅游市场营销等措施，持续改善支付、出行等方面的体验，营造更加友好的环境，有效促进了国际旅游市场的拓展。同时，旅游强省能够积极主动引进国际先进的旅游管理经验和技术，积极参与国际旅游交流合作，推动"旅游外交"，不断地将地域特色转化为国际影响，向世界讲好中国故事、城市故事，促进了地方经济与全球经济的深度融合，进一步增强了国家的整体经济实力。

第三，旅游强省建设促进了人才与智力的国际化流动。在经济全球化的浪潮下，人才与智力的国际化流动已成为推动地方经济发展的重要因素。旅游强省的建设不仅吸引了大量国际游客，也吸引了众多国际旅游人才，为旅游强省建设提供了丰富的创新资源和智力支持，推动了旅游产业的创新发展和转型升级。同时，旅游强省建设还通过加强与国际旅游组织和机构的合作与交流，不断提升自身的国际影响力和话语权，使地区得以在经济全球化的背景下实现更高水平的发展。

第二章 甘肃建设旅游强省的
基础与成效

甘肃凭借深厚的文化底蕴和丰富的旅游资源，在旅游业发展方面展现出极大的潜力，取得了较突出的成就，正在阔步迈向旅游强省，但也要正视甘肃旅游业发展面临的挑战。面向未来，甘肃要充分利用好悠久的历史文化和丰富的旅游资源，把握旅游业大发展的历史机遇，化解旅游业发展可能遇到的各种挑战，在旅游强省建设的征途上行稳致远。

第一节 甘肃建设旅游强省的基础条件

一、文化底蕴深厚、旅游资源丰富为发展奠定重要基础

（一）自然与人文景观的多样性

甘肃位于中国西北，具备丰富的自然景观和独特的地理特点。敦煌莫高窟作为世界文化瑰宝，被誉为"东方艺术宝库"，以精美的壁画与雕塑著称，展现了丝绸之路的辉煌历史和佛教文化的深厚底蕴，反映了中西文化的交流与融合。除了莫高窟，甘肃还有众多历史遗址，如嘉峪关长城、张掖大佛寺、武威天马山

等，这些都蕴含着丰富的文化与历史价值。

甘肃的地质多样性造就了祁连山、张掖丹霞、嘉峪关等独特的自然景观。祁连山被誉为"人间仙境"，雪山、冰川与草原交织，构成了令人叹为观止的自然画卷。张掖丹霞地貌因其五彩斑斓的岩层和独特的造型而吸引了众多游客，展现了地质演化的奇妙过程。嘉峪关长城作为"丝绸之路"的重要地标，以雄伟的遗址和壮丽的沙漠景观吸引着无数旅客。

此外，甘肃的气候类型多样，为多种生态旅游形式提供了有利条件。草原、沙漠、湿地等生态景观相得益彰，为游客提供了徒步、露营、滑雪和摄影等多样的户外活动。这一自然与生态资源的独特结合，拓展了甘肃旅游业的发展空间。

根据统计，截至 2024 年 6 月 30 日，甘肃全省共有 480 个 A 级旅游景区，其中 7 个 5A 级景区、140 个 4A 级景区、267 个 3A 级景区、65 个 2A 级景区，以及 1 个 1A 级景区。丰富的旅游资源和优质的景区展示了甘肃在国内旅游市场中的重要地位。[①]

（二）丝绸之路的文化地位

作为丝绸之路的重要节点，甘肃拥有众多与这条古道相关的历史遗迹与人文景观。敦煌莫高窟不仅因其精美的壁画和雕塑艺术闻名于世，还展现了古丝绸之路的繁荣与辉煌。嘉峪关长城不仅是中国古代军事智慧的结晶，也是丝绸之路的标志性遗址。甘肃积极利用丝绸之路（敦煌）国际文化博览会和"敦煌行·丝绸之路国际旅游节"等平台，推动与丝路沿线国家的文化交流与旅游推广。2024 年 9 月，第七届丝绸之路（敦煌）国际文化博览会以"践行全球文明倡议，深化文明交流互鉴"为主题，举办了敦煌论坛、文化展览、文艺演出、招商推介等方面 18 项活动，举行了 6 场双边多边会见活动。本届敦煌文博会期间，深入开展文化旅游"引大引强引头部"行动，举办了高质量的招商推介活动，邀请240 余名客商参加，现场签约、授信项目 74 个，签约及授信金额 271.48 亿元，

---

① 甘肃省文化和旅游厅. 甘肃省 A 级旅游景区名录（截至 2024 年 6 月 30 日）［EB/OL］.（2024-07-10）［2024-12-01］. https：//wlt. gansu. gov. cn/wlt/c108639/202407/173948821. shtml.

签约项目涵盖文旅康养、文旅综合体、文旅科技、文化创意、文化演艺、景区提升等多个方面。① 通过这些平台，甘肃积极参与和承接国家重大对外交流项目，不仅提升了自身的国际影响力，也增进了与世界各国之间的友好关系。

（三）民族文化的独特性

甘肃是华夏文明的重要发源地之一，这些民族文化的传承和发展不仅有助于促进甘肃省的旅游业发展，也为全国的文化交流和繁荣作出了积极贡献。藏族文化是甘肃文化的重要组成部分，特别是在甘南藏族自治州和临夏回族自治州等地区，藏族文化具有深远的历史和显著的影响力。作为优秀传统民族文化的重要一部分，藏族文化融合了独特的宗教信仰、艺术形式、民俗习惯和社会传统，形成了独特而丰富的地域文化。

夏河白石崖溶洞遗址和天祝吐谷浑王族墓等重要遗址被列入"考古中国"重大项目，另外还有秦安大地湾遗址、临洮马家窑遗址等，这些遗址和遗迹，展示了甘肃古代文明的辉煌成就，并为研究中华文明的发展提供了宝贵的实物资料。全省共有不可移动文物16895处，国有收藏单位藏品51.2万件（套），世界文化遗产地7处；全省境内长城总长度3654千米，居全国第二。② 在文物保护方面，《甘肃省长城保护条例》和《甘肃炳灵寺石窟保护条例》的颁布实施，为文物的保护和管理提供了法律保障。近年来，新增的全国重点文物保护单位22处，省政府公布的第八批省级文物保护单位96处，彰显了甘肃在文物保护方面的持续努力。

甘肃还拥有丰富的非物质文化遗产，涵盖秦腔、皮影戏、剪纸等传统艺术。甘肃戏剧红梅奖和甘肃省书法张芝奖等评选活动已成为"十个一"文化品牌的一部分，进一步促进了华夏文明的传承与创新。文旅部门推出了一系列优秀的现

---

① 甘肃人民政府. 为共建"一带一路"注入持久深厚的文明力量——第七届丝绸之路（敦煌）国际文化博览会成果丰硕［EB/OL］.（2024-09-23）［2024-12-01］. https：//www. gansu. gov. cn/gsszf/gsyw/202409/173991399. shtml.

② 中国甘肃网. 让宝贵历史文化遗产在新时代熠熠生辉——写在全省文物工作会议召开之际［EB/OL］.（2024-02-22）［2024-12-01］. https：//gansu. gscn. com. cn/system/2024/02/22/013101086. shtml.

实题材作品，如秦腔《民乐情》、话剧《七先生》、原创交响乐《永远的绿洲——河西走廊》等一大批优秀剧目入围/荣获国家级奖项。大型情景体验剧《又见敦煌》《敦煌盛典》等成为文化和旅游融合新亮点、市场新热点。"花开敦煌""大路西行""朝圣敦煌"成为美术创作展览品牌。

二、产业发展条件支撑旅游经济持续壮大

（一）旅游产业链延伸与集群效应

甘肃省凭借其丰富的自然和文化旅游资源，通过项目建设和政策引导，成功实现了旅游产业链的纵向延伸和横向拓展。从旅游景点开发、文化创意产品设计到旅游演艺、研学旅行以及乡村旅游等领域，甘肃形成了一个涵盖吃、住、行、游、购、娱各方面的完整产业链体系。资源整合不仅提供了更加多元化的旅游体验，也有效满足了市场需求的多样性。随着"一带一路"倡议的深入推进以及甘肃"文旅强省"战略的实施，甘肃的文旅产业规模持续扩大，并展现出良好的发展势头。尤其在"十三五"期间，文化和旅游产业的提质增效以及融合发展，为旅游产业链的延伸和集群效应奠定了坚实的基础。文化旅游与生态旅游形成了主导产业集群，并通过项目建设和资源整合，形成了覆盖旅游景点开发、文化创意产品、旅游演艺和乡村旅游的全产业链。

甘肃根据其区域资源禀赋和发展特点，逐步形成了特色鲜明的文旅产业集群。河西走廊文化旅游集群以敦煌、嘉峪关、张掖为核心，串联丝绸之路的历史文化节点，成为国际知名的文化旅游黄金线路；黄河生态旅游集群依托黄河流域的湿地、草原及文化资源，推出以生态体验和黄河文化为主题的精品线路；中原与陇南乡村旅游集群结合当地自然景观和传统农耕文化，推动乡村度假、田园观光和生态康养，发展出可持续旅游模式。除此之外，甘肃还通过一系列经典旅游线路强化文旅资源的整合与联动效应。例如，川陕甘熊猫旅游线路作为中国首条跨省的大熊猫主题旅游线路，有效整合甘肃段的自然保护区、天池和大熊猫国家公园等资源，展示了生态保护与旅游开发的双重价值。甘肃经典环线、青甘大环

线和丝绸之路旅游路线的跨省联动，为自驾游和历史文化游提供了丰富选择。这些文旅集群通过资源整合和旅游线路的协同共建，丰富了甘肃旅游的内涵，显著提升了区域的吸引力和市场竞争力。

随着旅游产业链的延伸，涉旅企业数量逐年增加，包括旅行社、景区管理公司、文创企业、餐饮酒店等，形成了从上游到下游的全覆盖服务体系。新兴的康养旅游和研学旅行等业态推动了创新型企业的涌现，提供了多样化和个性化的服务，进一步壮大了产业集群，并提升了甘肃旅游业的专业化和现代化水平。

（二）完善的景区体系与基础设施

甘肃拥有480个A级旅游景区，其中7个为5A级景区，包括莫高窟、嘉峪关、张掖丹霞等顶级旅游目的地。全省还建设了14个国家级和省级旅游度假区，以及16个红色旅游经典景区，构建了完备的景区体系。与此同时，随着交通、住宿、餐饮等基础设施的升级，游客的旅游体验和接待能力显著提高，甘肃文旅产业的发展逐渐进入新阶段。①

基础设施建设已然获得长足发展，旅游市场交易成本大幅降低。近年来，甘肃省抢抓"一带一路"与"华创区"建设机遇，紧紧围绕精准脱贫、生态建设等攻坚战，积极规划以道路交通为主体的基础设施建设项目，着力补齐公路、铁路、水运、机场、水利等领域的短板，这在推进甘肃省基础设施建设完善、服务甘肃省社会经济发展、改善民生的同时，也使文化旅游产业赖以依存的发展基础得到升级优化，极大程度地提高了甘肃旅游的可达性。另外，甘肃"文旅强省"的战略引导对文旅产业的强力推动，文旅产业自身的长足发展对文旅产业基础设施建设的反哺，使甘肃文旅产业可以更大可能地依托自身优势持续稳定地发展，不断地通过结构优化、转型升级拓宽甘肃文旅产业发展的空间，通过旅游基础设施、接待设施、大景区建设、精品线路设计的不断完善和改进，在逐步推进旅游目的地建设的同时也使甘肃旅游市场交易成本大幅降低，从而赢取更为广阔的旅

① 把多勋，张平保．新时代甘肃文旅产业发展的基本判断与趋势分析［J］．社科纵横，2019，34（10）：38-45.

游市场。近年来，甘肃省基础设施建设成效显著，交通网络的完善极大地方便了游客的出行。高速公路和铁路网的逐步建设和完善，使主要旅游目的地之间的连接更加快捷和通畅，满足了游客日益增长的需求。尤其是甘肃与周边省份以及共建"一带一路"国家和地区的联通性不断提高，为跨省和国际游客的到访提供了便利条件。

乡村旅游示范村和生态旅游景区建设初见成效，助力分散的旅游资源的综合利用和市场开发。一批生态旅游区的形成，不仅提升了当地居民的收入，还促进了可持续发展的旅游模式。乡村旅游和生态旅游的融合，丰富了游客的选择，推动了当地经济发展。

文旅产业基础设施建设的反哺效应也不容忽视。以"大景区建设"和"精品线路设计"为重点的资源整合战略，不仅推动了旅游目的地的形象塑造和吸引力提升，也为优化产业结构、促进转型升级提供了动力。借助持续的设施完善与市场服务改进，甘肃文旅产业的交易成本进一步降低，竞争力显著增强，为未来拓宽发展空间奠定了坚实基础。

（三）"数字敦煌"的示范作用

习近平总书记在敦煌研究院座谈时指出："要通过数字化、信息化等高技术手段，推动流散海外的敦煌遗书等文物的数字化回归，实现世界范围内敦煌文化艺术资源在全球范围内的数字化共享。"① 敦煌研究院推出的"数字敦煌"项目已成为全球文化遗产保护与数字化传播的标杆，利用高精度图像和三维重建技术，使文化遗产得以在全球范围内共享和保护。

"数字敦煌"的建设历程可以追溯到 20 世纪 90 年代，莫高窟便开始积极引入数字技术，推动景区数字化建设，以提升管理水平和游客体验。例如，无人机航拍、智能导览系统、三维复刻技术和区块链技术在莫高窟景区的数字化转型中发挥了关键作用。同时，通过引进和培养高素质的数字化人才，莫高窟构建了一支跨学科、复合型的高技能团队。该团队成员涵盖技能工匠、文化遗产保护专家

---

① 习近平. 在敦煌研究院座谈时的讲话 [J]. 求是，2020（3）：6.

和信息技术工程师，推动了数字化技术与文化遗产保护的深度融合。在推进数字化建设的同时，莫高窟景区采取了多项措施保障游客的个人信息安全，预防黑客攻击和数据泄露等问题。此外，还建立起一整套覆盖文物数字化采集、加工、存储与展示的技术体系，形成了海量的数字化资源库，为中华优秀传统文化的创造性转化与创新性发展提供了强大支撑。

总之，"数字敦煌"不仅彰显了科技与文化结合的巨大潜力，也引领了甘肃文旅产业在数字化创新方面的持续突破，为全国乃至全球的文化遗产保护和利用提供了宝贵的经验与模式。

（四）智慧文旅平台的全面铺开

智慧文旅平台的建设和推广，是甘肃文旅产业迈向数字化、智能化的重要标志，也是提升游客体验、优化产业管理的重要抓手。在"互联网＋文旅"战略的引领下，甘肃以技术创新为核心，构建了覆盖旅游信息服务、资源管理、营销推广等领域的智慧文旅体系。

旅游信息服务智能化，智慧文旅平台通过整合旅游资源、实时数据和大数据分析，为游客提供个性化、精准化的服务。例如，"一部手机游甘肃"成为游客获取景区信息、线路推荐、在线预订等服务的重要工具，极大地方便了游客的行程规划和现场体验。通过与导航、支付和交通系统的深度融合，游客可以实现全流程无缝对接，大幅提高了出行的便捷性和舒适度。景区管理效率提升，甘肃省内多个重点景区已全面引入智慧管理系统，包括人流监测、动态调度和无人值守设施等技术手段，有效提升了管理效率和安全保障水平。例如，敦煌莫高窟运用数字化分时预约系统，不仅缓解了客流压力，还保护了文物的安全。其他景区则通过智能停车、自动售票和 AR 导览等创新服务，进一步优化了游客的参观体验。文旅资源数字化利用，智慧文旅平台的全面铺开，还推动了文化和旅游资源的数字化存储与传播。例如，通过虚拟现实（VR）、增强现实（AR）等技术，游客可以在线上深度体验敦煌石窟、张掖丹霞等景点的风采，实现"足不出户游甘肃"。这些技术不仅为文旅消费提供了新方式，也在全球范围内扩大了甘肃文旅资源的影响力。营销推广渠道多元化，借助智慧文旅平台，甘肃通过短视频、直播、电商等新兴媒介，开辟了多元化的营销推广渠道。例如，在国内外旅游展会上，甘肃通过线上直播与数字展馆展示其文旅魅力，吸引了大量潜在游客。此外，基于平台的大数据分析功能，甘肃能够精准定位不同客群的需求，开发定制化的旅游产品，显著提高了市场转化率。智慧文旅平台还促进了文旅产业链的协同发展。通过数据共享和平台化管理，旅行社、酒店、餐饮、交通等行业实现了资源整合和运营效率的提升。甘肃重点打造的全域旅游"一张网"，实现了多部门、多行业的联动管理，为智慧文旅的发展提供了可持续的技术支持。

三、优化营商环境促进产业可持续发展

（一）政策支持引领旅游发展环境优化

为推进旅游产业的高质量发展，甘肃省在政策层面进行了多方面的创新和改进，着力从体制机制上保障和优化营商环境。省营商环境建设局的成立标志着甘肃省在深化营商环境改革方面迈出了重要一步。作为全省营商环境工作的主管部门，该机构负责统筹协调相关政策的制定和落实，确保各项改革措施顺利推进。

在政策实施上，甘肃省印发了《全省优化营商环境提质增效年行动方案》，明确了包括改革创新、政策落实和服务升级在内的六大主要任务，共有 27 条具体措施。这些措施涉及旅游企业从注册、融资到经营的方方面面，旨在通过简政放权、优化服务和加强监管，全面推动旅游市场的繁荣发展。此外，甘肃省还制定了《全省优化营商环境提质增效年行动重点工作任务台账》，细化了 310 条具体工作任务，确保政策在实施过程中落到实处，形成了省、市、县三级联动的政策实施网络。

为了保障政策措施的有效实施，甘肃省市、县两级营商环境建设部门相继成立，并在省营商环境建设局的指导下，配套建立了包括工作机制和制度在内的支撑体系。通过建立 10 项工作机制和 19 项具体制度，推动了政策落实的细化与协

同，进一步增强了政策的执行力与影响力。这些政策支持和制度建设不仅优化了旅游业发展的外部环境，也为旅游企业创造了更加便捷、透明和公平的市场环境。

（二）服务能力提升为旅游发展提供保障

在服务能力建设方面，甘肃省注重通过数字化改革和制度建设来提升政务服务的整体水平和效率。特别是在"数字政府"建设方面，甘肃省印发了《甘肃省政务服务中心一体化运行管理办法》等六项规章制度，构建了完善的政务服务和数字化治理体系。该体系的建立为旅游企业和游客提供了高效便捷的政务服务，也使旅游企业能够更加顺畅地办理各类审批手续和政策申请。

为了推动"高效办成一件事"的政策落地，甘肃省在"甘快办"App和甘肃政务服务网上设立了专门的服务专区，引入了智能化的条件预检、情形引导和表单自动填充等功能。此举大幅提高了办事效率，极大地减少了办事环节、材料及跑动次数，取得了显著的成果。截至2024年6月，甘肃试运行的11个"一件事"业务已经取得了突破性的进展，办件量突破了6万件。与传统模式相比，环节减少了80.88%，办事时间缩短了74.95%，所需材料减少了78.45%，跑动次数减少了94.37%，信息免填率达到了28.3%。这些创新服务方式显著提升了企业和群众的获得感和满意度，为旅游业的进一步发展提供了有力保障。[1]

（三）创新监管模式促进产业健康发展

优化营商环境的持续推进离不开科学的监管模式和制度保障。甘肃省在此方面积极探索创新监管机制，通过制度建设和考核评价推动产业健康有序发展。为确保监管工作的全面性和效果，甘肃省出台了《优化营商环境月通报季考核年评价办法》，将各级旅游部门和相关管理单位的工作纳入了季度和年度考核。通过量化考核标准，对市州和兰州新区进行定期评估，确保每项任务的执行都有数据支撑和监督反馈。

---

[1]　打造招商引资"强磁场"——甘肃举全省之力推进营商环境提质增效［EB/OL］.（2024-09-13）［2024-12-01］. https：//www.gansu.gov.cn/gsszf/gsyw/202409/173987675.shtml.

在投诉处理机制上，甘肃省制定了《营商环境投诉处理办法》，建立了从受理到处置的全链条处理机制。通过快速响应、信息公开、回访调查等手段，形成了一套系统性的问题处理流程，以保障企业和游客的合法权益。这一机制有效提高了服务质量和企业满意度，减少了因营商环境问题而产生的负面影响，也为未来的改革提供了经验和参考。

通过这些政策支持、服务优化和创新监管措施，甘肃省正在营造更加开放、透明、便捷的旅游产业发展环境，提升了旅游产业的吸引力与竞争力，为实现旅游业的可持续发展打下了坚实的基础。

第二节　甘肃建设旅游强省的机遇与挑战

一、甘肃旅游强省建设的新机遇

(一) 国家战略的有力支持

"十四五"期间，国家持续推进西部大开发战略和区域协调发展政策，这为甘肃省的文化和旅游业注入了新的活力。国家政策层面的支持，包括共建"一带一路"倡议和"全域旅游"战略，为甘肃提供了政策引导和财政投入，促进了旅游基础设施的建设和文化资源的深度开发。这不仅为甘肃吸引国内外游客创造了有利条件，也为文化遗产保护和资源开发提供了政策保障。

第一，共建"一带一路"倡议赋予甘肃国际化发展新使命。甘肃作为古丝绸之路的核心区之一，历史文化遗存丰富，地理位置战略性突出。在共建"一带一路"倡议中，甘肃被视为联通东西方文化交流的关键纽带。国家明确支持甘肃将丝绸之路文化遗产转化为推动文化旅游产业发展的核心资源，打造国际化的旅游品牌和合作平台。例如，敦煌被确立为丝绸之路文化合作的重要枢纽，敦煌研究院的文物保护技术和丝路文化研究经验被推广到沿线国家，深化了文化旅游领域的国际交流与合作。通过共建"一带一路"相关论坛和展会（如丝绸之路国际文化博览会）的成功举办，甘肃不仅向国际社会展现了自身的文化和旅游资源，还构建起了与相关国家文旅产业协同发展的多层次合作机制。这种全球化的战略支持，增强了其旅游业的辐射效应。

第二，"黄河流域生态保护和高质量发展"战略带来的生态旅游契机。黄河流域生态保护战略将甘肃作为重要实践区域，明确要求在发展中平衡生态保护和经济效益，凸显了绿色发展在甘肃文旅产业中的核心地位。这一战略为甘肃开发生态旅游资源提供了制度保障和财政支持。甘肃省积极响应号召，推进黄河沿线生态保护区和自然景观的旅游化开发。例如，黄河石林景区的生态治理与旅游融合成为典范，同时通过政策资金支持提升了景区的基础设施建设和智慧化管理水平。在生态优先的框架下，甘肃加强了对祁连山、张掖丹霞等地的环境保护力度，逐步将生态旅游打造为省内旅游发展的新亮点，为实现绿色增长模式奠定了基础。这不仅符合国家战略要求，也满足了市场对高品质、可持续性旅游产品的需求。

第三，"文化产业与旅游产业融合发展示范区"政策激活文旅资源。甘肃是全国文化和旅游融合发展的重点区域。国家支持甘肃通过文旅融合提升产业综合效益，具体措施包括推动大型文化遗产保护项目、实施文旅品牌塑造工程以及设立文旅产业基金。在政策推动下，甘肃着力推进特色文化资源的转化利用，通过引入现代创意和科技手段，将传统文化资源转化为具有吸引力和市场价值的文旅产品。敦煌莫高窟的数字化工程已成为全国文旅融合的典范项目，通过数字技术实现文化遗产的保护与展示，满足了游客的深度文化体验需求，同时减少了对文物的直接干扰。类似的模式还在炳灵寺石窟等其他文化遗产中推广应用，进一步彰显了甘肃在文旅融合发展中的创新能力。

第四，政策叠加效应推动基础设施建设提速。为适应政策导向，甘肃加快了旅游基础设施建设步伐，努力构建"快进慢游"的旅游交通体系。国家在

"十四五"规划中明确支持甘肃重点城市与核心景区之间交通的互联互通。近年来，兰州新区成为全省航空和铁路枢纽的重要支点，国内外航线网络逐渐完善，同时高速铁路和公路的延伸提升了省内景区的可达性。例如，连接甘肃西部敦煌与周边省份的铁路和高速公路项目，极大降低了游客从客源地到景区的时间成本。甘肃在城乡旅游风景道、景区接驳线等方面的投资力度也显著加大。多地景区新增了停车场、旅游驿站等便民设施，并推广智慧化服务平台，为游客提供更加高效、便捷的出行体验。这种基础设施的升级不仅支撑了甘肃文旅产业发展，也带动了相关区域的经济增长。

第五，文化资源保护工程塑造区域品牌。近年来，甘肃通过国家支持的重点文化保护工程，不断提升旅游资源的核心竞争力。以莫高窟、麦积山石窟等世界级文化遗产为代表，甘肃在文化遗产保护方面形成了多层次、体系化的工作机制。比如，敦煌研究院主导实施的数字敦煌工程，不仅延续了古遗址的生命力，还借助虚拟现实和多媒体技术，实现了文化遗产的全球传播。国家对传承非物质文化遗产的重视，使甘肃得以依托丰富的传统民俗和手工艺资源，开发旅游体验项目和文创产品，推动文化资源的市场转化。例如，河州花儿、甘南藏族民歌等非遗项目通过表演和体验活动融入乡村旅游线路，吸引了大量游客参与。

（二）科技赋能与数字化转型的契机

随着全球信息化与数字化浪潮席卷而来，科技创新已经成为推动各行各业持续发展的关键驱动力。对甘肃省而言，数字化转型不仅是提升传统产业竞争力的有效途径，更是加快旅游业现代化进程的重要契机。随着大数据、云计算、人工智能、虚拟现实、增强现实等技术的不断发展与成熟，甘肃省旅游产业正迎来前所未有的变革契机。这些新兴科技的广泛应用，能够有效促进甘肃旅游业的发展，为其实现跨越式发展提供支撑。

第一，智慧旅游的加速建设。近年来，智慧旅游作为提升旅游管理效率与游客体验质量的核心要素，正在全球范围内迅速发展。甘肃作为具有丰富自然景观和文化遗产的旅游大省，在智慧旅游的建设上具备显著的优势与需求。通过大数据、云计算等技术的深度融合，甘肃能够实现旅游资源的智能化管理与精准化营销。智慧旅游系统可以通过大数据分析游客的行为习惯、消费需求和出行偏好，进而推送个性化的旅游推荐。这对甘肃这样一个幅员辽阔、文化和自然资源丰富的省份尤为重要。甘肃可以利用智慧旅游平台，依托大数据技术，精确定位不同游客群体的需求，制订针对性的旅游服务方案。例如，基于游客的历史行为数据，平台可以智能推送甘肃的特色景点、民俗活动及当地美食，为游客提供量身定制的旅行路线。同时，智能导览系统能够在游客到达景区时提供实时信息，帮助其在最短时间内高效游览，提升游客的整体旅游体验。智慧旅游还涉及旅游资源的实时监控与管理。通过传感器和物联网技术，甘肃省的景区可以实现游客流量的实时监测，避免人流过密带来的安全隐患，同时通过数据分析进行科学调度，优化景区的资源分配和游客疏导。这一管理模式不仅能够提升旅游景区的服务水平，也能有效应对突发事件，提高旅游业的综合管理能力。

第二，虚拟现实与增强现实技术的创新应用。虚拟现实和增强现实技术的广泛应用为甘肃旅游业提供了新的发展方向。甘肃省拥有丰富的丝绸之路文化遗产和多样的自然景观，这些文化与自然资源为虚拟现实和增强现实技术提供了广阔的应用场景。游客可以通过 VR 头盔探索虚拟的历史场景，或通过 AR 应用在现实景观中叠加数字内容，获取更丰富的文化体验。例如，在参观敦煌莫高窟时，游客通过 VR 设备可以虚拟进入古代丝绸之路的历史背景，体验壁画的创作过程和历史背景，增加文化理解与互动感。这些数字化手段不仅能为游客提供更具沉浸感的文化体验，还为甘肃省的旅游资源传播提供了更加高效和创新的方式。此外，增强现实技术则可以为甘肃省的旅游景区增添互动性和趣味性。通过 AR 技术，游客在游览的过程中可以通过手机或 AR 眼镜等设备，看到虚拟信息与现实景观的结合。例如，在参观甘肃的传统文化场所时，游客可以通过 AR 设备看到历史人物或场景与现实景观叠加，进行互动体验，这种技术的应用大幅提升了游客的参与感与体验感，同时也为景区带来了更多的创新性和科技感。

第三，数字化营销与全域旅游推广。数字化营销作为现代市场推广的重要手段，已成为各类产业竞争的制胜法宝。在全球旅游市场竞争日趋激烈的背景下，甘肃省借助数字化营销手段，可以打破传统广告宣传的局限，向全球游客精准推送甘肃的旅游资源。社交媒体、短视频平台以及旅游大数据的运用，能够帮助甘肃实现高效的市场推广和品牌建设。甘肃可以通过社交平台（如微博、微信、抖音等）进行精准营销，借助平台的用户数据分析，锁定潜在游客群体，尤其是年轻游客和国际游客。此外，短视频和直播平台的普及，使旅游宣传不再局限于传统的文字和图片，而是通过动态的视频展示，增强视觉冲击力和吸引力。甘肃省可以通过短视频平台展示其丰富的自然景观、历史遗迹以及民族文化，借助新兴的内容创作者，与目标群体产生更直接的互动。在大数据分析的支持下，甘肃省能够根据不同用户的行为数据和兴趣偏好，制定更加精准的旅游营销策略。这种基于数据的精细化营销，不仅能提高宣传效果，还能优化资源配置，提升整体旅游业的收益水平。

第四，智能化基础设施的完善与旅游服务提升。数字化转型不仅仅局限于信息技术的应用，更重要的是推动整个旅游产业的智能化发展。甘肃省在旅游服务设施建设方面亟须实现从传统服务向智能化服务的转型，以满足日益增长的旅游需求。随着智能化基础设施的建设，游客的出行与服务体验将得到极大提升。例如，甘肃省可以通过引入智能交通系统，实现景区交通的高效管理与游客流量的精准调控。通过大数据分析，智能交通系统能够实时监测道路交通情况，优化交通线路与车辆调度，确保游客能够顺畅、安全地到达各大旅游景点。此外，甘肃省的旅游住宿、餐饮等行业，也可以通过智能化手段提升服务水平。例如，通过智能酒店系统，游客可以实现自助入住、房间服务、支付结算等一体化操作，提升游客的住宿体验。智能导览系统也可极大地提升游客的旅行效率与体验感。通过智能手机或穿戴设备，游客可以获得景点的实时信息、路线推荐、语音讲解等服务。这种无缝对接的智能服务，不仅提升了游客的便利性，也提升了甘肃旅游服务的整体质量。

第五，数字经济的快速发展为甘肃省的旅游业提供了契机。通过加速数字技术与传统旅游产业的深度融合，甘肃能够实现旅游业的多元化发展。数字平台的建设，不仅可以提升旅游服务的线上化水平，还能够推动电子商务、数字文化创意产业等新兴业态的发展。在甘肃省，数字化平台的建设能够帮助地方政府与旅游企业拓展线上市场，提供更便捷的在线预订、支付等服务。此外，通过发展数字文化产业，甘肃可以将其独特的民族文化和历史资源转化为数字内容，通过网络平台进行全球传播。这不仅有助于提升甘肃的文化影响力，也为旅游产业带来了新的增长点。借助数字化手段，甘肃省的旅游业可以突破传统发展的局限，实现线上线下融合发展的全新格局。

（三）消费升级带来的市场需求增长

随着中国经济持续增长和居民收入水平的不断提升，消费结构发生了深刻变化，旅游消费也呈现出日益升级的趋势。消费升级推动了旅游市场需求的多样化、个性化和品质化，甘肃作为具有丰富文化和自然资源的旅游大省，正处于抓住这一机遇的关键时期。通过有效应对这一需求变化，甘肃能够加速建设旅游强省，推动旅游产业高质量发展。

第一，消费者偏好的变化与甘肃文化资源的契合。随着消费者需求的多样化和个性化，特别是在年轻群体中，情感化、个性化的消费趋势逐渐取代了单一的物质需求。这种变化促使许多传统的文化产品和旅游产品发生了变革，开始强调情感共鸣和情绪治愈的功能。对甘肃省来说，这一变化提供了巨大的发展契机。甘肃省博物馆近期推出的文创产品正是这一趋势的鲜明体现。甘肃省博物馆的文创产品设计，突破了传统的文化产品界限，结合了地方特色与年轻人情绪需求的变化。与传统毛绒玩具制造商 Jellycat 相比，甘肃的文创产品不仅仅局限于展示馆内藏品，而是通过拟人化设计将天水麻辣烫等具有地方特色的美食和特产转化为具有情感共鸣的文化产品。这些设计灵感不仅契合了消费者对个性化和情绪共鸣的追求，还能够通过其独特的情感治愈力吸引年轻消费者的关注。例如，甘肃省博物馆围绕其镇馆之宝"马踏飞燕"推出的绿马系列文创产品，包括绿马头套、绿马风筝、绿马玩偶等，充分展示了文创产品与情绪治愈力的精准结合。这些产品不仅有着深厚的文化底蕴，还通过"丑萌"风格和情感表达，吸引了大量年轻消费者的关注。这种文创产品的成功，表明甘肃省在发展文化产业时，能够有效地将本土文化与当代消费者的情感需求相结合，创造出既具有文化内涵又能引发情感共鸣的创新产品。

第二，旅游消费方式的变化与甘肃数字化转型的契机。随着互联网的发展和移动支付的普及，游客的旅游消费方式发生了革命性变化，线上旅游预订和消费成为主流。这为甘肃省提供了一个重要的契机，能够通过数字化转型提升旅游业的整体服务水平和管理效率。通过移动互联网平台，甘肃不仅可以扩大旅游市场的覆盖面，还可以通过大数据分析精准捕捉消费者需求，为其提供量身定制的旅游产品。依托大数据和人工智能技术，开发在线旅游平台，方便游客在线查询景区信息、预订门票、选择旅游线路等。这些数字化手段的应用，不仅能够提升游客的旅游体验，还能大幅提升甘肃旅游的市场渗透率和整体管理效率。通过提升线上线下融合的服务能力，甘肃省能够充分适应消费者消费方式变化，提升其在国内外旅游市场中的影响力和竞争力。

第三，绿色旅游和可持续发展需求与甘肃生态旅游资源的优势。绿色旅游和可持续发展已成为全球旅游业的新发展趋势。随着消费者环保意识的增强，越来越多的游客开始偏好选择具有绿色认证和环境友好的旅游项目。这对甘肃省而言是一个重要的机遇。甘肃省丰富的自然资源和独特的生态环境，为发展绿色旅游提供了得天独厚的条件。在这一背景下，甘肃可以大力推动生态旅游产品的开发，利用大自然的资源优势，打造绿色旅游品牌。通过引导游客参与生态保护、低碳旅行等活动，甘肃可以建立起具有可持续发展特征的旅游模式。此外，甘肃还可以加强生态文明建设，鼓励旅游企业采用环保材料和技术，减少碳排放，提升旅游业的绿色竞争力。依托丰富的自然景观和生态环境，甘肃可以发展高端温泉度假村、森林康养中心等项目，满足游客对健康、养生和放松的需求。此外，甘肃的草原、沙漠和山地景观也可以成为户外运动和休闲旅游的热门目的地，吸引更多游客进行徒步、骑行等活动。

二、实现旅游强省目标过程中面临的挑战

（一）资源利用率不高

第一，旅游产品同质化问题。尽管甘肃省拥有诸如敦煌莫高窟、嘉峪关长城、张掖丹霞等具有独特吸引力的旅游资源，但部分景区和旅游产品的同质化问题仍然突出。许多景区虽然依托相似的文化和自然资源进行开发，但在产品形态、服务体验、特色活动等方面缺乏创新，导致游客的选择趋同，难以吸引更多的游客前来游览和消费。尤其是一些文化旅游产品的开发，往往围绕着景区本身的基础设施和文化资源进行简单的复制，忽视了对游客兴趣的多样性和差异化需求的挖掘。这种同质化竞争使许多景区面临游客吸引力下降、市场份额被压缩的困境，也使甘肃旅游业在区域市场中的竞争力未能得到充分释放。为了改变这一现状，甘肃应更加注重旅游产品的差异化开发，深入挖掘其独特的文化背景、自然景观和历史遗产，以此为基础打造富有特色的文化旅游产品。例如，可以根据不同地区的特色文化和自然景观，设计出一系列个性化、定制化的旅游路线，如"丝绸之路历史文化游""甘肃民族风情体验之旅"等，既能吸引不同层次的游客，又能提升甘肃旅游产品的独特性和竞争力。

第二，资源开发与环境承载力的矛盾。随着旅游业的快速发展，甘肃在一些主要景区的资源开发过程中，面临着旅游资源过度开发的问题。许多知名景区由于游客数量激增，导致景区生态环境和自然景观遭到破坏。这不仅影响了游客的体验，也对甘肃省的可持续发展构成了巨大挑战。因此，甘肃在推进旅游业发展的同时，必须注重资源开发与环境承载力之间的平衡。在开发过程中，要强化科学管理和环境保护措施，采取限制游客流量、优化游客分布、加强基础设施建设等方式，减少过度开发带来的负面影响。同时，应加强生态旅游和文化遗产保护意识，鼓励开发低碳、绿色、可持续的旅游产品，以确保旅游资源在长期发展中保持活力。

第三，文化与旅游资源开发的区域差距。甘肃省的文化和旅游资源分布存在显著的城乡差距和区域不均衡问题。部分城市和景区,如兰州、敦煌、张掖等地,已经实现了较为成熟的文化和旅游产业发展,吸引了大量游客并取得了一定的经济效益。然而,许多偏远地区和县域的文化和旅游资源尚未得到充分的开发,缺乏有效的市场推广和产业支持,导致其文化旅游潜力未能得到充分释放。这种区域发展不平衡的现象,不仅影响了甘肃整体旅游产业的协调发展,也限制了部分地区经济的发展。

(二)区域品牌竞争激烈

第一,区域品牌竞争激烈。近年来,西部地区的旅游市场竞争日益加剧,周边省份纷纷加大投入,提升旅游产业的整体竞争力。陕西、宁夏、青海和四川等省份,凭借丰富的文化资源和特色旅游产品,已经在国内外旅游市场中占据了重要地位。陕西通过"古都"品牌,深度挖掘历史文化遗产的魅力,提升了其在游客心中的认知度;四川则通过将"美食"与"旅游"相结合,打造了独具特色的旅游线路,进一步巩固了其在旅游市场上的影响力。相较之下,甘肃的旅游品牌建设尚处于起步阶段,虽然拥有丝绸之路、敦煌文化和黄河文化等丰富的文化资源,但整体旅游品牌的影响力仍显不足。

第二,甘肃旅游品牌定位比较模糊。甘肃拥有多元化的旅游资源,各地旅游资源的开发往往缺乏统一规划与整合,导致甘肃旅游品牌的整体性较弱,难以形成强有力的市场认知。例如,甘肃的丝绸之路文化和敦煌文化等虽有较大影响力,但未能通过有效的品牌塑造,充分激发其潜力,难以在国际市场上形成有竞争力的品牌效应。

第三,甘肃的品牌宣传力度不足。尽管甘肃的文化旅游资源在国内外有着不可忽视的魅力,但在品牌宣传方面的投入相对较少,尤其在数字营销和国际化推广方面的缺乏,使甘肃的品牌形象未能在更广泛的市场中占据有利位置。与其他竞争激烈的旅游大省相比,甘肃的宣传方式依然停留在传统的广告形式上,缺乏现代化手段的运用,导致其在国内外市场的吸引力不足,未能有效触及更多的潜在游客。

面对日益激烈的区域竞争，甘肃需要制定并实施一套切实可行的旅游品牌建设战略，提升其在国内外旅游市场的知名度和吸引力。通过有效的品牌建设，甘肃不仅能够提升其在国内外旅游市场的影响力和吸引力，还能进一步推动当地经济的增长。品牌建设不仅能提升游客量和经济效益，更是文化自信的体现，能够帮助甘肃省在全球旅游市场中塑造一个独特且持久的品牌形象。长期来看，成功的品牌建设将助力甘肃旅游业的持续健康发展，并促进文化和经济的深度融合。

（三）人才短缺与培训体系不完善

第一，高素质旅游人才匮乏。甘肃省旅游业发展迅速，然而高素质旅游人才的短缺成为制约其进一步发展的关键瓶颈。旅游产业的提升不仅需要传统的基础设施建设，还需要具备国际视野和创新能力的复合型人才。这些人才在旅游规划、市场营销、酒店管理、文化遗产保护及导游服务等领域扮演着至关重要的角色，直接影响到旅游服务的质量与市场竞争力。然而，甘肃的旅游人才储备相对薄弱，尤其是在高端旅游管理人才和具有跨学科综合能力的人才上，远不能满足行业多元化和高层次的需求。目前，甘肃省内的旅游人才培养仍以传统的管理和服务型人才为主，缺乏能够驾驭新兴领域，如智慧旅游、旅游大数据分析、旅游产业创新等方面的专才。

第二，培训体系滞后于行业发展。甘肃的旅游培训体系未能与行业快速发展的需求同步，存在内容单一、培训模式过于传统等问题。尽管部分高等院校和职业技术学校已经开设了旅游管理等相关专业，但课程设置往往侧重于基础理论知识和技能的传授，缺乏对创新思维和实际操作能力的培养。尤其是在旅游行业转型升级的过程中，对人才的需求已不仅限于传统的服务和管理技能，还包括如何应对个性化、多元化、国际化的市场需求。现有的培训体系未能有效跟进旅游行业发展趋势，导致培训效果不佳，难以培养出符合市场需求的高素质人才。甘肃的旅游培训体系尚未形成有效的产业链式发展。虽然存在不少旅游从业人员的基础培训项目，但缺乏系统的继续教育和职业进修机制，导致从业人员的职业素养和专业技能难以得到持续提升。

第三，人才吸引与留存难度大。除了人才短缺和培训体系滞后外，甘肃还面临着较大的旅游人才吸引与留存难度。地理位置相对偏远、经济发展水平较低以及薪酬待遇相对不具竞争力，使甘肃在吸引优秀旅游人才方面处于不利地位。虽然近年来甘肃省在提升整体旅游服务质量和行业吸引力方面取得了一些进展，但与发达地区相比，其在薪酬福利、职业发展空间和行业知名度等方面仍存在差距，这使不少高素质旅游人才更倾向于选择在经济条件和发展前景更好的地区就业。此外，旅游行业的工作环境、行业稳定性以及工作压力也是影响人才留存的重要因素。甘肃虽然在旅游资源开发和文化传播方面具有独特的优势，但旅游从业人员面临的工作强度和压力较大，特别是景区一线岗位的工作人员，容易导致人才流失。

（四）基础设施和公共服务体系不完善

第一，交通基础设施有待提升。尽管甘肃近年来在交通基础设施方面取得了一定的进展，但相较于旅游业的快速发展，交通网络的完善程度仍然存在不足。尤其是一些偏远地区，其和景区之间的交通连接仍然不够便捷，道路设施和交通服务的质量亟待提升。部分区域交通设施建设滞后，导致游客出行体验受限，影响了甘肃省旅游资源的有效开发和利用。尤其是在旅游高峰期，交通拥堵和出行不便问题更为突出，这些问题不仅制约了游客流动，也限制了甘肃作为旅游目的地的吸引力和竞争力。

第二，住宿和旅游配套服务不足。甘肃的住宿和旅游配套服务仍存在不足，尤其是在一些偏远地区和旅游热门景区周边。尽管在甘肃一些大城市和景区中已经拥有一定数量的星级酒店和基础住宿设施，但整体服务水平和设施条件仍有待提升。部分景区周边的住宿设施缺乏多样性，难以满足不同游客的需求，尤其是高端住宿和特色民宿的缺乏，影响了旅游的整体吸引力。此外，餐饮、娱乐、购物等旅游配套服务也存在一定的不足，未能充分提升游客的整体体验，制约了甘肃旅游业的进一步发展。

第三，旅游公共服务体系不完善。甘肃的旅游公共服务体系在许多方面还显得相对滞后，未能全面满足游客日益增长的多元化需求。尤其是在旅游信息服务、安全保障、应急救援等方面，存在较大的提升空间。旅游信息平台的建设滞后，导致游客在规划行程、获取实时信息时遇到困难；旅游安全保障措施相对薄弱，游客在旅行过程中缺乏足够的安全感，这在一定程度上影响了甘肃旅游的品牌形象；此外，旅游应急救援体系不够健全，面对突发事件的应对能力较弱，这都需要通过政府投入和政策支持加以改进和完善。

第四，旅游设施和服务水平参差不齐。甘肃的旅游设施和服务水平存在较大的差异，部分景区和住宿设施老旧，服务标准不高，影响了游客的整体体验。一些热门景区和城市的旅游设施较为完善，但在一些偏远地区，基础设施建设仍显薄弱，游客在这些地区的体验常常不尽如人意。此外，一些旅游服务人员的专业素质和服务意识仍有待提高，服务质量不均衡的问题较为突出。这些因素共同制约了甘肃旅游业的提升和发展，也使其在旅游市场中的竞争力相对较弱。

第三节　甘肃建设旅游强省成效初显

一、旅游产业规模持续扩展，经济贡献显著增加

第一，旅游产业成为经济增长的重要引擎。近年来，甘肃省的旅游产业持续扩展，逐渐成为地方经济增长的核心引擎。2024 年上半年，甘肃文旅产业增速超过 30%，显著高于其他行业增速，显示出其在经济增长中的重要作用，接待游客 1.97 亿人次，旅游花费达 1320 亿元，同比分别增长 27% 和 35%。[①] 通过全方位推动旅游资源的开发和文旅融合，旅游产业不仅为甘肃经济增长提供了稳定支

---

① 甘肃文旅产业实现高增长 ［EB/OL］. (2024-09-10) ［2024-12-01］. https：//www.mct.gov.cn/preview/whzx/qgwhxxlb/gs/202409/t20240910_955163.htm.

撑，还为地方财政收入注入了新活力，成为经济转型的重要力量。近年来，甘肃旅游产业的规模不断扩大，成为推动地方经济发展的重要支柱。

第二，旅游业带动相关产业协调发展。旅游产业的扩展也促进了甘肃省其他相关产业的协调增长。特别是住宿、餐饮、交通、零售等行业，随着游客数量的增加，服务设施不断完善，产业链各环节得到了同步发展。新建的酒店、民宿和特色餐饮店不仅满足了游客的住宿需求，还为当地创造了大量就业机会。此外，交通基础设施的改善，如高铁、机场等的开通，进一步便利了游客的出行，提升了整体旅游体验，也有效推动了消费水平的提升。

第三，大量就业机会和居民收入提升。旅游产业的快速发展为甘肃省创造了大量就业机会，特别是对城乡结合部和偏远地区。通过发展旅游业，当地不仅促进了就业，还改善了居民的收入水平。随着景区、住宿、餐饮和导游等岗位需求的增加，大量劳动力得到了吸纳，尤其是在偏远的乡村地区，旅游业成了主要的经济来源和就业支柱，推动了经济振兴。

第四，文旅项目落地与金融赋能。为了支持文旅项目落地，甘肃省积极发挥金融赋能的效果。通过组织召开金融支持文旅高质量发展大会、政银企座谈会等，向金融机构推送文旅重点企业，推动文旅市场主体贷款余额持续增长。2024 年前三季度，全省实施文旅项目 821 个，完成投资 169.63 亿元，完成年度任务的 94.2%。其中，省列重大项目投资 21.48 亿元，完成年度任务的 89.5%。这些项目的实施和资金的到位，为甘肃打造文旅产业集群积蓄了能量，也为未来旅游产业的持续发展奠定了坚实的基础。①

二、多样化的旅游产品创新提升了游客体验

甘肃省在旅游产品创新方面，依托丰富的自然与文化资源，打造了多样化的旅游项目。无论是旅游线路的创新，还是美食与文创产品的推陈出新，都极大丰

---

① "2024 年上半年经济高质量发展"主题系列新闻发布会——省文旅厅专场实录（文+图）［EB/OL］.（2024-08-09）［2024-12-01］. https：//wlt. gansu. gov. cn/wlt/c108541/202408/173965901. shtml.

富了游客的体验，吸引了更多游客的到访和消费。

第一，旅游线路的多样化与深度体验。甘肃省推出的多条特色旅游线路，不仅展现了其悠久的历史文化，还让游客深入了解了当地丰富的地域特色。以"河西走廊·畅享丝路之旅"为例，游客可体验从天水、兰州到敦煌的文化穿越，领略到丝绸之路的历史魅力；而"黄河水韵·民族风情之旅"则通过走访甘南、临夏、兰州等地，深度体验黄河文化和民族风情。此外，甘肃省还推出了"秘境探险·山水户外自由之旅"系列线路，包括河西走廊大环线、甘南草原大环线等，为寻求自然景观和户外探险的游客提供了丰富选择。这些多样化的旅游项目满足了不同游客的需求，从深度文化游到生态旅游、休闲度假等各类需求均有所覆盖。

第二，多样化的美食旅游体验。甘肃省在美食旅游方面的创新，成功地将地方特色美食与旅游体验结合起来，吸引了大量食客前来品尝。甘肃以兰州拉面、臊子面、麻辣烫等地道美食著称，游客可以在品味美食的同时感受到独特的地方文化。通过举办"甘肃麻辣烫及特色美食大 PK"等活动，甘肃不仅将美食特色进一步推向全国，还鼓励当地餐饮业参与旅游市场的互动与合作。游客在旅游过程中，不仅可以品尝当地传统美食，还能通过美食活动参与到地方烹饪技艺的体验中，如天水古城的小吃店内游客参与制作"暴脾气麻辣烫"，既能品尝地道风味，又能深度体验当地文化。美食旅游已经成为甘肃吸引游客的亮点之一，特别是在假期，这种结合美食与旅游的综合体验，使甘肃成为国内外游客争相前往的热门目的地。

第三，文创产品的创新与文化价值。近年来，甘肃省在文创产品方面进行了创新，尤其是在敦煌文化和丝绸之路元素的结合下，文创产品的设计更加贴近现代消费者的需求。这些文创产品不仅继承和发扬了传统工艺，还融入了现代设计理念，深受游客喜爱。甘肃省推出的敦煌壁画、丝绸之路手工艺品、传统刺绣等文创产品，不仅展现了丰富的历史文化，还为游客提供了具有纪念价值的商品。通过举办"甘肃文创非遗市集展销"等活动，这些具有地方特色的文创产品吸引了大量游客购买，成为游客在甘肃旅游中的重要消费点。同时，甘肃省还鼓励地方手工工艺人和设计师合作，推动文创产品的跨界融合，创造出符合年轻消费者审美的现代文创产品，如时尚化的敦煌文化元素产品。这些创新型文创产品的推出，不仅提升了甘肃的文化影响力，也带动了旅游消费的增长。

三、资源保护与合理开发同步推进

文化遗产保护与合理利用实现共赢。首先，考古发掘与文化遗产保护方面取得了显著成就。2014~2024 年，对马家窑遗址进行了四次考古发掘，揭露面积近2000 平方米，发现了 13 处房屋遗址，出土了 60 余万件文物标本，为研究洮河流域的史前文明提供了重要实物资料。① 马家窑文化的保护和研究不仅在国内取得了显著进展，也逐步走向世界，成为展示中华文明魅力的重要窗口。其次，高度重视非物质文化遗产的系统性保护。甘肃省在非物质文化遗产保护方面也取得了显著成效。截至 2024 年 6 月，全省共有各级非遗代表性项目 8119 项，非遗代表性传承人 13049 人，形成了比较完整的国家、省、市、县四级非遗名录体系。为了加强非遗保护，甘肃省贯彻"保护为主、抢救第一、合理利用、传承发展"的工作方针，通过建设非遗工坊、举办非遗论坛和展览等方式，显著提升了甘肃非遗的可见度、美誉度和影响力。再次，敦煌文化遗产的保护与传承成就非凡。党的十八大以来，敦煌文化遗产保护取得了显著成效，以敦煌石窟为代表的"中国特色·敦煌经验"文物保护模式基本形成，并逐步走向世界。敦煌研究院在文物保护方面发挥了重要的作用。通过加强文物保护基础和应用研究，攻克了一系列关键核心技术，在壁画保护、土遗址保护、文物数字化研究等领域总结出成套"敦煌经验"。在文化传承方面，敦煌研究院深入挖掘敦煌文化价值，筑牢文化自信根基。持续推进敦煌学各学科的研究，拓展研究领域，特别是在中外文化交流史、丝绸之路民族文化研究等方面不断取得新成果。最后，文物资源管理与保

---

① 潜心为国护宝　赓续历史文脉——甘肃文物事业发展谱写新篇章［EB/OL］. （2024 - 10 - 18）［2024 - 12 - 01］. https：//wwj. gansu. gov. cn/wwj/c105438/202410/174005815. shtml.

护规划方面取得新突破。通过完成三次全国文物普查、长城资源和石窟寺专项调查等工作，甘肃省登记不可移动文物达到 16895 处，摸清了全省 3654 千米长城和 219 处（236 个）石窟寺的分布和保存管理状况。[①] 同时，编制实施了覆盖全面、点面结合、衔接有序的文物保护规划体系，为文物保护提供了有力保障。

四、生态旅游发展与绿色经济实现良性互动

第一，充分利用好丰富独特的自然景观和生态资源。作为中国西部的重要省份，甘肃不仅有壮丽的自然风光，如敦煌的戈壁滩、祁连山的高山草甸、黄河的蜿蜒曲线，还有许多珍稀的动植物资源，这些都为生态旅游提供了得天独厚的条件。近年来，甘肃省政府已认识到生态旅游对推动经济发展的潜力，积极推动生态旅游产业化，力图通过可持续的方式保护自然资源，同时促进经济增长。

第二，通过建设绿色生态旅游区，促进生态和经济良性循环。通过建设绿色生态旅游区，如黄河石林景区、天祝草原等，甘肃不仅保护了自然生态，还通过游客的参与和消费推动了当地经济发展。甘肃还积极推广绿色旅游产品的开发和绿色认证工作，不仅提升了当地旅游业的附加值，还加强了地方绿色经济的竞争力。扎尕那景区就是甘南旅游的一块"金字招牌"。当地政府通过规划、统筹、管理等多方面的努力，成功将这片绝美风光打造成国内外游客的热门打卡地。在扎尕那景区的发展过程中，当地政府不仅注重硬件设施的提升和完善，还通过实施"厕所革命"、修建污水处理厂等措施改善了景区的环境卫生状况。同时，通过引导村民发展农家乐、藏家乐等特色产业，满足了游客的多元化需求并大幅提高了当地村民的收入。如今，扎尕那已成为甘南旅游的一张亮丽名片，吸引了大量游客前来探索打卡。

五、区域旅游品牌建设成效显著

第一，区域特色品牌的塑造与推广。甘肃省依托丰富的自然与文化资源，成

---

① 让宝贵历史文化遗产在新时代熠熠生辉——写在全省文物工作会议召开之际 ［EB/OL］. （2024-02-22）［2024-12-01］. https：//wwj. gansu. cn/wwj/c105438/202402/173861661. shtml.

功塑造了一系列具有鲜明地方特色的旅游品牌。这些品牌包括"丝绸之路（甘肃）国际文化旅游节"，以及基于自然景观和历史文化的知名旅游项目，如敦煌莫高窟、嘉峪关长城、张掖丹霞等。通过整合并深化这些特色资源，甘肃省吸引了大量国内外游客的关注，推动了地方经济发展，并提高了甘肃在国内外旅游市场中的竞争力。甘肃的品牌建设不仅促进了区域旅游资源的有效利用，还强化了其作为文化与自然旅游目的地的形象。

第二，新媒体与数字营销的深度融合。随着数字化时代的到来，甘肃省积极采取新媒体手段加强旅游品牌传播，通过"微游甘肃"和"如意甘肃"自媒体矩阵等平台，甘肃的旅游品牌成功地向全国乃至全球推广。此外，借助抖音、快手等平台的网红效应，甘肃省通过与网络达人和媒体的合作，放大了文旅热点事件的传播效果。例如，"暖心瓜州"和"甘肃社火"等活动通过网络推广获得了大量关注，提升了甘肃旅游的曝光率和知名度。通过这些高效的数字营销策略，甘肃的旅游品牌逐渐形成了强大的网络影响力，吸引了更多游客的目光。

第三，政府政策支持与市场引导作用。甘肃省政府在区域旅游品牌建设中发挥了重要的政策引导作用。政府不仅制定了详尽的旅游发展规划，还出台了一系列扶持政策，涵盖基础设施建设、旅游产品创新、市场营销等方面。此外，政府通过加强市场监管、优化旅游环境，为甘肃旅游品牌的稳定发展提供了有力保障。例如，政府的财政支持和市场监管政策为各大景区和旅游企业提供了政策支持，使其能够在竞争激烈的市场中脱颖而出，进一步增强了甘肃旅游的整体吸引力和品牌形象。

第四，节庆活动与文化体验的推动作用。甘肃省充分利用节庆活动和文化体验项目推动旅游品牌建设，不仅展示了甘肃丰富的传统文化，也有效吸引了大量游客。这些活动通过提升游客的文化参与感和互动体验，进一步加深了游客对甘肃的文化认同和情感连接。此外，节庆活动也为甘肃的旅游业提供了一个持续的增长点，通过活动的举办，甘肃省的旅游品牌得以持续强化，并逐步在全国范围内赢得了更高的知名度。

六、文旅科技创新与数字化转型赋能旅游业高质量发展

随着科技的进步与数字化技术的应用，甘肃省在文旅产业的转型升级中取得了显著成效。数字技术不仅提升了游客的体验，也为文化遗产保护、资源管理及行业创新提供了新的解决方案。通过智慧旅游、数字博物馆、沉浸式体验等技术的推广，甘肃省的文旅发展在多个方面实现了创新突破。

第一，数字文博服务创新。甘肃省博物馆的"数字甘博"管理服务平台作为数字化创新的典范，充分利用 AR、VR 等技术，增强了游客的参观体验，并有效推动了文化遗产的保护和研究。通过手机、AR 眼镜等，游客可以在参观过程中随时获取丰富的文物信息，极大提升了文化遗产的公众认知度和兴趣。据统计，"数字甘博"平台自上线以来，游客的访问量和平台互动度持续增长，数字化传播效果显著，进一步提高了甘肃省博物馆的知名度和影响力。在文物保护方面，数字技术的应用为藏品提供了精细化管理，增强了文物的长期保存能力，并为文博科研提供了强有力的支持。该平台的创新不仅提升了文博行业的数字化转型水平，也为甘肃文旅产业的可持续发展提供了新的文化支撑。

第二，"数字敦煌"创新项目推动文化传播与旅游融合。敦煌研究院推出的"寻境敦煌——数字敦煌沉浸展"是数字技术在文化传播与旅游融合中的成功应用。通过虚拟现实技术，该项目高精度再现了敦煌莫高窟的壁画，为游客提供了身临其境的互动体验。游客不仅能通过线上平台了解敦煌文化，还能在展览中亲身感受壁画的艺术魅力，形成"游前——在线互动、游中——沉浸式体验、游后——留念视频"的多元化体验模式。该项目的成功实施，不仅提升了游客的参观体验，还推动了敦煌文化的广泛传播，吸引了大量国内外游客，为甘肃省的文旅品牌建设注入了新活力。同时，敦煌研究院通过这一创新项目，推动了文化与旅游的深度融合，为文博行业的数字化转型积累了宝贵经验。

第三，智慧旅游平台助力全域旅游服务升级。为了提升全省的旅游服务质量和游客体验，甘肃省大力发展智慧旅游平台，实施一站式旅游服务系统。平台集

成了交通、住宿、餐饮等多项服务，游客可通过在线系统进行便捷的预订与行程规划。利用大数据技术，平台能够根据游客的偏好和行为数据提供个性化的行程推荐，实现精准化、定制化的旅游服务。智慧旅游平台的应用不仅增强了游客体验的互动性，还提升了全省旅游服务的精细化管理。通过平台，甘肃旅游行业能够实时分析市场趋势，优化资源配置，提高运营效率。此外，平台还加强了旅游安全保障，提供景区交通、气象、住宿等实时信息，确保游客的出行安全。在全域旅游服务升级方面，智慧旅游平台整合了甘肃省的旅游资源和服务，打破了传统景区单一服务的局限，提高了全域旅游的服务水平。平台的推广与应用推动了甘肃旅游业从传统模式向智能化、个性化、便捷化转型，进一步推进了甘肃旅游强省的建设。

第四，数字技术驱动文旅产业创新与可持续发展。随着数字技术的普及，甘肃省的文旅产业不仅提升了游客体验，还推动了资源保护和景区管理的智能化。通过大数据、人工智能、云计算等技术的应用，甘肃能够实时监控景区的生态环境，发现并解决潜在的环境问题，确保旅游资源的可持续性。例如，祁连山国家公园等生态景区通过数字化平台实现了生态保护和旅游发展的良性互动，成为全国绿色旅游的示范案例。数字技术在绿色转型方面的推动，使甘肃的文旅产业逐渐走向可持续发展。通过数字化手段，甘肃不仅提高了资源配置效率，优化了景区管理，也推动了绿色旅游的深入发展。甘肃省在数字技术和绿色经济结合的模式下，增强了旅游产业的竞争力，为建设旅游强省奠定了坚实基础。通过数字化转型与科技创新，甘肃省不仅提升了文旅产业的服务质量与效率，也为文化遗产保护、资源管理、绿色旅游和智慧旅游的发展提供了有力支撑，助力甘肃省在新时代背景下实现旅游强省的目标。

第三章 甘肃迈向旅游强省的
战略定位与总体思路

　　甘肃省高度重视旅游业发展，将旅游业发展纳入旅游强省建设重要部署。2018 年 2 月，甘肃省基于对甘肃加快旅游业发展重大意义的深刻把握，以及对甘肃加快旅游业发展重大机遇的科学研判，出台了《关于加快建设旅游强省的意见》，为加快旅游强省建设提出了总体要求、主要任务、扶持政策和保障措施，为甘肃省旅游业的发展提供了全面的指导和保障。①② 2024 年 7 月，甘肃省多部门联合印发的《关于贯彻落实习近平总书记重要指示精神和全国旅游发展大会精神推动旅游强省建设的实施方案》对于加快推进旅游强省建设作出了进一步的安排部署，提出要着力构建"敦煌引领、丝路串联、网状协同、全域推进"的旅游业发展新格局，加快完善现代旅游业体系，打造世界知名、国际一流的重要旅游目的地，加快建设旅游强省，为建设旅游强国贡献甘肃力量。③ 推进旅游强省建设是甘肃省立足于新发展阶段、深入贯彻新发展理念、深度融入新发展格局，在推动社会主义现代化强国建设中所作出的重大战略决策。在此基础上，进一步明确甘肃迈向旅游强省的战略定位，构建符合时代要求的总体思路，不仅是提升甘肃旅游竞争力的关键，也是实现旅游业可持续发展、助力地方经济社会全面进步的必由之路。

---

① 科学研判加快建设旅游强省的重大机遇［N］. 甘肃日报，2018-02-12（03）.
② 深刻认识加快建设旅游强省的重大意义［N］. 甘肃日报，2018-02-11（03）.
③ 书写中国式现代化甘肃崭新篇章［N］. 甘肃日报，2024-08-19（01）.

第一节 旅游业在甘肃经济社会发展中的独特地位

甘肃省地理区位优势显著，位于黄河中游和黄河上游地区的交接之处，是中国古代丝绸之路的锁钥之地和黄金路段。随着共建"一带一路"倡议的深入实施，甘肃逐渐成为新时代中国向西开放的黄金地段和前沿门户，迎来了发展振兴的重要历史机遇。甘肃省文化旅游资源禀赋优越，既有戈壁大漠、祁连雪山、丹霞草原、黄土高原等丰富多样的地貌风光，也有着伏羲一画开天、张骞凿空西域、诸葛亮六出祁山的鲜明独特的历史源脉，还拥有敦煌文化、长城文化、黄河文化、始祖文化、民族民俗文化等博大精深的深厚文脉，对于发展旅游业具备扎实的基础、巨大的潜力和美好的前景。随着新一轮西部大开发的深入实施、"一带一路"建设的稳步推进，甘肃文旅受关注度明显提升。从整体来看，旅游业在甘肃经济社会发展中占据着鲜明、独特的地位，是促进甘肃经济增长的重要引擎，是促进甘肃文化繁荣的重要载体，是实现绿色可持续发展的"助推器"，是更好赋能美好生活的幸福产业。

一、旅游业是促进甘肃经济增长的重要引擎

近年来，甘肃省坚定不移地实施旅游强省战略，高起点谋划、高规格推进，推动旅游业成为全省经济社会发展和综合竞争力提升的强劲动力和重要支撑，旅游市场蓬勃发展，经济活力持续释放。

从旅游业对经济的直接贡献来看，"十三五"期间，甘肃省累计接待游客13.2亿人次、实现旅游收入8995亿元，分别是"十二五"时期的2.5倍和2.8

倍。① 2023 年，甘肃省聚焦于资源、客源和服务三大要素，签订"引客入甘"协议 120 份，打造新媒体矩阵，筹备"诗意甘肃""飞跃甘肃""网红大会"等一系列活动，策划推出鸣沙山万人星空演唱会、洛克之路秘境穿越、大漠胡杨网红打卡等一系列新场景新业态，旅游市场亮点纷呈，全年共接待游客 3.88 亿人次，同比增长 187.8%，实现旅游收入 2745.8 亿元，同比增长 312.9%，增速远超全国平均水平，旅游经济复苏势头强劲。旅游市场的复苏拉动了旅游及相关产业的新一轮投资热潮，2024 年上半年，甘肃省实施文旅项目 699 个，完成投资 97.66 亿元，招商引资签约项目 135 个、资金 235.37 亿元，兰州水墨丹霞等 10 个项目入选 2024 年全国文化和旅游产业发展工作会议展示项目。② 总体来看，甘肃旅游市场呈现出供需两旺的良好态势，形成了强投资、兴经济、育产业的良好发展势头，充分展现了旅游业发展为经济发展带来的显著贡献力。

　　甘肃省旅游业的蓬勃发展不仅直接促进了经济总量的增长，旅游业的乘数效应也持续沿产业链上下游深入渗透，有力地推动了基础设施建设的完善，进一步激活了住宿、餐饮及零售等领域的接触式消费潜能，并显著带动了交通运输业的快速发展。一方面，旅游业的发展带动了交通、住宿、餐饮、娱乐等配套基础设施的建设和完善。"十四五"期间，甘肃省大力推进兰州中川国际机场三期扩建工程，进一步提升机场数字化水平和服务能力，加快建设兰合、天陇、西成（甘肃段）、平庆铁路，着力打造"环西部火车游"和"丝绸之路黄金段文化旅游示范带"，显著提升了旅游目的地的可进入性和便利性，带动了沿线城市的经济发展。在提升旅游品质方面，甘肃省加快推进张掖、天水、陇南等重点旅游城市建设，支持敦煌、甘南、临夏等特色旅游目的地建设。同时，通过实施旅游"厕所革命"、提升景区管理水平等措施，不断提升旅游服务质量和水平，持续优化旅游环境。另一方面，旅游业作为劳动密集型产业，不仅直接增加了住宿、餐饮等行业的就业人数，还间接带动了农业、制造业、服务业等相关产业的发展，形成

---

　　① 施秀萍，刘鹏. 让"诗与远方"更加温润诱人——甘肃文旅事业产业发展综述 [N]. 甘肃日报，2022-05-11（01）.

　　② 李荣坤. 甘肃文旅产业实现高增长 [N]. 中国文化报，2024-09-10（07）.

了广泛的就业效应。近年来，甘肃省印发的《甘肃省"十四五"旅游业发展实施方案》中明确提出，要培育一批具有行业影响力的骨干旅行社，推进中小旅行社向专业化、特色化、品牌化发展，进一步拓宽就业渠道，推动旅游业的发展并促进甘肃经济的持续增长。

二、旅游业是促进甘肃文化繁荣的重要载体

（一）旅游业直接推动了甘肃文化遗产保护与创新

第一，甘肃省注重挖掘和阐释文化资源的内涵和价值，将历史文化与现代文明融入旅游产业。通过加强石窟寺保护展示、推进大遗址保护利用和国家考古遗址公园建设等措施，打造一批具有国际水准的文物保护和旅游观光项目。革命文物集中连片保护利用也取得了显著成效，一批反映百年党史的重大事件遗迹、重要会议遗址、重要机构旧址、重要人物旧居得到了有效保护和展示，为红色旅游的可持续发展提供了有力保障。甘肃省还全力推进长城、长征、黄河国家文化公园（甘肃段）建设，精心打造河西走廊国家文化遗产线路，持续推进黄河文化旅游带建设，建成了一系列文化特色鲜明、要素丰富的精品旅游胜地，稳步推进甘南冶力关、和政古生物化石文化旅游区、玉门关—阳关等创建国家 5A 级旅游景区，永靖刘家峡度假区成功入选国家级旅游度假区，扎尕那村入选联合国世界旅游组织"最佳旅游乡村"。

第二，旅游业助力甘肃非物质文化遗产活态传承。通过策划"黄河流域非物质文化遗产论坛""黄河流域九省（区）非遗大集"，实施"非遗过大年　文化进万家""视频直播家乡年"等宣传活动与民俗节庆活动，推动非遗文化资源与现代生活的深度融合。甘肃省全面推进非物质文化遗产资源的开发利用，认定了121 家省级及以上非遗工坊，并引导非遗项目走进人流密集的文旅场所进行展演，有效促进了旅游景区、城市街区、文化空间及乡村旅游的高质量发展。以刘兰芳创立的庆阳香包绣制非遗工坊为例，该工坊采用"企业+合作社+农户+电商+博物馆"的运营模式，全面覆盖了庆阳香包的传承、设计、销售与展示环节，成为非物质文化遗产助力地方经济发展的典范。

第三，甘肃省致力于革新文化营销范式，发挥节、事、会的联动效应，搭建文化展示平台，有效吸引国内外游客赴甘旅游。甘肃省将"实施陇原文艺高峰攀登工程"作为文化甘肃建设的首要重点工程，成功举办了第七届丝绸之路（敦煌）国际文化博览会、2024（甲辰）年公祭中华人文始祖伏羲大典暨第33届天水伏羲文化旅游节等一系列重大节会活动，促进了对外文化交流和多层次文明对话。同时，甘肃省积极孵化文化旅游演艺市场，推出了舞剧《丝路花雨》《大梦敦煌》，陇剧《官鹅情歌》《大禹治水》，音乐剧《达玛花开》，以及民族歌剧《呼儿嘿哟》等一系列高质量的文化演艺作品，2024年前三季度，全省共开展旅游演艺3487场次，票房收入达2.37亿元，各类演艺活动显著提升了地区文化软实力。①

第四，甘肃省致力于深化文体旅、农文旅及文商旅的融合发展，倾力打造"陇上乡遇"特色品牌，2024年成功建立了5个乡村旅游示范县与50个文旅振兴乡村样板村。同时，积极推动红色旅游的创新发展，精心构建了"红色沃土""长征丰碑""浴血河西"三大红色文化旅游区。此外，甘肃省持续加强文化主题事件的传播，借助天水麻辣烫热，2024年前三季度，甘肃省策划并举办了"春绿陇原""情暖积石山""诗意甘肃·丝路长风三千里"等系列文化活动近6万场次，举办了"逐梦丝路古韵·相约如意甘肃""研学秦陇大地·共赏丝路华光"等研学推介活动，极大地丰富了民众文化生活。

（二）旅游业推动了甘肃绿色可持续发展

第一，构建绿色生态基底，夯实旅游业发展的基础。甘肃省不断加强荒漠化防治和重点生态工程建设，建立了"1+2+2+N"工作体系以确保科学开展国土绿化行动。河西5市20县（区）与东部5市28县被纳入两大标志性战役范围，成为国土绿化的"主战场"，启动实施"三北"工程攻坚战首批开工项目45个，

---

① 牢记殷殷嘱托　不负深切期望｜甘肃省文化和旅游厅：踔厉奋发谱新篇　陇原文旅绽芳华［EB/OL］.（2024-09-12）［2024-12-01］. https：//wlt.gansu.gov.cn/wlt/c108541/202409/173986667.shtml.

并系统谋划了西秦岭、陇中陇东地区、祁连山北麓等8个重点区域生态保护修复"双重"项目，创新性地采用了"互联网+全民义务植树"的模式，利用"蚂蚁森林"等新型平台，动员社会力量参与国土绿化，不仅拓宽了绿化资金的来源渠道，更提升了公众对生态保护的认识度与参与度。

第二，将生态保护与富民产业相结合，通过培育"甘味"品牌、发展林下经济等模式，成功打造了一批特色富民产业。甘肃省在河西走廊、陇中黄土高原、陇东黄土高原以及南部秦巴山地等地建设林下经济发展区，积极探索光伏治沙和发展沙地特色产业的路径，加大沙漠公园、沙生植物园的建设力度，发展沙漠旅游、沙漠康养等产业，以旅游业推动甘肃绿色产业体系的构建，将旅游业与农业、林业、文化产业等相结合，形成了绿色产业链条，以美丽资源催生"美丽经济"，进一步延伸绿色价值，提升旅游产业的附加值和经济效益。

第二节　甘肃建设旅游强省的战略定位

建设旅游强国已成为我国经济社会发展的重要战略目标。在各类支持政策的叠加效应下，甘肃省旅游业发展面临着重大发展机遇。站在新的起点和高度上，2018年甘肃省出台了《关于加快建设旅游强省的意见》，从顶层设计的角度布局了旅游强省建设框架，提出"要深化旅游供给侧结构性改革，推动旅游业向高质量发展方向迈进，不断加快旅游强省建设，努力把旅游业打造成为绿色发展崛起的战略性支柱产业和综合性幸福产业"。

一、战略发展格局："敦煌引领、丝路串联、网状协同、全域推进"

从甘肃旅游强省建设的战略全局来看，构建"敦煌引领、丝路串联、网状协同、全域推进"的旅游业发展新格局，有助于充分发挥甘肃省的文化旅游资源优势，提升旅游业的整体品质和竞争力，敦煌是古代丝绸之路上的重镇，是世界文明长河中的一颗璀璨明珠，具有强大的品牌效应和吸引力，为甘肃旅游业的发展提供了强有力的支撑。丝绸之路作为甘肃的重要历史和文化符号，能够实现各个旅游景点之间的高度串联，通过网状协同实现甘肃旅游资源的优化整合和区域协同发展，以全域推进实现旅游业的全面繁荣和可持续发展。构建"敦煌引领、丝路串联、网状协同、全域推进"的旅游业发展新格局，意味着要统筹全省人文资源和生态资源，着眼全域、整体谋划，推动形成"点上有精彩、线上有风景、片上有产品、面上有产业"的旅游强省生动局面。

（一）以敦煌引领，打造世界旅游城市和文化高地，推动全域出彩

敦煌是古代丝绸之路上的"咽喉锁钥"和"丝路大都会"，是华夏文明的地理坐标、历史上东西方文化交汇的重要枢纽，拥有莫高窟、西千佛洞石窟、东千佛洞石窟、榆林窟等丰富的石窟艺术。其中，莫高窟被誉为"东方艺术明珠"，是中国四大石窟之一，莫高窟壁画涵盖佛教故事、历史人物、社会生活等内容，题材广泛，不仅展示了古代艺术家的卓越技艺，也为人民了解古代社会的历史、文化、宗教、艺术等提供了宝贵资料，代表了古代中国艺术的巅峰。敦煌是一座"取之不尽、用之不竭"的艺术富矿，是旅游演艺创作的灵感源头。东汉应劭注释的《汉书》中提道："敦，大也。煌，盛也。"

敦煌文化在全球范围内享有极高的知名度和美誉度，是甘肃的一张亮丽名片，为甘肃旅游业的发展提供了强有力的支撑。敦煌文化引领旅游革新。2019年8月19日，习近平总书记在甘肃考察时，对敦煌文化的保护利用给予了高度肯定，在敦煌研究院座谈会上，强调要努力把研究院建设成为世界文化遗产保护的典范和敦煌学研究的高地。[①] 近年来，甘肃省依托敦煌文化制高点优势，致力于文化传承与旅游赋能。敦煌市文物局的成立、悬泉置遗址保护所的升格及玉门关遗址保护所的组建，标志着文物保护利用进入常态化提升阶段。敦煌积极推动文旅深度融合，高位推进阳关玉门关景区 5A 创建工作，并精心打造"敦煌文化

---

① 习近平. 在敦煌研究院座谈会时的讲话 [J]. 求是，2020 (3)：4-7.

研学季"品牌，在文化创新上寻求突破。甘肃省聚焦敦煌研究院"典范""高地"建设，已构建了多元融合下的文物数字化体系，培育了"数字敦煌"品牌，形成了"学术为基础，技术为手段，艺术为目的"的数字文化理念，加速实施流失海外敦煌文物数字化复原行动，并在全球发布"数字敦煌"中英文平台，构建"数字敦煌开放资源库"，打造全球首个超时空参与式博物馆"数字藏经洞"，多元化展现文化遗产的历史底蕴与时代风貌，为民众生活赋予更多文化意蕴，实现了数字敦煌的全球共享。近年来，敦煌研究院与敦煌文旅集团携手研发文创产品，致力于打造文创之都。同时，敦煌夜市、敦煌小镇、月牙泉小镇和沙漠露营基地的升级，以及"沙州不夜城"工程的实施，极大地丰富了夜间消费聚集区。此外，敦煌成功当选2021年"东亚文化之都"，并倡导首届"四省十二城"区域文化旅游联盟大会，显著提升了大敦煌文旅品牌的知名度，通过培育《乐动敦煌》《千手千眼》等精品演艺，打造现代生活美学空间"敦煌书局"，敦煌的城市文化品位得到了显著提升。①

在敦煌的引领下，甘肃省全域旅游展现出勃勃生机。2019年12月，甘肃省酒泉市启动《大敦煌文化旅游经济圈发展规划（2019—2030年）》，为保护世界的敦煌、打造文旅产业标杆奠基开路。该规划提出，要以敦煌市为龙头，以河西走廊为脉络，以丝绸之路黄金段为拓展支撑，辐射到甘青、甘新等西北旅游大环线，精心构筑"一核多圈"文旅融合发展大格局，丰富文旅业态、推进项目建设、深化区域联动、拓展客源市场。如今，以敦煌市为龙头，已初步构建起涵盖瓜州县、肃北蒙古族自治县及阿克塞哈萨克族自治县的文化旅游经济一体化核心区域。大敦煌文化旅游经济圈的辐射效应与带动作用逐步增强，为西部地区旅游业增添了丰富的文化内涵和创新动力。

（二）以丝路串联，推进跨区域旅游资源整合，构建文旅融合新格局

共建"一带一路"倡议的提出，赋予了旅游促进跨区域融合的新理念，将甘肃省从内陆省份推向了国家向西开放的前沿，而其带来的设施互通、经济合

---

① 谢晓军.一子激活全盘棋［N］.甘肃日报，2023-09-27（06）.

作、人员往来、文化交融更为相关区域旅游发展带来了巨大机遇。习近平总书记曾指出，甘肃最大的机遇在于"一带一路"。旅游业具有天然的开放属性，是甘肃省融入"一带一路"建设、共享"一带一路"建设成果的关键领域。甘肃省作为丝绸之路的必经之地，拥有敦煌莫高窟、嘉峪关长城等众多与丝绸之路相关的历史遗迹和文化景观，对甘肃而言，丝绸之路不仅是一条历史之路，更是一条旅游之路。

近年来，甘肃省依托丝绸之路这一历史文脉，加速推进跨区域旅游资源的整合利用，以丝绸之路为主线，实施"一区三园"重点建设项目，打造"华夏文明传承创新区""万里长城""万里长征""九曲黄河"等文化地标，加强"陕甘宁""甘青新""甘川陕"等跨区域特色旅游功能区建设，深度推进"'三区三州'大环线""丝路文化经典线"等国家旅游风景道和自驾游精品线路的建设，推出了"丝绸之路（甘肃）自驾旅游黄金线""丝绸之路（甘肃）徒步旅游线"等多条以丝绸之路为主题的精品旅游线路，不仅丰富了甘肃旅游的文化内涵，也提升了沿线城市的旅游吸引力。

此外，甘肃省积极推进旅游产品全域共创，实施大敦煌文化旅游经济圈建设，以兰州为核心打造中国黄河之都文旅产业集聚区，以天水为核心打造陇东南始祖文化旅游经济区，以临夏、甘南城镇群为依托，打造绚丽民族风特色文化旅游经济区，促进了沿线城市的协同发展，通过挖掘沿线特有文化符号和独有旅游景观，推出了一批具有新奇创意和市场竞争力的优质旅游产品，积极推动"非遗+旅游""演艺+旅游"等融合发展，《敦煌盛典》《乐动敦煌》等旅游演艺项目的推出以及丝绸之路国际文化旅游节、敦煌国际文化旅游节等活动的举办进一步促进了丝绸之路沿线地区的文化交流与合作。通过丝绸之路这一文化纽带，甘肃省成功串联起沿线各地的旅游资源，积极推动丝绸之路沿线城市间的旅游合作，共同打造丝绸之路旅游品牌，促进了区域间的经济合作与文化交流，提升了甘肃文旅的国际知名度和竞争力，形成了优势互补、协同发展的旅游格局。

（三）以网状协同，实现多产业深度融合与区域旅游一体化发展

"十四五"期间，甘肃省致力于推动华夏文明传承创新区与长城、长征、黄

河国家文化公园甘肃段的建设内容深度融合,将黄河、长城、长征国家文化公园甘肃段塑造成兼具深厚文化底蕴与优美生态环境的文化旅游新地标。持续推进天水、兰州、甘南、张掖、敦煌等重点旅游城市建设,形成了辐射周边、协同发展的旅游产业布局,建立了更加完善的网状协同框架。

甘肃省注重推动跨区域旅游资源的整合利用,深化东西部协作机制,创新合作模式,主动融入国家特色旅游功能区建设体系,加速华夏文明传承创新区建设,加强区域旅游品牌和服务的整合,与周边省区市开展旅游合作与交流,建设了一批辐射带动作用强的旅游枢纽城市、重点城市和特色目的地,持续推进"陕甘宁""甘青新""甘川陕"等跨区域特色旅游功能区的建设,各地加强旅游合作,共同开发旅游资源,打造了一批跨区域、跨行业的旅游产品和线路,如天水与陇南、平凉、庆阳等市一体谋划、联动打造"陇东南始祖文化"经典线路,通过挖掘始祖文化、石窟文化等富集的人文资源,共同打造全球华人寻根祭祖圣地和全球知名的华夏文化旅游体验目的地。

此外,甘肃省积极推动旅游与农业、文化、体育等产业的融合发展,以旅游产业的多元化发展为甘肃经济增长提供多元支撑。首先,甘肃注重旅游产品的多元化创新开发。在深入挖掘地方文化内涵和自然景观特色的基础上,甘肃省积极开发休闲度假游、文化旅游、红色旅游、康养旅游、生态旅游等一系列具有不同主题和特色的旅游产品,成功打造了多个户外运动基地和研学旅行基地,建设了一批自驾游目的地,认定了一批5C、4C级自驾车旅居车营地,通过打造新场景来培育新业态、激发新活力。同时,甘肃省还注重旅游产品的文化内涵和创意元素的融入,打造了一批以敦煌文化、丝路文化、黄河文化等为主题的研学旅行线路和文创产品,提升了旅游产品的附加值和吸引力。其次,甘肃依托其丰富的自然资源和文化底蕴,注重旅游产业链的延伸和拓展,不断加强旅游与相关产业的融合发展,推动旅游与文化、体育、农业等产业的深度融合,形成了一批具有市场竞争力的旅游新业态和新模式。通过推动"旅游+体育""旅游+商贸""旅游+科技"等产业融合发展模式,形成了多元化的旅游产业体系,促进了相关产业的协同发展和经济增长点的拓展。自驾游产品的推出带动了汽车租赁、汽车维修等相关产业的发展，研学旅游产品的推出促进了教育、科技等相关产业的繁荣。旅游产业的多元化发展成为提升甘肃省旅游竞争力和经济增长潜力的重要途径，为地区经济的持续稳定增长提供了有力保障。

（四）以全域推进，实现旅游业全面发展，打造世界级旅游目的地

随着新一轮西部大开发与乡村振兴战略的深入实施，"一带一路"建设稳步推进，城乡统筹、交旅融合将迎来快速发展期，跨区域空间优化与共建共享成为新时代背景下融入新发展格局的关键主题。甘肃省秉持全域旅游理念，立足于本省独特的文化遗产与自然遗产资源全面规划与系统推进，明确文旅产业定位与目标，推动旅游业向全景式旅游、现代旅游及大旅游转型，构建"一张名片、两大枢纽、四区集聚、四带拓展"的文旅区域发展格局，实现旅游资源的全面整合、旅游产品的协同创新、旅游线路的整体规划、旅游设施的全面升级及旅游市场的广泛拓展，使旅游业成为驱动地方经济社会发展的关键引擎。

第一，建成"两大枢纽"。将兰州打造成中国西北文化旅游集散地和中国西部旅游大环线重要枢纽站，汇聚四面八方游客，促进区域间和区域内旅游资源的共享与综合利用；将敦煌建设成丝绸之路国际旅游集散中心和目的地，推动甘肃省旅游业的国际化进程。

第二，打造"四区集聚"。全面融合华夏文明传承创新区和长城、长征、黄河国家文化公园甘肃段建设内容，以敦煌为核心，打造辐射河西五市的大敦煌文化旅游经济区；兰州、白银等依托黄河文化、丝绸之路文化等独特资源，协同打造中国黄河之都文旅产业集聚区，推动旅游业与文化产业的深度融合，形成独具特色的都市文旅产业体系；以临夏、甘南城镇群为依托，以天水为核心，与陇南、平凉、庆阳、定西联动打造陇东南始祖文化旅游经济区，依托伏羲文化、大地湾文化等独特资源，加强伏羲庙、大地湾博物馆等文化旅游设施建设，举办伏羲文化旅游节等活动，展示陇东南地区独特的始祖文化魅力；临夏、甘南城镇群作为甘肃省的少数民族聚居区，联合打造绚丽民族风特色文化旅游经济区，依托

独特的民族文化资源和自然景观资源，通过建设民族文化村、举办民族节庆活动，开发草原风光游、民俗风情游等一系列生态旅游产品，展示甘肃少数民族的独特风情和魅力。

第三，持续深化"四带拓展"。将全省文化旅游资源进行高效整合与优化配置，着力构建了一条东西贯通的丝绸之路黄金段文化旅游示范带，串联起甘肃东西向的多个重要城市，联动乌鲁木齐和西安，持续释放旅游发展活力、辐射力和带动力；依托黄河干流沿线的甘南、临夏、兰州、白银4市（州），渭河、洮河等一级支流流域，以及玛曲、永靖、兰州、白银、景泰等黄河流域的重点县（市、区），南北联动青海、四川和宁夏，共同打造了以"锦绣黄河"为品牌IP的黄河文化旅游示范带，更好地展现了黄河的壮丽风光与沿岸丰富的历史文化底蕴。同时，甘肃省还充分利用遍布全省的秦、汉、明三个朝代的长城文化遗产及其关联性遗产、文化和自然景观，精心打造了一条以"壮美长城"为品牌IP的长城文化旅游示范带，通过整合周边的自然景观和人文资源，为游客提供了丰富多样的文化旅游体验。此外，甘肃省还积极向南向东拓展，结合长征国家文化公园甘肃段的建设，打造以"追梦长征"为品牌IP的红色文化旅游带，使游客能够深切感受到革命先烈的英勇事迹和长征精神的伟大力量。

在旅游产品供给方面，通过挖掘甘肃特有的文化符号和独有的旅游景观，推出了一批具有新奇创意和市场竞争力的优质旅游产品，注重推动智慧旅游的发展，通过建设全省文旅产业数字化服务平台、开展智慧旅游景区示范点创建等措施，提升了旅游产业的智能化水平。持续完善旅游基础设施和服务设施，通过加快旅游目的地、集散地、旅游通道等基础设施建设，完善旅游道路标识体系，优化机场、车站、码头等与景区之间的无缝接驳服务，通过建立完善旅游服务质量品牌培育机制、开展旅游服务质量提升行动等措施，提升旅游服务质量；通过加大乡村旅游风景道、休闲驿站等公共旅游服务设施的建设力度，以及推动乡村文化和旅游深度融合、促进城乡融合发展等措施，积极推动旅游业从景点旅游向全域旅游转变，实现从旅游观光向休闲度假的转变、从旅游经济向旅游产业的转变，让旅游业不仅成为推动经济社会发展的重要力量，也成为提升人民生活水平、促进社会和谐的重要途径，为甘肃建设旅游强省奠定了坚实的基础。

二、战略发展方向：坚持守正创新、提质增效、融合发展

（一）坚持守正创新，实现传统底蕴与现代活力的和谐共生

第一，把握守正创新的内涵。"守正"，就是强调以习近平文化思想为引领，遵循社会发展与旅游业发展的客观规律，以服务于民为宗旨，致力于将旅游业培育为新兴战略性支柱产业及时代特征鲜明的民生产业、幸福产业。"创新"，则是旅游发展的关键动能。旅游业具有高度的综合性和市场化特征，加强旅游强省建设、推进旅游业高质量发展需针对产业发展中的痛点，推动传统旅游业态、产品和服务的全面升级，探索新颖的发展模式与路径，激活文化资源潜能，驱动旅游产业的转型升级。

第二，坚守甘肃深厚的历史文化底蕴，重视以旅游业发展传承历史文化。通过加大对文物古迹的保护力度、提升旅游服务质量、优化旅游环境等措施，有效巩固甘肃旅游的传统优势，深入挖掘和活化文化遗产，以莫高窟、麦积山石窟、炳灵寺石窟等七处世界文化遗产点为核心，打造贯通甘肃东西全境的世界遗产文化旅游廊道，通过旅游线路的串联，将甘肃省博物馆、和政古生物化石博物馆等具备接待能力的博物馆纳入精品旅游线路，将文化遗产转化为旅游资源。敦煌莫高窟的数字化展示、张掖丹霞地质公园的智能化管理等都是守正创新的生动实践。同时，利用数字技术赋能旅游业，推动智慧旅游建设，让古老的文化遗产焕发新生。此外，甘肃省还注重培育生态旅游、乡村旅游、红色旅游等新兴旅游业态，大力培育非遗旅游体验基地和非遗研学基地，推出了一批具有鲜明非遗特色的主题旅游线路、研学旅游产品和演艺作品，进一步丰富了旅游产品的文化内涵和表现形式。甘肃省还积极举办丝绸之路（敦煌）国际文化博览会等各类文化旅游节会活动，进一步扩大了甘肃旅游的知名度和影响力，使甘肃成为国内外游客探寻历史、体验文化、享受自然的重要旅游目的地。

（二）强化旅游业技术革新，以新质生产力完善现代旅游业体系

第一，以游客体验为核心，加速大数据、云计算、AI、区块链等前沿技术在旅游业中的广泛应用。比如，通过科技创新驱动旅游业升级，整合并优化数据资源、创意内容、环保技术及新型营销策略等生产要素，聚焦于旅游产业全要素生产率的未来增长，开辟新的细分领域，提升产业整体价值；在旅游业质量变革方面，利用数字化、智能化技术挖掘游客新需求，提升服务品质与效率，丰富游客体验，推动旅游产品升级。在效能提升层面，融合传统资源与现代元素，打造更具吸引力与竞争力的旅游产品，提升产品品质，强化品牌效应。

第二，积极培育旅游新质生产力，深化"互联网+旅游"模式，不断完善智慧旅游体系。继续强化"一部手机游甘肃"平台的功能，全面启动其市场化运营模式。同时，A级旅游景区、文化场馆等关键场所已实现外卡支付与外币兑换服务全覆盖，显著提升了国内外游客在甘肃旅游的便捷性和满意度。持续优化旅游资源配置，完善旅游基础设施和服务体系，加强旅游配套设施建设，提升旅游服务的便捷性和舒适性；积极推动文化旅游、红色旅游、康养旅游等传统优势旅游业态转型升级，着力创新旅游消费体验，推广"景区+演艺""非遗+文创""露营+夜游"等多元化模式，实现以旅游产品的主题化、系列化和品牌化，带动旅游业态的多样化、规模化和高端化，促进旅游业态和产品转型升级。

（三）坚持融合发展和跨界协同，充分发挥旅游业综合效能

第一，高度重视旅游业的综合效能，推进旅游业跨界融合。旅游业作为关联度大的综合性产业，具有软硬兼备、融合度高、覆盖面广、拉动力强的综合特性，正处于从观光旅游过渡到休闲旅游的新阶段，融合发展成为旅游业发展的新趋势，必须不断延伸链条、拓展空间。坚持融合发展不仅要求旅游业与文化产业、农业、工业等产业的深度融合，从景点到街区、社区、商圈主客共享的空间融合，还要求旅游业与智慧城市、数字经济等新兴领域的紧密结合，通过产业协同，实现资源共享、优势互补，形成多元化的旅游产业链与产业集群，推动旅游

业高质量发展。①

第二，积极探索旅游业融合发展新思路。首先，实施文化旅游景区提升行动、文物古迹活化行动和旅游文化演艺行动，从旅游景区等方面对现有文化旅游业态和产品进行更新换代。加快建设贯通甘肃全境的世界遗产文化旅游廊道，推动优秀传统文化创造性转化、创新性发展；以深挖莫高窟、麦积山等景区文化内涵，凝炼石窟、长城等文化元素为根基，以敦煌的成功经验为借鉴，重点打造敦煌系列、黄河系列、民俗系列等实景演艺项目，实现驻场演出常态化，将文化资源转化为旅游资源，合力推进文化产业和旅游产业发展。其次，加强"旅游+农业""旅游+工业"等跨界融合，积极探索"旅游+数字"的融合发展模式，以科技、数据等新要素赋能旅游业发展，利用大数据、云计算、人工智能等现代信息技术，创新旅游营销与服务方式，打造高品质、有创意、吸引力强、附加值高的产品，更好地发挥旅游业的经济效益。最后，加强区域合作和协同发展。通过加强与周边省区的合作和交流，共同打造跨区域旅游精品线路，提升甘肃旅游的区域竞争力和影响力，积极推动省内各地区之间的协同发展，加强旅游资源的整合和共享，形成优势互补、协同发展的良好局面。

三、战略品牌形象：全面打响"交响丝路，如意甘肃"旅游品牌

（一）挖掘悠久灿烂的历史文化，铸就丝路品牌底蕴

甘肃是古丝绸之路上中西文化交流的咽喉之地，四大文明交汇融合，六大宗教包容并蓄，是中华民族与华夏文明重要的发祥地。2018 年 2 月，甘肃省旅游产业发展大会在兰州召开，提出了"交响丝路，如意甘肃"的主题宣传口号和文旅形象品牌。其中，"交响丝路"既体现了甘肃是"一带一路"倡议的关键节点，又映射了其在历史上的文化交流盛况。而"如意甘肃"不仅形神兼备，更寓意深远。"形态如意"是指甘肃在地图上形似一柄玉如意，镶嵌于中国的大西

---

① 唐晓云. 坚持"三个原则"　以创新驱动新时代旅游业发展［N］. 中国旅游报，2024-05-28（01）.

北，历来为国家版图之重镇与生态安全之要塞；"姿态如意"体现在甘肃丰富的历史文化、多样的地理景观与绚烂的民族风情上；"心态如意"则意味着甘肃作为世界四大文明与六大宗教的交汇点，是文明交汇之地。近年来，甘肃省立足历史文化优势，高度重视文化资源的保护与利用，通过实施一系列文物保护工程、历史文化名城名镇名村保护规划，以及推进博物馆、纪念馆等公共文化设施建设，有效提升了甘肃文化的知名度和影响力，成功塑造了一系列世界级与国家级旅游地标。莫高窟、炳灵寺石窟及张掖丹霞等世界遗产与 5A 级景区，已成为甘肃旅游的璀璨名片，凸显了"敦煌文化""丝绸之路""黄河风情""石窟艺术"等兼具深厚历史底蕴与现代旅游需求的品牌特色，强化了敦煌、兰州等旅游名城的品牌效应，突出了丝绸之路黄金段、黄河文化旅游带等区域品牌的独特魅力，形成了以敦煌莫高窟及敦煌文博会为代表的大敦煌文化旅游品牌，以伏羲文化发祥地天水及公祭伏羲大典为代表的世界华人寻根祭祖品牌，以大地湾、马家窑、齐家等文化遗址及省博物馆、简牍博物馆为代表的文博旅游品牌，以《丝路花雨》《乐动敦煌》为代表的演艺旅游品牌，以国家 5A 级旅游景区、国家级旅游度假区、全国重点旅游村（镇）等为代表的精品旅游产品，旅游业的核心竞争力不断提升。

（二）注重自然美景的呈现，以生态为基，绘就如意甘肃新画卷

甘肃地处青藏高原、黄土高原、内蒙古高原和秦岭山脉的交会地带，地形地貌复杂多样，自然风光壮丽多姿。从雄伟壮观的祁连山脉到广袤无垠的河西走廊，从绚丽多彩的张掖丹霞到宁静祥和的甘南草原，自然美景如同一幅幅精美的画卷。为了保护和利用好这些宝贵的自然资源，甘肃省在旅游业发展中始终坚持绿色发展理念，协同推进降碳、减污、扩绿、增长，加强生态环境保护与修复工作，实施退耕还林、退牧还草等生态工程，加大自然保护区、风景名胜区等自然保护地的管理力度。

第三节 甘肃建设旅游强省的总体思路

在甘肃奋力建设旅游强省的过程中，要秉持科学布局与全域推进的理念，着力推进旅游发展新格局的形成，全面激活旅游潜力；深化文旅融合，让璀璨的文化与壮丽的旅游景观交相辉映，实现文化与旅游出圈、出彩。同时，积极培育特色鲜明的旅游业态，以创新驱动旅游产业转型升级。此外，聚焦于区域联动，构建多层次、宽领域的合作体系，并积极深化国际合作，在旅游强国建设中更好地书写甘肃旅游新篇章。

一、科学布局与全域推进，构建甘肃旅游发展新格局

（一）要以资源禀赋为导向实现科学布局、全域推进

第一，加强资源整合与产品创新，推动历史文化资源的深度挖掘与整合。构建"丝绸之路文化体验之旅""秦汉历史文化探寻之旅"等以历史文化为主题的旅游线路，形成具有独特吸引力的历史文化旅游品牌；注重自然景观的多元开发与保护，通过科学规划与管理，开发文化探险游、生态摄影游等多元化的旅游产品，实现自然景观的可持续利用；注重民族风情与民俗文化的传承，甘肃是多民族聚居的省份，应通过建设民族风情园、民俗文化村等形式，推进各民族传统艺术、手工艺、节日庆典等的传承与创新发展。

第二，依据资源禀赋实现差异化发展，构建多元化的旅游产品体系。根据甘肃各地的资源禀赋和特色优势，开发不同类型的旅游产品，在河西地区依托敦煌莫高窟、嘉峪关长城等著名景点，打造丝绸之路文化旅游线路；在黄河沿岸地区依托黄河文化、自然风光等资源，打造黄河风情旅游线路；在陇东南地区依托始祖文化、石窟文化等资源，打造寻根祭祖文化旅游线路，形成各具特色的旅游产

品体系，满足游客的多元需求。

（二）在科学布局与全域推进的基础上，构建"点线面"相结合的旅游体系

第一，以丝绸之路沿线的历史文化名城、著名景区以及甘南、陇南等地区的自然景观与文化资源为依托，打造一批具有国际影响力的核心旅游景区与旅游目的地，通过提升景区品质、完善旅游设施、优化旅游服务，提高这些景点的知名度与吸引力。

第二，构建特色旅游线路与旅游廊道。以丝绸之路为主线，结合甘肃的自然景观与文化资源的分布情况，构建历史文化线路、自然风光线路、民俗风情线路等多条特色旅游线路，完善交通、住宿和餐饮等配套设施，提高旅游线路的便捷性与舒适度。

第三，推动全域旅游示范区建设。在全省范围内选择一批旅游资源丰富、旅游基础设施完善、旅游产业发展基础好的地区，开展全域旅游示范区建设，通过政策支持、资金扶持、项目带动等措施，实现旅游规划、产品开发、市场营销、服务管理等的全面提升，在全域旅游发展中发挥典范作用。

二、推动文旅深度融合，实现文化与旅游的相互促进

第一，深化文化资源的挖掘与活化利用。系统梳理甘肃始祖文化、石窟文化、黄河文化、长城文化、长征文化等文化资源，实施一系列文化地标打造工程，依托敦煌莫高窟、嘉峪关长城、天水麦积山石窟等丰富的历史文化资源开发出一系列具有鲜明文化特色的旅游线路和产品，通过挖掘和展示秦腔、花儿、皮影戏等甘肃独特的民俗文化丰富旅游产品的文化多样性，提升游客的旅游体验和文化认同感。在资源整合的过程中，甘肃还需注重保护与传承相结合，确保文化遗产的可持续利用，并通过举办各类文化节庆活动、演艺项目等提升旅游目的地的文化活跃度和吸引力。

第二，构建完善的文旅融合产业体系，提升文旅产业的竞争力和综合效

益。在推动文旅融合的过程中，要更加注重产业链的延伸和拓展，形成涵盖旅游产品开发、市场推广、服务提升等环节的完整产业链。首先，要加强与影视、文学、音乐等文化产业的跨界合作，通过高质量的内容创作与多元化的营销渠道，提升品牌的知名度和影响力，提升旅游产品的附加值。其次，通过引入数字化、智能化等现代科技手段，鼓励和支持文化创新，将传统文化元素与现代设计理念相结合开发出丝绸之路文化体验游、敦煌艺术研学之旅等一系列富有创意的文化旅游产品，鼓励运用虚拟现实、增强现实等数字化技术打造沉浸式文化体验场景，通过建设智慧旅游城市、智慧景区等，提升旅游管理的效率和游客的便捷性。

三、培育特色旅游业态，实现旅游产业转型升级与高质量发展

（一）以数智技术拓展新场景、新产品和新业态

加强旅游与互联网、大数据、人工智能等新兴技术的融合，推动智慧旅游的发展。通过建设智慧旅游平台、开发智慧旅游应用等方式，提升旅游服务的智能化水平和游客体验。另外，立足资源禀赋，发挥比较优势，以数智技术作为核心生产要素，通过新管理模式、新场景拓展、新业态打造、新产品研发、新技术应用，提供更加信息化、数字化、智能化的旅游新场景、新产品和新业态。

（二）适应新时代旅游业发展的新需求，创新旅游发展模式

推动"旅游+"和"+旅游"深度融合，促进旅游与农业、工业、商业、体育、科技、教育等跨界融合，做强生态观光游、做深研学科考游、做活特色乡村游、做优休闲康养游、做精体育赛事游。同时，发展"音乐+旅游""演出+旅游""赛事+旅游"等业态，积极推动数字艺术、线上演播、电竞娱乐、品牌授权、沉浸式体验等新场景、新业态、新产品和新技术的应用。打造一批文化旅游综合体、乡村旅游集聚区、工业旅游示范区等跨界融合的旅游新业态，通过产业的融合与互动，拓展旅游产业链，提升旅游附加值。

四、推进区域联动，构建多层次宽领域的合作体系

（一）打破行政区划壁垒，推动旅游资源的整合与共享

甘肃省地形复杂多样，从东部的黄土高原到西部的河西走廊，再到西南部的甘南高原，各地旅游资源各具特色，但又相对分散。因此，通过建立区域旅游联盟，实施联合营销，共同打造精品旅游线路，能够有效提升甘肃旅游的整体吸引力。例如，可将兰州作为旅游集散中心，依托其便捷的交通网络，串联起敦煌莫高窟、张掖丹霞、甘南草原等著名景点，形成优势互补、资源共享的旅游发展格局。

（二）甘肃应加强与周边省份的旅游合作，构建区域旅游共同体

甘肃地处西北内陆地区，与周边省份在旅游资源、客源市场等方面具有一定的互补性，深化区域联动策略是激活旅游潜能、优化资源配置、提升综合竞争力的关键路径。甘肃与陕西、青海、宁夏、新疆等周边省份在自然景观、历史文化、民俗风情等方面各具特色，为跨区域旅游合作提供了资源禀赋基础。应建立健全政策沟通机制，共同研究制定旅游合作规划，明确合作方向与目标，加强资源整合与市场共享，依托各自独特的旅游资源，共同打造具有区域特色的旅游线路，提升整体旅游吸引力。通过共同规划旅游线路、联合举办旅游节庆活动、互推旅游优惠措施等方式，吸引更多国内外游客前来体验西北风情。特别是与陕西的合作可以依托丝绸之路这一历史文化纽带，共同打造"一带一路"文化旅游品牌，提升甘肃在国际旅游市场上的知名度和影响力。同时，甘肃还应积极探索与我国西南地区的旅游合作，通过开辟新的旅游通道，实现客源互送与资源共享，拓展旅游发展空间。

（三）依靠政府和市场双重机制深化区域旅游联动

一方面，政府应加大对旅游基础设施和公共服务设施的投入力度，提升旅游接待能力和服务质量，进一步加快交通网络的建设和完善，提高旅游景区的可达性和便捷性；加强旅游信息化建设，为游客提供便捷的旅游信息服务和预订平

台。另一方面，应充分发挥市场在资源配置中的决定性作用，鼓励和支持旅游企业跨地区、跨行业并购重组，培育一批具有国际竞争力的旅游企业。同时，通过政策引导和资金扶持，吸引社会资本参与旅游的开发和经营，形成多元化的旅游投资格局。此外，还应建立健全旅游监管体系，加强旅游市场秩序整治，保障游客的合法权益，为甘肃旅游强省建设营造良好的市场环境。

五、深化国际合作，全面提升旅游宣传推介效能

（一）秉持开放合作的理念，深化国际交流合作、全面提升旅游宣传推介效能

甘肃自古就是东西方文化交流的重要通道，在促进不同文化互动交流和中华文明的形成发展中发挥了重要作用。建设旅游强省，甘肃应继续秉持开放合作的理念，深化国际交流合作、全面提升旅游宣传推介效能。充分利用甘肃作为古代丝绸之路重要节点的历史地位，高质量办好丝绸之路（敦煌）国际文化博览会、公祭伏羲大典等国际性节会活动，展示甘肃丰富的文化遗产和独特的自然风光，促进不同文化间的交流与融合。通过加强与国内外文化机构的合作，共同策划和举办各类文化交流活动，以文化为纽带，搭建起甘肃与世界沟通的桥梁。

（二）构建多元化的国际旅游产品体系

甘肃要依托文化和旅游部驻外文化中心、旅游办事处以及甘肃友好城市等平台与渠道，联手打造具有国际吸引力的旅游产品，充分融合甘肃的自然风光、文化遗产、民俗风情等元素，形成具有鲜明甘肃特色的旅游品牌。聚焦重点入境游市场，根据市场需求和游客偏好，打造一批国际旅游精品线路，充分展示甘肃的自然风光和人文景观，加强与国内外旅游企业的合作与交流，共同开发旅游资源，拓展国际旅游市场，提升甘肃旅游的国际影响力和竞争力，为甘肃旅游强省建设提供有力的支撑。

第四章　新质生产力与甘肃现代旅游业体系

　　以新质生产力引领现代旅游业体系建设不仅是对传统旅游模式的革新，更是对未来发展路径的深刻探索。甘肃省文化和旅游资源禀赋高，文旅产业拥有丰富的新质生产力应用场景。2024 年 11 月，甘肃省工业和信息化厅印发了《甘肃省提升新质生产力实施方案》，从新型劳动者生产力提升行动、新型劳动资料生产力提升行动、新型劳动对象生产力提升行动三大维度明确了甘肃省培育和提升新质生产力的重点任务和保障措施。旅游业在甘肃有着独特的地位和作用，以新质生产力为现代旅游业高质量发展赋能，进而促进甘肃现代旅游业体系的构建，有着极为重要的作用。

第一节　现代旅游业体系的内涵与基本特征

一、现代旅游业体系的内涵属性与战略定位

（一）现代旅游业体系的演进

现代旅游业体系是随着市场需求、技术进步和政策环境的变化而不断演进，

围绕旅游企业、涉旅市场主体以及关联产业和衍生生态等在各个环节、各个层面和各个领域，通过纵向延伸与横向整合而共同构成的一个高度关联、高度融合、高度开放的有机整体，既是与过去的或传统的经济社会发展阶段的比较，也反映着同一时点上不同国家的经济社会发展水平下旅游业体系发展所呈现出的独特性与现代性，是旅游业在当下社会、经济、科技和文化背景下的最新发展状态和发展趋势。

（二）现代旅游业体系的主要范围

从范围来看，国家统计局于 2015 年 7 月 21 日发布的《国家旅游及相关产业统计分类（2015）》将"旅游业"划分为"行住餐游购娱"经典六要素和旅游综合服务七个大类，① 不仅涉及旅游产品的设计、开发、营销等环节，还关联交通、住宿、餐饮、购物等相关产业的发展。现代旅游业体系的范围并非固定不变的，而是紧密伴随着经济社会的蓬勃发展而持续扩展与深化。与传统旅游业体系相比，现代旅游业在全球化、数字化的大背景下，正逐步向多元化、综合化、智能化方向发展，强调文化、生态、科技的深度融合，② 更加注重科技创新、市场导向、游客需求与高效治理的发展趋势，不仅涵盖了新兴旅游业态，还包括运用现代科学技术对传统旅游业的业态、模式进行深度改造与全面创新，不断塑造和丰富体系结构的内涵与外延。从市场经济角度来看，现代旅游业体系发展遵循着供需规律，充分展现了市场经济的灵活性与效率性，是一个动态发展、极具时代特征的概念。

（三）现代旅游业体系的基本属性

从属性来看，现代旅游业体系是现代服务业体系中的重要组成部分，兼具消费性服务业与生产性服务业的双重属性，深入贯彻了现代服务业的发展理念。首先，现代旅游业是更加注重"以人为本"的消费性服务业，既满足旅游消费者个性化、品质化需求，也更加注重旅游消费者的情绪价值的深层体验。现代旅游

① 国家旅游及相关产业统计分类（2015）[EB/OL].（2015-07-21）[2024-05-05]. https：//www. gov. cn/gongbao/content/2015/content_2973162. htm.

② 刘民坤，何华. 现代旅游业的界定与提升 [J]. 管理世界，2013（8）：177-178.

业强化科技支撑、重塑产品形态、创新商业模式，革新了人物塑造、场景构建及旅游吸引物的配置，在深化文化内涵、内化情感体验上持续发力，让旅游产品更加生动鲜活、具体可感，使旅游活动成为一种情绪释放、文化体验与精神享受。再小的城市和角落也能打造成为人们追求的诗与远方的一隅静谧，村 BA、村超成为拉近城乡距离、促进旅游景观、体育精神与民族文化相互融合的现代文明新形态；Citywalk 成为现代人在都市与小众目的地中寻找情绪治愈力量的旅游方式；甘肃甘南的寺庙游深受年轻人喜欢，成为心灵净化、情绪释放、享受宁静时光的休闲方式。其次，现代旅游业也是以科技创新为重要驱动力，涵盖旅游设备、装备制造、旅游技术研发等生产性元素的生产性服务业。2024 年 3 月，国务院印发的《推动大规模设备更新和消费品以旧换新行动方案》明确提出"推进索道缆车、游乐设备、演艺设备等文旅设备更新提升"，以及"到 2027 年文旅领域设备投资规模较 2023 年增长 25%以上"。① 随着科技的不断进步和应用，旅游业已逐渐超越了传统的观光游览范畴，向更加综合化、高附加值的方向发展，旅游设备的智能化、装备制造的高端化以及旅游技术研发的持续深入化发展。

（四）现代旅游业体系的战略定位

从其战略定位来看，加强现代旅游业体系建设是实现经济繁荣、推动产业发展和提升文化自信的重要战略选择，在中国式现代化建设和社会主义现代化强国建设中发挥着至关重要的战略性地位。2024 年 5 月 17 日，习近平总书记在全国旅游发展大会上对旅游工作作出重要指示，指出旅游业已"日益成为新兴的战略性支柱产业和具有显著时代特征的民生产业、幸福产业"，② "战略性"意味着旅游业作为国民经济的重要组成部分，具有综合性强、关联度高、产业链长、带动力强的特点，对于促进经济结构优化和转型升级、增强国家软实力和国际影响力有着重要意义。现代旅游业更加注重将旅游发展融入国家及地区发展战略中，发

---

① 国务院关于印发《推动大规模设备更新和消费品以旧换新行动方案》的通知［EB/OL］.（2024-03-13）［2024-05-05］. http：//www.scio.gov.cn/zdgz/jj/202403/t20240314_837858.html.

② 习近平对旅游工作作出重要指示强调 着力完善现代旅游业体系加快建设旅游强国 推动旅游业高质量发展行稳致远［N］. 人民日报，2024-05-18（01）.

展生态旅游，以旅游彰显生态价值，传播生态文明，既是甘肃省实现经济跨越式发展的战略选择，也是展现国家生态文明形象的重要窗口；"支柱产业"则意味着旅游业地位高、规模大，对于经济增长的贡献日益增高；"时代特征"意味着旅游业作为全球最具有活力和增长潜力的产业之一，具有全球性、数字化、可持续性的特性，为各国之间的文化交流和经济合作提供了重要平台，是新型科技成果落地转换的重要场域。[①]

综合现代旅游业体系的范围、属性与战略定位，本章将现代旅游业体系定义为：以旅游业为龙头，以区域特色旅游资源为依托，以现代服务业为核心，以现代科技为支撑，具有多层次、动态性、开放性和系统性，是适应中国式现代化发展的旅游业发展新生态，具备面向未来旅游发展趋势、更适应国家现代化建设科学的旅游业发展新架构。[②]

二、现代旅游业体系的基本特征

（一）旅游融合方式从"旅游+"转向"旅游+"与"+旅游"双向融合发展

第一，旅游业的发展既需要来自其他行业的投入，其产出也可作为其他产业的投入。我国旅游融合方式经历了从"旅游+"模式向"旅游+"与"+旅游"融合发展模式的转变。在早期我国旅游发展中，旅游相关部门汇百业之功、融八方之能，将"行住餐游购娱"传统六要素依据旅游者的旅游行为形成配置，通过主动融入与旅游业发展相关联的行业及部门，衍生出新的产业部门、形成相对完整的产业链条和完善的产业配套，实现旅游产品供给从景点旅游模式向全域旅游模式转变。这种"旅游+"形式的实现需要前提和条件，即关联的行业和部门愿意让旅游业融合，这便限制了旅游业发展的广度和力度，被"旅游+"的事或物原本只是为了其本身功能而非旅游设计和打造的，其规划、部署、建造、运营

① 宋瑞，杨晓琰.数字经济促进现代旅游业体系建设：内在逻辑与对策建议［J］.价格理论与实践，2024（5）：26-31.
② 徐金海，夏杰长.中国式现代化视域下的现代旅游业体系构建［J］.社会科学家，2023（8）：47-51.

并非为旅游而设，制约了旅游功能无限度扩张的可能性，再者，在原本为本身功能设计和打造的事或物上加载或放大旅游功能，不能不增加或追加硬件设施和软件服务，进而势必需要资金的代价和时间的成本。因此，"旅游+"有自身难以克服或化解的局限性。

第二，大众旅游时代的到来推动旅游潜能被进一步激发，旅游消费需求在"行住餐游购娱"传统要素的基础上衍生出"商养学闲情奇"六要素，[①] 旅游供给侧的内涵和外延不断深化，旅游业不仅更加积极主动地与百业千行融合，同时，与旅游业发展相关的各行业、各部门也开始主动地与旅游业相融合，形成以原有功能为主导、兼具旅游功能的新产品、新业态，这种"+旅游"形式在产业谋划之初、部署之始便考虑到了主体功能和旅游功能的兼顾，避免了"旅游+"对主体功能的弱化，从根本上改变了"狭域"旅游发展模式，将旅游功能延伸到社会生产和社会生活各个领域，成为实现新旧动能转换，全面推进经济结构的调整和经济社会的发展的重要思路，使旅游对自身发展的助力发挥到最大值。"+旅游"一定程度上化解了"旅游+"的局限性，这种转变既是旅游需求演化推动的结果，也是旅游供给提升的体现，其所产生的巨大的"虹吸效应"使旅游业的深度与广度产生深刻变化，实现旅游业体系的优化重构。例如，"互联网+旅游"的兴起将旅游体验推向了新的高度。通过虚拟现实和增强现实等技术、线上旅游服务平台、智能导览系统等工具的运用为旅游消费者带来了智能化、沉浸式的旅游体验，提升了游客的满意度和忠诚度，为旅游业带来了新的增长点。现代旅游业发展过程中，"旅游+"与"+旅游"的融合促进了各产业的相互渗透与协同发展，不仅增强了旅游业的综合竞争力，也为其他产业带来了新的增长点，推动"无处不旅游"的大旅游时代加速形成。

（二）旅游发展理念从"要素驱动""投资驱动"向"创新驱动"转变

第一，改革开放初期，旅游发展主要依靠的是"对外开放"政策驱动。改

---

① 商养学闲情奇——新六大要素构成旅游新业态［EB/OL］.（2015-01-27）［2024-05-05］. http://paper.people.com.cn/rmrbhwb/html/2015/01/27/content_1526746.htm.

革开放之初，旅游服务的组织主体是事业性单位，日常调度组织靠政府主导甚至直接参与。随着国内旅游需求兴起，旅游发展从事业化迈向产业化发展阶段，依靠资源、土地和劳动等要素驱动构建起了较为完整的旅游产业体系，形成以旅行社为主体的企业组织方式，旅行社成为当时旅游资源和旅游要素的配置者、运营者，旅游资源和要素的供给者如酒店、景区都是依据旅行社线路产品的技术标准提供自己的产品和服务。旅游资源与要素的配置以及运营都是以某个处在产业链核心地位的企业为中心实现。在这一期间，旅游成为我国社会经济的支柱产业。过去 10 年间，依靠投资驱动，全方位推动国内旅游从"小旅游"体系向"大旅游"体系转型，构建起较为完善的旅游经济体系。

第二，传统旅游模式过于依赖自然和人文等资源要素、"对外开放""扩大内需"等政策要素、民间投资等市场要素驱动，忽视旅游资源内涵的深度挖掘与业态的创意呈现。党的十九大明确提出，要瞄准世界科技前沿，强化基础研究，实现前瞻性基础研究、引领性原创成果重大突破。① 旅游业作为创新创意驱动产业，其发展机遇在于创新。进入新发展阶段，旅游发展理念与方式必然转向创新驱动，创新能力既包括在既有产业、既有产品上以制度创新创造旅游新市场、新需求，以产品创新创造旅游新形式、新内容；也包括在前沿技术、颠覆性技术上的创新能力。

第三，科技创新是现代旅游业体系质量提升的关键推动力。创新驱动已上升到国家战略。党和政府高度重视以创新驱动现代产业发展。2023 年 4 月，工业和信息化部、文化和旅游部联合发布的《关于加强 5G+智慧旅游协同创新发展的通知》提出增强旅游产业创新能力，推动 5G+智慧旅游繁荣、规模发展。② 2024 年 5 月，文化和旅游部办公厅等部门联合印发的《智慧旅游创新发展行动计划》提出促进数字经济和旅游业深度融合，加快推进以数字化、网络化、智能化为特征

---

① 习近平. 决胜全面建成小康社会　夺取新时代中国特色社会主义伟大胜利［N］. 人民日报，2017−10−28（01）.

② 工业和信息化部　文化和旅游部关于加强 5G+智慧旅游协同创新发展的通知［EB/OL］.（2023−04−06）［2024−05−05］. https：//www.gov.cn/zhengce/zhengceku/2023−04/12/content_5751000.htm.

的智慧旅游创新发展。① 这一系列文件将进一步促进科技创新成果向旅游业生产应用转化，显著提升旅游供给的针对性。现代旅游体系以互联网为依托，对旅游价值链和产业链升级改造，优化要素与资源配置，以数字化平台作为旅游资源与要素配置、运营的主体，为旅游服务商和旅游者带来服务性变革，也能通过运用大数据、人工智能等数字技术和场景技术更好地整合旅游资源、盘活闲置资源，创新旅游业产业业态、商业模式、治理机制，从而更好地服务市场需求。

（三）旅游价值旨归从"各美其美"向"美美与共""共富共美"转变

第一，现代旅游业以享受美好生活为主要诉求。美好生活传统旅游业体系中，旅游资源大多集中于部分中心地区，而边缘地区发展相对滞后，在强调当地地域特色、文化差异和个性表达的同时，各区域及旅游目的地之间相对独立，竞争与合作并存，缺乏深度的交流联系与资源整合。现代旅游业更加注重于"美美与共""共富共美"，以旅游发展公平推动区域均衡、城乡协调、民族融合与人的全面发展，注重在保持地域独特性的同时加强不同地区及旅游目的地之间的联动，对于游客而言，旅游成为兼具生活、学习与成长功能、实现人性完善、满足美好生活需要的主诉求。

第二，现代旅游业更加注重区域均衡发展。现代旅游业具备高度整合的产业链，涵盖多元化的服务形式，注重跨行业、跨区域的旅游合作，借助智能化手段，优化旅游体验，带动交通、餐饮、住宿等相关产业的发展，形成县域旅游、生态旅游等新型旅游业态，推动边缘地区的旅游资源开发和利用，实现资源共享、优势互补，推动区域经济的整体繁荣。

第三，现代旅游业更加注重城乡协调发展。在城市化进程中，由于资源供给和环境承载力的局限性，城乡发展规模与质量存在一定程度的失衡。现代旅游业更加注重城乡协调发展，通过挖掘乡村旅游资源，充分挖掘乡村旅游资源、发挥

---

① 文化和旅游部办公厅　中央网信办秘书局　国家发展改革委办公厅　工业和信息化部办公厅　国家数据局综合司关于印发《智慧旅游创新发展行动计划》的通知［EB/OL］.（2024-05-06）［2024-05-05］.https：//www.gov.cn/zhengce/zhengceku/202405/content_6950881.htm.

乡村生态和文化优势，注重城市旅游与乡村旅游的互动融合，发展适应城乡居民需求的休闲旅游、餐饮民宿、文化体验、康养服务等产业，以旅游发展带动城乡人口逆流动、推动城乡资源互补与共享，旅游成为推动乡村振兴、实现城乡协调发展的重要力量。①

第四，现代旅游业更加强调民族融合发展。旅游业是推动各民族文化相互交流、经济相互依存以及情感相互亲近的重要桥梁和纽带。现代旅游业强调在旅游过程中尊重和传承民族文化，推动民族文化的传承和发展，以民族深厚的文化作为经济社会发展的内生动力，通过发展民族文化旅游、民俗旅游等新型旅游业态、创新传播方式，让不同民族人民在旅游中产生深层次融合交流、增进对中华文化的认同。

第五，现代旅游业更加注重人的全面发展。传统旅游发展更强调旅游的经济功能，随着大众旅游业深入发展，旅游从一种生活方式向生活、学习和成长方式转变，旅游成为修身养性之道，现代旅游业要聚焦人的全面发展这一社会目标的实现，在旅游开发与产品设计、场景搭建、服务体验中更加注重审美要素的植入，提升旅游的社交与教育功能，让游客在旅游活动中实现认知升级、精神丰盈、人性完善，使旅游业落脚于游客的主体性获得与自我价值实现。

第二节 新质生产力对现代旅游业体系建设的关键作用

从新质生产力的内涵特征来看，"新"指的是以科技创新为核心要素，以

---

① 关于印发《关于促进乡村旅游可持续发展的指导意见》的通知［EB/OL］．（2018－12－31）［2024－05－05］．https：//www.gov.cn/zhengce/zhengceku/2018-12/31/content_5439318.htm.

颠覆性技术和前沿技术催生新产业、新模式、新动能；① "质"指的是生产力既要实现数量的增长，更要注重质量的提升，具有高科技、高效能、高质量特征，以全要素生产率提升为核心标志，其本质是符合新发展理念的先进生产力质态。② 面对现代旅游业体系"旅游+"与"+旅游"双向融合的发展方向、"创新驱动"的价值理念、"美美与共""共富共美"的价值旨归，现代旅游业体系建设既要重视旅游资源、资本、劳动力等传统生产要素的合理配置，更要重视数据、大模型等新型生产要素的集成运用，推动新质生产力发展，及时将科技创新成果应用到旅游业发展的各环节、全过程，以高科技为起点，以高效能为路径，以高质量为目标结果，推动现代旅游业体系更好地服务于现代化强国建设目标。

一、新质生产力以高科技为发展起点，引领现代旅游业体系技术创新与突破

（一）高科技是科技创新和产业融合创新的产物，是新质生产力的第一特征

新质生产力的形成发展以战略性新兴产业和未来产业为基础，凭借创新性、高关联性、高渗透性以及高附加值等特点，引领现代旅游技术创新与突破，锻造"+旅游"融合新生态。传统生产要素知识密度较低，受时空限制较大，具有较强的空间黏性，而新质生产要素具有知识的高复制性和高知识属性，打破了要素空间桎梏，显著提高了旅游业体系中的信息触达程度与供求匹配效率，因此，新质生产力与现代旅游业结合的前景广阔。新质生产力由生产要素创新性配置形成，着眼于科技创新特别是原创性、颠覆性科技创新，以高科技作为衔接物理空间与虚拟空间的纽带，以数据、资本、信息、知识等非实体要素结合经济、政治、文化、社会等系统，将科技创新成果与旅游体验在多角度、全环节的深度结

---

① 习近平. 发展新质生产力是推动高质量发展的内在要求和重要着力点 [J]. 求是，2024（11）：1-4.

② 习近平在中共中央政治局第十一次集体学习时强调　加快发展新质生产力　扎实推进高质量发展 [N]. 人民日报，2024-02-02（01）.

合，实现旅游业在全时间维度、全空间领域的破维发展，推进"旅游+"向"+旅游"转变。

（二）旅游业的发展越来越需要科技赋能

在旅游资源体系方面，对于山川、湖泊、森林、海洋等自然旅游资源，信息技术和遥感技术的引入能够实现对自然旅游资源的智能化管理，及时掌握森林火灾、海洋污染、人为破坏等情况，增强生态保护措施的时效性与针对性，借助VR/AR、虚拟现实、元宇宙技术能够提升沉浸式的旅游体验；对于历史文化遗产、民族民俗、文化艺术等人文旅游资源，利用大数据、云计算等技术，对历史文化遗产、民族民俗、文化艺术等人文旅游资源进行数字化展示，使其在新时代焕发新活力；借助新质生产力的创新理念和技术手段，开发具有创新性和独特性的现代旅游资源，打造科技博物馆、数字艺术馆和影视演艺等新型旅游目的地，[①] 依托线上平台为运营和推广提供数字化工具，推动内容生产方式和流程革新，进一步提升目的地吸引力。在旅游内容及服务供给方面，新质生产力更加注重消费者和消费行为在生产过程中的作用，随着物联网、区块链等技术不断嵌入产品的生产、流通和消费环节，对消费者消费行为的捕捉与分析成为产业优化的重要渠道。当前，新质生产力中的大模型、元宇宙、人工智能生成内容（AIGC）、数字孪生、全息投影和3D建模等技术与旅游业深度融合，推动沉浸式旅游智能装备制造、数字文博、旅游演艺、智慧景区等新业态的跨越式发展，丰富了旅游业体系内涵。以Sora等为代表的大模型技术具备强大的理解、模拟及复刻物理世界的功能，旅游经营主体借助算法对于旅游出行、消费等数据构建客群画像，针对用户不同需求、不同场景提供个性化内容服务，通过集成式科技创新，实现场景搭建、互动体验等方面的多环节多维度创新支撑起更高质量的旅游体验，释放旅游消费潜力，让游客实现从"看景"到"入景"的沉浸式体验转变。

---

① 夏杰长，刘睿仪. 农旅融合发展能否提高县域经济韧性？——基于"全国休闲农业与乡村旅游示范县"政策的经验证据 [J]. 经济问题，2024（7）：1-10.

二、新质生产力以高效能为发展路径，实现现代旅游全要素生产率水平提升

（一）技术进步是全要素生产率水平提升的核心关键

新古典经济增长理论认为，资本报酬具有边际递减规律，生产率的提升是实现经济可持续增长的重要源泉。[①] 20 世纪 80 年代，Romer 等经济学家基于新古典经济增长理论进一步深化研究，将要素组合效率引入到分析中，从定量视角探究经济增长的驱动机制，提出了内生增长理论，强调内生的技术进步是实现经济持续增长、生产力发展的重要源泉。[②③] 面对旅游业有限的资源与无限的旅游需求之间的矛盾，粗放式的要素投入扩张从长期来看是不可持续的，[④] 推动旅游全要素生产率提升是实现旅游增长方式转型、发展质量提升的有效途径。[⑤] 全要素生产率水平提升的核心关键在于技术效率与技术进步的提高。[⑥]

（二）新质生产力是在技术革命性突破中形成的、以全要素生产率提升为核心标志的先进生产力质态

新质生产力正是在技术革命性突破中形成，以高效能为路径，以劳动者、劳动资料、劳动对象及其优化组合的跃升为基本内涵，以全要素生产率提升为核心标志的先进生产力质态，通过高质量要素投入和科技创新驱动推动旅游业增长方式由粗放型向集约型转变。在旅游消费多元化的推动下，旅游景点及产品的开发设计与营销推广需要围绕消费需求开展，还要求在以旅游推动经济发展的同时践行绿色发展理念，降低对传统能源和资源的依赖和消耗，提高资源产出率和循环利用率。因此，对用户需求的准确把握与及时响应、产业链上下游企业的紧密合

① Swan W. Economic Growth and Capital Accumulation [J]. Economic Record, 1956, 32 (2): 334-361.
② Romer P M. Increasing Returns and Long-Run Growth [J]. Journal of Political Economy, 1986, 94 (5): 1002-1037.
③ Solow R M. Technical Change and the Aggregate Production Function [J]. Review of Economics & Statistics, 1957 (3): 554-562.
④ 查建平，钱醒豹，赵倩倩，等. 中国旅游全要素生产率及其分解研究 [J]. 资源科学，2018, 40 (12): 2461-2474.
⑤ 吴琳萍. 中国旅游业全要素生产率的估算 [J]. 统计与决策，2017 (9): 135-139.
⑥ 刘伟，张辉. 中国经济增长中的产业结构变迁和技术进步 [J]. 经济研究，2008, 43 (11): 4-15.

作、高效的营销转化渠道以及集约高效的旅游资源利用水平成为提升旅游全要素生产率的重要要件。新质生产力能将低成本优势转化为科技创新动力，以技术赋能实现对数据和信息的快速加工，高效研判市场趋势，形成更多类型的旅游营销内容，构建更丰富多样的营销形式和传播渠道，更好地满足不同目标受众的需求，进而形成情感共鸣、激发旅游动机，提升知识生产和旅游营销的创意性和效率。

（三）新质生产力本质是绿色生产力，推动旅游业与生态文明建设深度融合

2022 年，国务院发布的《"十四五"数字经济发展规划》中明确提到，"数据对提高生产效率的乘数作用不断凸显，成为最具时代特征的生产要素"。[1] 旅游数据从开发生产过程中采集得来，也由资源转化而形成，是训练和优化专业大模型的关键资源、协同推进旅游业技术、模式、业态和制度创新的重要依据。以数据、大模型、算力等新型生产要素进一步激发旅游产业链各环节动能，将高科技与高附加值服务融为一体，高度整合物质与非物质要素，实现劳动者素质、劳动对象及劳动工具的多样化与智能化程度以及生产资料的有效配置水平提升，推进传统旅游业向现代服务型和知识型发展。[2] 此外，旅游业是典型的绿色产业，良好的生态和自然资源是旅游业发展的重要根基，然而，旅游业发展过程中也存在"高碳"现象，需要契合"双碳"战略目标。新质生产力本质是绿色生产力，将新兴技术作为应对旅游资源开发的重要手段，通过大数据技术共享游客数据，能够合理引导旅游流的流向与流量，极大提升旅游资源保护与运用的科学性、绿色化，使旅游业与生态文明建设的融合更加广泛与深入。

三、新质生产力以高质量为发展目标，实现现代旅游业体系质量与结构优化

（一）新质生产力推动旅游业"量"与"质"齐升

新质生产力聚焦于新技术、新产业、新业态和新领域，展现出高生产率和高

---

① "十四五"数字经济发展规划 [EB/OL].（2022-03-25）[2024-05-05]. https：//www. ndrc. gov. cn/fggz/fzzlgh/gjjzxgh/202203/t20220325_1320207. html.

② 蔡湘杰，贺正楚. 新质生产力何以影响全要素生产率：科技创新效应的机理与检验 [J]. 当代经济管理，2024（6）：1-15.

附加值的特点，更加符合新发展理念和高质量发展要求，持续推动旅游市场规模的扩大和发展质量的持续跃升，实现了旅游生产力"量"与"质"的提升，推动现代旅游业体系质量与结构优化。从"量"的层面来看，通过以智能化为核心的创新技术及配套的高精尖设备的运用，能够有效提升旅游开发设计、服务运营效率和质量，从供给端实现旅游产品与市场需求有效对接，扩大国内旅游市场规模、提高入境旅游消费量与创汇能力、引导出境旅游高消费的回流，进一步发挥旅游业对于拉动经济增长的重要作用。从"质"的层面来看，新技术催生旅游新业态与新模式，推动形成新的经济增长点与产业变革机遇，实现体系内的自我驱动和要素循环。新质生产力呈现出数字化的时代特征，劳动者、劳动资料以及劳动对象都向数字化、智能化、创新性的方向发展，旅游业劳动者需要适应数字化的工作环境，具备能熟练使用先进生产工具和智能设施及软件的技能，数字化平台通过集成人才协同合作，也将推动形成高质量的旅游人力资本；与新质生产力相匹配的劳动资料是以高端化、智能化、绿色化为特征的新技术和新设备，劳动资料中数据等新型生产要素的比例不断提高，促进旅游业从要素驱动的规模化和标准化发展向兼具高质量、品质化与个性化的发展转型；劳动对象也需要在旅游自然资源、人文资源等各类传统的劳动对象的基础上具备数字化的功能。

（二）新质生产力通过对生产要素的系统整合和高效配置，提升旅游业发展水平

从产业体系结构的层面来看，新质生产力充分发掘并放大了数据资源的价值，推动构建集数字化采集、网络化传输、智能化测算与精细化分析功能于一体的旅游大数据综合应用平台，促进了知识、技术要素在不同旅游部门间的自由流动与高效配置，为深入洞察游客的行为模式、内容偏好及环境倾向提供了有力的技术支撑，在供给端紧跟消费市场变化，实现消费场景与服务模式的不断迭代和持续优化，推动旅游供给侧与需求侧高水平动态平衡，在"行住餐游购娱"要素联系紧密、比例协调的基础上进一步提升"游购娱"比例，实现旅游业体系结构合理化，为旅游业体系结构的高级化发展奠定基础。同时，新质生产力通过

引领前沿科技在旅游业"行住餐游购娱"要素中的开发及运用程度，推动旅游产业链上下游的紧密对接，进一步提升旅游产业链的韧性和整体效能，推动旅游业由低附加值的旅游服务向高附加值的旅游体验、由劳动密集型向知识与技术密集型方向转变，实现旅游业体系结构高级化。

第三节　以新质生产力引领甘肃现代旅游业体系建设

一、立足于甘肃特色优势产业，瞄准科技前沿，培育现代旅游发展新动能

（一）旅游业体系现代化的根本动力来自科技创新

旅游业发展不仅要做大旅游规模，更要瞄准科技前沿，实现旅游业与先进科学技术深度融合，推动资源依赖型思维向业态创新型思维转变，形成创新驱动、高效协同、绿色可持续的发展新格局。现代化旅游业体系需聚焦于强化关键共性技术、前沿引领技术、现代工程技术及颠覆性技术创新的应用，加大在新兴旅游领域的制度供给力度，构建未来旅游产业的持续投入增长机制，加大资金、技术和人才等资源向具有潜力的战略性新兴产业和未来产业的倾斜力度，引导智慧旅游、沉浸式旅游、低空旅游等新兴旅游业态健康有序地发展，在战略性新兴产业和未来产业领域开辟广阔的发展空间，让旅游科技创新能力更好地匹配旅游产业规模，推动增长要素的现代化与协同化，保持旅游业体系的先进性与现代性。同时，立足于产业重点领域和发展趋势，完善旅游标准化建设，在旅游业高质量发展中以标准先行，深入研究旅游消费需求，加快建立优质旅游服务承诺标识和管理制度，构建高质量、高效能的旅游数据平台体系，集成大数据、云计算等先进技术，全面覆盖旅游经济的各个环节，实现数据的实时采集、深度分析与智能应

用，紧密服务于国家发展战略的需要，为政策制定提供直观、量化的评估依据，鼓励旅游市场主体积极采用大数据、云计算、区块链、人工智能等数智化技术提升旅游服务效率与质量，重点开展旅游经济运行分析工作，深入挖掘旅游市场的内在规律与发展趋势，加强趋势研判，进一步把握市场机遇，规避潜在风险，围绕智能化生成、移动端传播、沉浸式体验、场景化消费等层面促进旅游消费升级扩容、产品及服务数字化转型和旅游消费市场的下沉。

（二）以制造业技术进步赋能旅游业创新发展

在旅游装备方面发展游乐设施、缆车等固定旅游设施装备，以及房车、移动房屋、游轮、游艇等大型移动旅游装备；无人机、帐篷、滑雪板等个人携带和穿戴的旅游装备，不断拓展"旅游+""+旅游"应用场景。值得注意的是，现代旅游业在拥抱新科学新技术的过程中，也要避免陷入盲目追求新技术标签化的误区，确保新技术运用的实际成效与产业深层次需求的深度契合，在追求创新与发展过程中，要摒弃以速度与规模为衡量标准的盲目投资行为，警惕旅游产品陷入同质化发展的恶性循环，在充分利用科技创新的同时，也要重视旅游产业中文化的深度挖掘、创意独特性的培育以及灵魂要素的彰显，推动旅游业持续繁荣。

二、挖掘"丝绸之路黄金段"资源优势，形成文明交流互鉴新格局

在以国内大循环为主体、国内国际双循环相互促进的新发展格局中，各国旅游业的发展水平与影响力直接关系到国家形象、文化传承、经济繁荣以及民众生活质量的提升。因此，对于甘肃省而言，深度融入国际国内产业分工体系、促进生产要素的跨界与跨国流动，对于提升旅游业体系现代化水平、建设旅游强省至关重要。①

（一）加快发展入出境旅游市场

第一，挖掘入境旅游市场潜力。在入境游领域，据国家统计局公布的相关数据显示，2023年入境游客达到8203万人次，入境游客总花费为530亿美元。

---

① 李柏文. 新时代旅游产业体系的特征与建设［J］. 旅游学刊，2018，33（10）：7-9.

2023 年，甘肃省入境旅游开始恢复，甘肃省入境游客人数达到 13.1 万人次，恢复至 2019 年的六成以上。携程发布的 2024 年中秋假期旅游预测显示，甘肃入境游订单同比增长 244%。① 因此，要全面融入"一带一路"建设，挖掘"丝绸之路黄金段"资源优势，运用梯度发展模式发展入境旅游。对于旅游欠发达国家，要持续加大科技创新力度，坚持开放共赢原则，创新旅游产品与业态供给，积极输出先进的旅游管理经验、旅游技术、旅游专业人才以及旅游资本等，有效引导和规范入境旅游发展，助推我国旅游业在国际市场的竞争力。同时，对于旅游发达国家，要充分利用作为客源国的比较优势，深化合作，共同推动旅游业的创新发展。

第二，引导出境旅游有序发展。在出境游方面，随着出境旅游市场规模的不断扩大，要积极引导和培育一批具备国际化经营能力的旅游企业，加强与国际旅游组织和相关国家的交流与合作，提升我国旅游企业的国际服务水平，增强其在全球旅游市场中的竞争力。从国内视角来看，发挥数字经济赋能作用，通过数字化互联，构建旅游协作的新生态。② 既要注重区域内的协同，整合各相关部门、旅游景区、企业主体及网络平台资源，构建一体化的在线服务平台；也要注重区域间的联动，推动跨地区合作，实现资源共享、精品线路与营销策略共谋，实现区域旅游品牌的共同提升，更好地融入国民经济大循环。

（二）加强国际旅游合作

现代旅游业的发展应聚焦于构建多维度的全球竞争力，将加强世界级旅游景区、世界级旅游目的地、世界级旅游线路、世界一流旅游企业等建设作为旅游业自身发展的内在需求。旅游产业及相关市场主体应充分吸收信息技术、文化创意、金融服务等相关产业的现代化成果，不断优化旅游产品结构、提升旅游服务质量、加强旅游品牌建设，加强与国际旅游组织的合作与交流，参与国际旅游规

---

①　中秋假期临近甘肃入境游订单同比增长 244% ［EB/OL］.（2024-09-10）［2024-12-01］. https：// www.mct.gov.cn/preview/whzx/qgwhxxlb/gs/202409/t20240910_955179.htm.

②　徐紫嫣. 旅游业融入"双循环"新发展格局：实施路径与政策思路 ［J］. 企业经济，2021，40（10）：143-150.

则的制定与讨论，推动中国旅游理念与实践的国际化传播，为全球旅游业的繁荣发展贡献中国智慧与方案。

三、优化结构布局，塑造现代旅游产业新生态

（一）加强区域内外旅游资源的整合与共享

在旅游新市场逻辑的驱动下，需围绕多主体、多层次、多维度的协调发展策略，促进区域内外旅游资源的整合与共享，确保国内旅游市场、出入境旅游市场发展与国民休闲活动之间形成良性互动；在城市更新和乡村振兴、可持续发展的背景下，应积极挖掘"乡村旅游+数字经济"的深层价值，缩小城乡之间的"数字鸿沟"，实现数字化资源的均衡分布，精心打造具有鲜明地域特色的旅游品质，强化文化沉浸式体验，推动产业链上下游的有效整合。[①] 同时，注重服务品质的全面升级，加强社区、农户及小微企业等旅游主体的培育与扶持，创新宣传营销策略，扩大乡村旅游品牌的知名度和影响力，以数字化助力乡村振兴；新质生产力也是绿色生产力，要倡导绿色技术改造，全面发掘绿色算力在创新应用领域的巨大潜力，优化绿色算力的产业布局，确保资源的高效整合与利用，孵化更多的算力应用新场景新类型，提升旅游目的地"碳汇"能力，促进旅游业与自然环境的和谐共生。

（二）探索旅游业发展新空间

要以物联网、云计算等现代科学技术发展助推旅游市场新业态、新模式形成，通过引入先进技术和智能化系统，实现旅游产品和服务的升级，聚焦于旅游项目的精品化建设与市场主体的多元化培育，激发旅游产业的创新活力与内生动力，推动大众旅游向品质化、个性化转型，为存量资源注入新动能，为增量资源开辟新方向。在市场需求与触达渠道方面，运用场景化、网络化、渠道化的思维模式，全面审视和规划市场需求与供给策略，进一步摆脱观光旅游的单一供给思

---

① 夏杰长，刘睿仪. 影视剧提升旅游目的地吸引力了吗？——基于《山海情》的案例分析［J］. 旅游论坛，2023（4）：19-29.

路与同质化的重复开发，转向发展低设施依赖和轻量化投资的项目，提升资源转化效率，深入理解市场、精准研判需求，更加契合市场需求，在纷繁复杂的层次性需求中，识别并抓住核心的市场变量，确保供给与市场需求的有效对接，推动构建多元化、综合性的旅游产品体系，深度塑造多元共生、创新驱动的现代旅游产业新生态，提升旅游业的整体竞争力和可持续发展水平。

四、技术进步和体制机制创新协同推进甘肃现代旅游业发展

（一）理顺旅游业发展的体制机制

体制机制不畅是阻碍甘肃旅游业高质量发展的主要因素之一，未来要增强市场主体间动态互动，构建集旅游者、客源地、旅游目的地与旅游媒介于一体的全方位旅游法律体系，充分发挥政府在制度与管理体制创新中的领导作用，通过建立旅游创新策源中心促进旅游科技企业集聚发展，完善科研成果转化机制、科技创新激励机制及产权保护与交易制度，鼓励企业、旅游组织及旅游者共同参与，形成多方协作、协同发展的现代旅游产业格局，确保旅游业有序发展。要优化人才发展机制，统筹协调各相关部门，建立健全人才引进、培养、评价和激励机制，注重培育具备数字技术应用、创新设计、国际化视野的复合型战略人才，以适应建设旅游强省的需要。

（二）培育旅游业市场主体

旅游业相关企业作为旅游市场的主体，是现代旅游业的重要组成部分，是推动旅游强国建设的重要力量，完善现代旅游业体系要以积极的产业政策引领，持续放大旅游企业的市场主体作用，充分发挥龙头旅游企业在品牌建设、文化交流、国际影响力提升等方面的引领性作用，提升中小微旅游企业的组织效能与经济韧性，构建以龙头企业为核心、重点企业为支撑、小型旅游企业为基础的多层次发展生态，鼓励机构投资者参与旅游资本市场，减轻旅游中小企业的赋税负担，壮大耐心资本。

（三）强化大数据在旅游业的应用

大数据应用方面，要推动旅游数据的规范化、标准化建设。技术变革具有快

速、复杂、多变等特点，如生成式 AI 在推动旅游业智能化发展、数字化转型的同时也将带来的数据安全隐患，因此，要推动数据标准化、规范化建设，构建以行业监管大数据为基础的旅游市场经济运行监测体系，以增强对旅游业数据安全的动态监测与风险预警能力，确保旅游业的健康可持续发展。

（四）以新质生产力推进旅游业绿色转型

新质生产力本质是绿色生产力，是推动旅游业绿色化转型的重要力量。要加快绿色科技创新和先进绿色技术在旅游全产业链条上的深度应用，推动旅游业生产力绿色化、专业化发展。利用节能低碳循环技术降低旅游服务环节的能耗，推广清洁能源和可再生资源、环保技术和材料的使用，特别是在资源开发过程中强化源头生态环境保护监管；在利用好劳动力、资本、土地等传统生产要素的基础上，培育并整合数据、创意、环保、新营销等新型生产要素，提升旅游产品的创新性和附加值，提升旅游服务的智慧化水平，通过智能分析游客行为，优化旅游资源配置。

第五章 甘肃旅游业发展与铸牢中华民族共同体意识

　　旅游业是西部地区谱写中国式现代化建设新篇章中的重要产业方向，也是铸牢中华民族共同体意识的重要抓手。强大的旅游业是铸牢中华民族共同体意识的基础，在新时代背景下，铸牢中华民族共同体意识、构筑精神家园是新时代旅游工作的重要使命，是民族地区旅游业高质量发展的内在要求。[①] 因此，作为西部地区的重要省份、民族地区的关键省份，甘肃省能否充分发挥旅游业在铸牢中华民族共同体意识中的重要作用，是衡量其旅游业发展水平和地区治理能力的重要标志。

第一节 旅游业铸牢中华民族共同体意识的理论逻辑

一、铸牢中华民族共同体意识是民族地区旅游工作的主线

　　中国旅游业发展的一大特色是紧紧围绕国家战略布局和使命要求来推进

---

　　① 金彦超，王冬丽，刘亚南. 新时代铸牢中华民族共同体意识教育的重要抓手——加快建设"中华民族共同体概论"课程的思考 [J]. 中南民族大学学报（人文社会科学版），2024，44（7）：22-26.

的。① 习近平总书记指出，"铸牢中华民族共同体意识是新时代党的民族工作的主线，也是民族地区各项工作的主线"。②③ 因此，铸牢中华民族共同体意识是民族地区旅游业发展的时代使命和主线。习近平新时代中国特色社会主义思想作为国家战略发展的指导思想、引领中国特色社会主义新时代的纲领、旗帜和灵魂，④ 是新时期旅游业铸牢中华民族共同体意识的理论依据和根本遵循。习近平文化思想和习近平总书记关于加强和改进民族工作重要思想及关于文化和旅游工作的重要论述，为旅游业铸牢中华民族共同体意识指明了方向。⑤

（一）铸牢中华民族共同体意识是习近平总书记关于加强和改进民族工作的重要思想的根本特征

铸牢中华民族共同体意识是习近平总书记关于加强和改进民族工作的重大原创性判断。⑥⑦ 铸牢中华民族共同体意识的提出和发展，成为引领新时代党的民族工作及民族地区各项事业高质量发展的核心旗帜与精神引领。⑧ 中央民族工作会议强调，"铸牢中华民族共同体意识是新时代党的民族工作的'纲'，所有工作要向此聚焦"。⑨ 因此，铸牢中华民族共同体意识是民族地区旅游工作高质量发展的本质要求。习近平总书记在 2021 年第五次中央民族工作会议上提出的"十二个必须"中，第三条"必须以铸牢中华民族共同体意识为新时代党的民族工作的主线"、第八条"必须构筑中华民族共有精神家园"、第九条"必须促进各民族广泛交往交流交融"，为旅游业在强化中华民族共同体意识方面提供了实

---

① 戴学锋. 助力全面深化改革——新时代旅游业的核心战略 [J]. 旅游学刊，2018，33（10）：1-3.

② 铸牢中华民族共同体意识 推进新时代党的民族工作高质量发展 [N]. 人民日报，2023-10-29（01）.

③ 潘岳. 铸牢中华民族共同体意识是民族地区各项工作的主线 [J]. 旗帜，2023（12）：9-11.

④ 彭清华. 习近平新时代中国特色社会主义思想是解决当代中国前途命运问题的科学理论指引 [N]. 人民日报，2018-06-21（10）.

⑤ 张英，于沛鑫. 西部地区旅游发展与铸牢中华民族共同体意识 [J]. 中南民族大学学报（人文社会科学版），2022，42（2）：37-44+182-183.

⑥ 王延中. 深入推进中华民族共有精神家园建设 [J]. 贵州民族研究，2023（1）：4-7.

⑦ 习近平在甘肃考察时强调 深化改革勇于创新苦干实干富民兴陇 奋力谱写中国式现代化甘肃篇章 [EB/OL]. （2024-09-13）[2024-12-01]. http：//www.qstheory.cn/yaowen/2024-09/13/c_1130201877.htm.

⑧ 中共中央关于党的百年奋斗重大成就和历史经验的决议 [N]. 人民日报，2021-11-17（01）.

⑨ 把铸牢中华民族共同体意识贯穿党的民族工作全过程各方面 [N]. 人民日报，2021-08-31（01）.

践导向，成为旅游业铸牢中华民族共同体意识的落脚点。其中，铸牢中华民族共同体意识是民族地区旅游业发展的主线，促进各民族间的交往、交流与交融是实现民族地区旅游业高质量发展的实践途径，而构建中华民族共有精神家园则是民族地区旅游业发展的核心宗旨。①

（二）铸牢中华民族共同体意识是习近平文化思想的重要组成部分

铸牢中华民族共同体意识，这一思想论断不仅是习近平总书记关于加强和改进民族工作的重要思想的纲领，也是习近平新时代中国特色社会主义思想尤其是习近平文化思想的重要构成部分。② 党的十八大以来，习近平总书记围绕新时代文化建设提出一系列新思想、新观点、新论断，构成了习近平新时代中国特色社会主义思想的文化篇，形成了系统化的习近平文化思想体系。③ 2013 年 8 月，全国宣传思想工作会议明确"两个巩固"作为宣传思想工作的根本任务，其中第二个巩固即"巩固全党全国人民团结奋斗的共同思想基础"。在主持中共中央政治局第九次集体学习时，习近平总书记着重指出，"铸牢中华民族共同体意识，就是要引导各族人民牢固树立休戚与共、荣辱与共、生死与共、命运与共的共同体理念"。④ 因此，铸牢中华民族共同体意识的目标是：强化全党全国人民团结奋斗的共同信念基石，汇聚全国各族人民及所有中华儿女的磅礴力量，共同致力于实现中华民族的伟大复兴。⑤

（三）构筑精神家园是习近平总书记对旅游工作使命任务的重要要求

2024 年 5 月 17 日，党中央召开的全国旅游发展大会是首次聚焦于旅游发展议题的重要会议，彰显了旅游业在国家层面的重要性与战略地位。⑥ 习近平总书记对旅游工作作出重要指示，"让旅游业更好服务美好生活、促进经济发展、构筑

---

① 深入学习落实习近平总书记视察甘肃重要讲话精神　开创甘肃历史研究和文物保护新局面［N］. 中国社会科学报，2019-11-27（10）.

②③ 王延中. 牢牢把握新时代党的民族工作的主线［J］. 中国党政干部论坛，2024（1）：39-45.

④ 铸牢中华民族共同体意识　推进新时代党的民族工作高质量发展［N］. 人民日报，2023-10-29（01）.

⑤ 赵秋丽，李志臣. 让传统文化在新时代绽放光彩［N］. 光明日报，2023-12-11（07）.

⑥ 从全国旅游发展大会看我国文旅市场前景［EB/OL］.（2024-05-18）［2024-12-01］. https：//www.gov.cn/yaowen/liebiao/202405/content_6952173.htm.

精神家园、展示中国形象、增进文明互鉴"。① 构筑精神家园成为新时代旅游工作的五项任务之一。在这一指示下，旅游业被赋予了新的历史使命，不仅要成为推动经济增长的新动力，更要成为连接各族人民情感、传承中华优秀传统文化、培育中华民族共有精神家园的重要载体。当前，旅游业日益成为民族地区经济社会发展的新兴战略性支柱产业和具有显著时代特征的民生产业、幸福产业，通过旅游活动的开展，促进各民族交往交流交融，通过旅游产品的创新，以文塑旅，增进"共同性"，构筑中华民族共有精神家园，以旅彰文，增进文化认同，从长远和根本上铸牢中华民族共同体意识。

（四）精神、文化、意识是旅游业铸牢中华民族共同体意识的核心着力点

基于习近平总书记关于民族工作与文化发展的重要论述，铸牢中华民族共同体意识的核心聚焦于精神构筑、文化认同与意识凝聚，这三个维度构成了其理论侧重点。② 因此，精神、文化、意识既是旅游业铸牢中华民族共同体意识的理论连接点，也是旅游业铸牢中华民族共同体意识的核心着力点和内在要求。③ 习近平总书记指出："文化产业和旅游产业密不可分，要坚持以文塑旅、以旅彰文，推动文化和旅游融合发展，让人们在领略自然之美中感悟文化之美、陶冶心灵之美""要让旅游成为感悟中华文化、增强文化自信的过程"，构成了文化和旅游的理论连接，旅游以文化为内容，文化以旅游为传播桥梁。④ 旅游业日益成为具有显著时代特征的幸福产业，幸福包括物质和精神两个层面，在新时代，人民生活已达到小康标准，精神方面的充实是新时代旅游业的发展要求，这构成了精神和旅游的理论连接。⑤ 旅游活动不仅是一种经济活动，与意识形态的关系密切，对意识形态的影响是双向的，需要意识形态的指导，同时具有传播意识形态的功

① 推动旅游业高质量发展行稳致远 [N]. 人民日报，2024-05-19（01）.

② 易文彬，孙秀香. 马克思主义民族理论中国化的三重逻辑——学习习近平总书记关于加强和改进民族工作的重要思想 [J]. 中南民族大学学报（人文社会科学版），2024，44（10）：80-88+184.

③ 汪晓东，张炜，赵梦阳. 为中华民族伟大复兴打下坚实健康基础 [N]. 人民日报，2021-08-08（01）.

④ "十四五"文化和旅游发展规划 [N]. 中国文化报，2021-06-03（02）.

⑤ 胡和平. 不断推动文化和旅游发展迈上新台阶 [N]. 中国旅游报，2021-02-09（01）.

能。旅游通过主题鲜明的形式，宣传和传播社会主义核心价值观，促进社会主义精神文明建设的发展，这构成了意识和旅游的理论连接。①

二、旅游业是铸牢中华民族共同体意识的优势产业

旅游业是阐释正确的祖国观、民族观、文化观、历史观的重要载体，是展现中华民族共同体故事的鲜活载体，对于铸牢中华民族共同体意识及推动其建设进程具有深远意义，发挥着不可估量的作用。立足中华民族伟大历史实践和当代实践，建设中华民族现代文明，铸牢中华民族共同体意识，促进各民族交往交流交融，共筑中华民族伟大复兴的中国梦，是新时代赋予旅游业的新使命。②

（一）旅游业是西部地区、民族地区铸牢中华民族共同体意识的重要载体和优势产业

从产业特性来看，旅游业先天与铸牢中华民族共同体意识的内在要求相匹配，相较于农业、工业和金融、房地产、科技信息等其他服务业往往将劳动者、供需交易双方固定在某个区域内，旅游业具有地域流动性和空间汇聚性的独特特征。铸牢中华民族共同体意识，必须找到适合各民族尤其是普通民族群众能够面对面进行经济交流、文化交流、社会交往、情感交流，又符合当地传统文化，广大民众喜闻乐见，同时能够充分利用当地比较优势，且能够长期稳定发展的产业，创造我国各民族文化交流的平台，旅游业正是这样的产业。③

具体来看，铸牢中华民族共同体意识，在内容上要求培育中华民族共有精神家园，旅游业作为带有很强文化性的经济事业和很强经济性的文化事业，④ 树立和突出共有共享的中华文化符号和中华民族形象，是旅游业的重要工作。铸牢中华民族共同体意识，在形式上要求为各民族交往交流交融提供空间场域，旅游业

---

① 深刻认识铸牢中华民族共同体意识是新时代党的民族工作的"纲"［J］. 内蒙古宣传思想文化工作，2021（5）：20-21.
② 肖淼. 习近平总书记关于铸牢中华民族共同体意识重要论述研究［D］. 南昌：南昌大学，2024.
③ 杨明月，戴学锋. 文化认同视域下文化旅游铸牢中华民族共同体意识实践研究——基于新疆地区的调研案例［J］. 云南民族大学学报（哲学社会科学版），2024，41（4）：80-87.
④ 于光远. 旅游与文化［J］. 瞭望周刊，1986（14）：35-36.

作为以流动性为根本特征的产业，游客对"非惯常环境"的追求是旅游业存在和发展的根源，帮助、促进、吸引各民族游客在地域间流动是旅游业生产的本质要求。铸牢中华民族共同体意识，在主体上要求以各民族群众作为主体，旅游业作为现代服务业，在供给上表现为吸纳更多的劳动力，在需求上表现为促进更多游客参与旅游中，扩大各民族人群的交流宽度、交往广度、交融深度是旅游业的基本产业属性。

（二）旅游业铸牢中华民族共同体意识，是实现民族地区经济社会发展的固本之策

旅游业具有自然空间优势，是促进各民族交流团结的惠民产业。旅游业能够带动各族群众在城乡和区域之间更大规模的双向流动，提升对外来人才和劳动力的吸引力，并增加非常住人口，吸引非常住人口流动，扩大和增加各民族社会交往的范围和频率。旅游业具有文化交流优势，是增进各民族文化认同、增强中华民族精神力量的聚民产业。旅游业能够充分利用民族地区各族群众"快乐""乐于交流"的文化基因，树立和突出各民族共有共享的中华文化符号和形象，构筑中华民族共有精神家园。旅游业具有经济交流优势，是扩大各族群众就业和改善民生的富民产业。

旅游业具有劳动密集型的特点，能够为社会弱势群体创造生存与就业机会，增进民生福祉，打造基层各族人民交往的平台，直接使各民族基层群众在旅游经济供需交流中受益。旅游业具有心理交流优势，是满足各族群众情感交流的乐民产业。旅游业能够以符合当地传统文化，广大民众喜闻乐见的方式，以经济和文化交流的双重形式，帮助形成民族同胞自发学习国家通用语言文字的动力，为各民族的情感交流打好语言基础，开放思维，促进民间交流。旅游业具有社会发展优势，是各族群众共同迈向现代化的内生产业。旅游业属于朝阳行业，符合市场经济规律和现代社会发展要求，是民族地区全面发展的内生力量，也是各民族交往交流交融持续的内生动力。

三、以旅游业为优势的民族地区是铸牢中华民族共同体意识的重要阵地

旅游业发展、民族地区、铸牢中华民族共同体意识三者有紧密的逻辑关系。首先，强大的旅游业是铸牢中华民族共同体意识的基础和前提条件。只有强大的旅游业才能在更大范围、更深层次、更高维度、更多数量上促进各民族群众交往交流交融。其次，旅游业是民族地区的优势产业，民族地区少数民族众多，各民族文化丰富多彩，拥有旅游发展的自然和人文禀赋，具有发展旅游业的比较优势。再次，铸牢中华民族共同体意识是民族地区旅游业高质量发展的主线和内在要求，我国民族地区是落实旅游业铸牢中华民族共同体意识的重要实践前沿。由于历史和社会因素，我国少数民族呈现"小聚居、大分散"的格局，55 个少数民族人口相对集中分布在民族地区，民族自治地区面积占国土总面积的 63.75%。民族地区作为少数民族的聚集区，拥有民族文化优势、空间地域优势、自然生态优势和民族群体优势，具有浓郁民族特色，例如维吾尔族的绿洲文化、哈萨克族的游牧文化、蒙古族的草原文化、藏族的高原农牧文化、东北民族地区的渔猎文化以及黔滇贵的山地文化等，都是民族地区旅游业高质量发展的基础依托。因此，以旅游业为优势的民族地区利用自身资源优势禀赋，将旅游业高质量发展与铸牢中华民族共同体意识有机结合起来，具有重要的现实意义。

第二节 旅游业铸牢中华民族共同体意识的甘肃实践

中华优秀传统文化作为中华民族的精神根基，为新时代强化民族共同体认同、凝聚多元一体力量提供了深厚的文化底蕴与思想支撑。[①] 因此，推动中华优

---

① 章昌平，董译升，黄爱荣，等.《印象·刘三姐》铸牢中华民族共同体意识的探索：历史过程、实践逻辑与未来图景 [J]. 民族论坛，2023（1）：3-12.

秀传统文化创造性转化、创新性发展，深入挖掘其中蕴含的中华民族共同体的思想元素，以中华文化为内涵、以旅游为载体，将中华优秀传统文化融入民族地区发展实践，推动铸牢中华民族共同体意识具有重要的理论价值与实践意义。① 党的十八大以来，习近平总书记多次赴甘肃考察，对甘肃工作作出重要指示。甘肃旅游业发展紧紧围绕习近平总书记视察甘肃指示精神，以铸牢中华民族共同体意识为主线，以增进文化认同为主要方向，以"旅游+文化+民族团结"为手段，系统保护历史文化遗产，深入挖掘文化遗产中的文化价值，塑造中华文化符号，集中展现各民族交往交流交融的伟大历程。② 文化是一个国家、一个民族的灵魂。习近平总书记指出，"我们的文化自信就是从真正能证明我们的久远历史中来"。③ 甘肃坚持在旅游业高质量发展中增进中华文化认同，实施好中华优秀传统文化传承保护和创新工程，深度挖掘始祖文化、长征文化、黄河文化、长城文化、丝路民俗文化等中华文化标识，培育各民族共有精神家园。

一、"旅游+始祖文化"，增强各民族对中华民族的认同

习近平总书记视察甘肃时指出，"伏羲庙具有很高的历史文化价值，要将这份宝贵文化遗产保护传承好，让祖先的智慧和创造永励后人，不断增强民族自豪感和自信心"。④ 始祖文化是中华民族的根和魂，是凝聚与铸牢中华民族共同体意识的文化黏合剂。⑤ 伏羲是中华民族共同的远古祖先，位居"三皇之首""百王之先"，是增强中华民族凝聚力可以利用的重要资源，是"始祖文化"的重要符号与象征。⑥ 甘肃天水伏羲庙是伏羲文化的发源地，是我国保存最为完整、建

---

① 赵秋丽，李志臣.让传统文化在新时代绽放光彩 [N].光明日报，2023-12-11 (07).

② 甘肃省人民代表大会常务委员会关于以铸牢中华民族共同体意识为主线促进新时代民族团结进步的决定 [N].甘肃日报，2024-07-28 (002).

③ 林晖，施雨岑，王鹏，等.习近平总书记关心考古的故事 [N].人民日报，2023-07-31 (01).

④ 深化改革勇于创新苦干实干富民兴陇　奋力谱写中国式现代化甘肃篇章 [N].人民日报，2024-09-14 (01).

⑤ 施秀萍，安东，张燕茹，等.砥砺前行将总书记擘画的宏伟蓝图变为美好现实 [N].甘肃日报，2024-10-13 (03).

⑥ 杜尚泽，董洪亮，张晓松，等."黄河很美，将来会更美" [N].人民日报，2024-09-15 (03).

筑年代最早的祭祀伏羲氏的庙宇，具有典型的中国古代宫廷式建筑格局，现为全国重点文物保护单位。甘肃立足地方文化资源，以旅游为载体，深入研究华夏文明在甘肃的历史发展脉络，充分挖掘始祖文化内涵，将伏羲这一中华文化符号和形象融入旅游产品设计、重大活动安排中，深刻表达中华民族的根脉。举办甘肃太昊伏羲祭典等文化旅游活动打造"中华人文始祖"品牌，打造华夏文明寻根访祖文化标识，以文旅节庆活动"中国天水伏羲文化旅游节"强化中华儿女"始祖文化"的集体记忆、情感纽带、文化自信和共同体意识，以文化旅游宣传为抓手推进"始祖文化"传播，增强中华民族的强烈认同感，2006 年，"太昊伏羲祭典"被国务院批准为我国首批国家级非物质文化遗产，此节庆仪式不仅体现了中华民族同根共祖的深厚情感，还传递了国家统一、民族团结和文明传承的共同体理念，并成为甘肃省的一张独特文化名片，吸引了众多海内外华人前来寻根祭祖。在基于始祖文化和伏羲祭典活动的基础上，以点带面，建设陇东南历史文化保护区和以天水为中心的"陇东南始祖文化旅游经济区"，依托天水厚重的历史文化底蕴和区位交通优势，辐射带动陇南、平凉、庆阳文化旅游发展，旨在建成全球华人寻根祭祖圣地和全球知名的华夏文化旅游体验目的地。

二、"旅游+长征文化"，增强各民族对伟大祖国、中国共产党和中国特色社会主义制度的认同

习近平总书记在甘肃考察时指出，"甘肃历史文化积淀深厚，红色文化资源丰富。要传承好红色基因。"① 习近平总书记谈及长征路上红军与少数民族的关系时曾说："长征的时候，红军路过少数民族居住地区，和我们的少数民族同胞，就像兄弟姐妹一样，留下了很多美丽的故事"。② 甘肃以红军长征中的重大历史事件为依托，以相关全国红色旅游经典景区、纪念设施、遗址遗迹为载体，集中展现各族人民在中国共产党的领导下，团结奋斗创造中华民族伟大历史、中华民

---

① 深入学习落实习近平总书记视察甘肃重要讲话精神 开创甘肃历史研究和文物保护新局面［N］.中国社会科学报，2019-11-27（10）.
② 张卫波. 长征路上红军与少数民族的美丽故事［N］. 学习时报，2021-10-29（01）.

族伟大精神的光辉历程，引导广大人民群众继承和弘扬好伟大的长征精神，走好新时代中国特色社会主义道路。① 甘肃在推进以长征文化为内涵的红色旅游发展过程中，坚持文化遗产保护第一的要求，加强白银市会宁县会宁红军会师旧址、定西市通渭县榜罗镇会议旧址、陇南市宕昌县哈达铺会议旧址、甘南州迭部县俄界会议旧址等长征文化遗产的保护。重点建设长征国家文化公园甘肃段，推进长征文化旅游资源普查和利用，深入阐释长征文化的当代价值，构建甘肃"长征丰碑"红色旅游品牌矩阵，促进文旅融合发展，讲好党领导各族人民进行伟大斗争的革命故事。重点支持一批"红色纪念馆+红色旅游+乡村旅游"重点项目，优化长征故事主题研学基地、旅行线路和课程设置，开发红色旅游演艺和创意产品，推出长征文化研学系列产品，传承弘扬各民族团结奋斗的中华民族伟大革命精神。

三、"旅游+黄河文化、长城文化"，增强各民族对中华文化认同

长江、黄河、长城、大运河、长征等中华文化标识是中华优秀传统文化的重要代表，见证了中华民族根脉延绵与融合统一，承载着中华民族深厚的文化价值和精神内涵。② 对甘肃而言，加强文化遗产保护，建设好长城、长征、黄河国家文化公园，对于彰显文化遗产的重要价值，有效促进文化认同与民族凝聚力的提升，为现代化建设注入强大的精神力量，有着极为重要的现实意义。③ 甘肃深入挖掘黄河、长征等自有特色的中华文明标识所蕴含着的民族精神和文化精髓，弘扬中华民族团结统一、开放包容、自强不息的价值理念，让来自不同地区的各族游客可以感受到中华文化的一脉相承、源远流长。甘肃以长城、长征国家文化公园甘肃段建设等文物保护项目为重点，全面实施《长城国家文化公园（甘肃

① 彭波，何思琦，林小溪．担负起新的文化使命　铸就社会主义文化新辉煌［N］．人民日报，2024-10-07（01）．

② 李志刚，郭子腾．建好国家文化公园　构筑共有精神家园［N］．中国旅游报，2024-03-11（01）．

③ 周俊华，张锐豪．论长城在中华民族共同体发展中的功能［J］．昭通学院学报，2024，46（4）：33-42．

段）建设保护规划》《长征国家文化公园（甘肃段）建设保护规划》，有序推进全省第一批国家级国家文化公园重点项目管护机构建设、空间管控、监测管理、保护修缮、展示阐释等重点工作，深化与黄河文化旅游带、黄河国家文化公园、长征国家文化公园、长城国家文化公园等区域内省份的共建共享，整合资源，协同开发，不断扩大在市场、人才、信息等方面的交流，共同打响区域特色旅游环线产品、跨省旅游精品线路产品等品牌。① 放大遗产旅游对铸牢中华民族共同体意识的综合效应。②

2024 年 9 月 12 日，习近平总书记在主持召开全面推动黄河流域生态保护和高质量发展座谈会时强调，"要保护弘扬黄河文化，传承好历史文脉和民族根脉"。③ 黄河是中华民族的母亲河，中华文明的摇篮，黄河文化是中华民族的根和魂。黄河流域自古以来就是多地域、多民族和多宗教文化交流的重要空间场域，各民族迁徙驻足，黄河文化将沿岸各民族连为一体，彰显了黄河与中华民族多元一体格局的内在深刻联系与共同演进历程。④ 因此，必须致力于保护与弘扬黄河文化，确保历史文脉与民族根源得以有效传承。⑤

甘肃推进黄河文化遗产的系统保护，深入挖掘黄河文化蕴含的时代价值，讲好"黄河故事"的民族篇章。兰州是黄河唯一穿城而过的省会城市，兰州市56 个民族成分齐全，是一个多民族大散居、小聚居、交错杂居的地区。甘肃打造以兰州为中心的"中国黄河之都"都市文旅产业集聚区，辐射白银、定西、临夏、兰州新区文化旅游发展，不断提升"中国西北游、相约在兰州"的品牌影响力。甘肃以铸牢中华民族共同体意识为主线，依托代表性文化遗产资源，打

---

① 苏家英，何佳睿.甘肃建好长征国家文化公园　走好新时代的长征路［N］.甘肃日报，2024-03-07（06）.

② 施芳，史自强，付明丽，等.各地积极推进长城国家文化公园建设［N］.人民日报，2024-02-26（09）.

③ 习近平主持召开全面推动黄河流域生态保护和高质量发展座谈会强调：以进一步全面深化改革为动力　开创黄河流域生态保护和高质量发展新局面［EB/OL］.（2024-09-12）［2024-12-01］.https：//www.gov.cn/yaowen/liebiao/202409/content_6974190.htm.

④ 鄂崇荣.铸牢中华民族共同体意识视域下的黄河国家文化公园建设［J］.中国非物质文化遗产，2022（4）：116-121.

⑤ 让黄河成为造福人民的幸福河［N］.人民日报，2024-09-16（01）.

造黄河文化标识体系，加快推进黄河流域文旅高质量发展，展示甘肃黄河文化遗产在中华文明形成和交流发展中的独特地位和作用，以玛曲、永靖、兰州、白银、景泰等黄河流域重点县、市为核心，展现青藏高原、河西走廊、黄土高原等地域特色鲜明，拥有雪山、湿地、草原、瀑布等自然风光。河湟文化、秦陇文化等各民族文化遗产丰富并相互交融。甘肃重点支持黄河流域民族地区打造一批黄河文化旅游经济带标志性项目。黄河玛曲段是黄河上游重要的水源涵养区，也是少数民族聚集区，玛曲天下黄河第一弯旅游风景区位于甘南，散布着景色秀美的峡谷、森林、草原、湖泊、溶洞、温泉以及丰富的动植物资源。玛曲县是藏文化的重要发祥地，也是古代丝绸之路的重要驿站，见证了各民族之间的交往交流交融。青城古镇位于甘肃黄河南岸，是唐宋元明边塞军事重镇，自古以来是西北商贸集散地，留下了许多珍贵的历史文化遗产和遗迹，包括高家祠堂、青城寺、青城书院、二龙山剧院等。现存保存完好的明清古民居四合院60余座，百年以上的各类树木400余棵，还有英雄武鼓、"烧秦桧"、柴山等独具特色的传统民俗活动，《西厢调》小曲、剪纸、刺绣等经久不息的民俗文化，青城长面、糁饭、陈醋和酸烂肉等具有地方风味的饮食，让游人流连忘返。黄河石林国家地质公园位于甘肃省白银市景泰县，集中国地质地貌之大成，国内罕见，巧妙地将古石林群、黄河、沙漠、绿洲、戈壁和农庄结合在一起，集中展现了纯天然、大构造、多层次的地质构造，充分体现了粗犷、雄浑、朴拙、厚重的西部特色，先后成为《神话》《汉武大帝》《天下粮仓》等一批优秀电影电视作品的重要取景地。这些景区充分展现了黄河沿线各民族间的交往互动，让人们更好地感悟中华文明的源远流长，领略中华民族的母亲河——中国黄河的壮丽风采，增强中华民族的凝聚力和自信心。

长城，作为中华民族的标志性象征和中华文明、中华民族精神的重要标志，承载着深厚的历史底蕴和民族自豪感。它始终和中华民族的命运息息相关，见证了农耕文明与游牧文明的交锋与融合，代表着中华民族团结抗争和坚韧不屈的精神，在中华民族发展史上具有独特的地位。甘肃深入挖掘长城文化标识，以明长城遗迹为主要内容，同时也涉及具备长城特征的防御体系建筑遗址等，如嘉峪关是中国明长城的最西端，嘉峪关文物景区包含嘉峪关关城、悬壁长城、天下第一墩三大景区，形成了独有的苍凉、雄浑、凝重的边关戈壁特有风情，展现了边塞文化、长城文化和丝路文化，体现了河西走廊军事屏障、丝路重镇的历史作用。甘肃通过挖掘长城文化，立体化展现各族人民共同开发建设边疆、维护国家稳定的宝贵精神，让游客踏上万里长城之旅，欣赏长城沿线的雄浑壮美风光的同时，感受中国历史上各民族交往交流交融和构筑中华民族多元一体格局的历程，增强各族同胞对国家和中华民族的认同，激励各民族同胞积极传承长城文化精神，构筑中华民族共有精神家园。

四、"旅游+丝路民俗文化"，增强各民族的文化自信和对各民族交往交流史的了解

习近平总书记视察甘肃的一个重要关注点，是中华优秀传统文化的保护、传承与创新。习近平总书记强调，我国四大石窟是中华文明的瑰宝，都具有重要的历史价值、文化价值。他希望文物工作者赓续"莫高精神"，潜心为国护宝，为传承创新中华优秀传统文化、增强中华文化影响力作出更大贡献。①② 在敦煌研究院座谈时，习近平总书记指出，要加强对少数民族历史文化的研究，铸牢中华民族共同体意识。③ 中华文明植根于和而不同的多民族文化沃土，历史悠久，要重视少数民族文化保护和传承。④ 中华文化博大精深、丰富多彩，宛如一座取之不尽、用之不竭的宝库，为巩固和铸牢中华民族共同体意识提供了源源不断的宝贵文化资源。⑤

---

① 王锦涛，付明丽，毕京津. 匠心守护四大石窟 [N]. 人民日报，2025-01-03（13）.
② 习近平主持召开全面推动黄河流域生态保护和高质量发展座谈会强调：以进一步全面深化改革为动力　开创黄河流域生态保护和高质量发展新局面 [EB/OL].（2024-09-12）[2024-12-01]. https：//www.gov.cn/yaowen/liebiao/202409/content_6974190.htm.
③ 习近平. 在敦煌研究院座谈时的讲话 [J]. 求是，2020（3）：6.
④ 汪晓东，李翔，王洲. 共享民族复兴的伟大荣光——习近平总书记关于民族团结进步重要论述综述 [N]. 人民日报，2021-08-25（01）.
⑤ 章昌平，董译升，黄爱荣，等.《印象·刘三姐》铸牢中华民族共同体意识的探索：历史过程、实践逻辑与未来图景 [J]. 民族论坛，2023（1）：3-12.

甘肃省作为古代丝绸之路的核心枢纽、沟通东西的黄金通道、连接中心与边疆的辐射区域，承载着极其重要的战略地位和有着独特的自然环境。甘肃拥有悠久的历史和深厚的文化底蕴，是华夏文明的重要发源地之一，同时也是各民族交往交流交融的热土。① 甘肃依托丝绸之路这一商贸古道经过长期的商贸往来，使沿途各民族紧紧联系在一起，在漫长的历史长河中，不同民族的文化在此相互借鉴、交融，各族人民相互守望、相互帮助，形成了一个你中有我、我中有你，彼此不可分割的命运共同体。敦煌石窟、麦积山石窟是甘肃古丝之路上的璀璨明珠，各民族的共同创造，共同成就了中华文化的精彩纷呈、博大精深。敦煌石窟、麦积山石窟是中国石窟寺走向本土化、民族化，并逐步中国化的重要转折点。通过敦煌石窟、麦积山石窟，游客不仅能看到美轮美奂的艺术造型，还能窥见少数民族文化和中原文化相得益彰。

甘肃省在挖掘丝路文化的基础上，大力发展民俗文化旅游，集中展现沿线各民族交往交流交融的历史，让游客了解和体验历史上中华民族经济文化融合的方式，增强对中华民族和中华文化的认同，同时，各民族文化的交融汇聚，激发了各族人民对本地区域文化的深厚情感和强烈责任感，进一步加强了中华民族共同体意识。具体措施上，甘肃加大对花儿、格萨尔、藏族唐卡、临夏砖雕、甘南藏医药等非物质文化遗产的保护传承力度，通过把尊重、传承少数民族优秀传统文化同弘扬中华文化有机结合起来，促进各民族间的相互尊重、相互学习、相互欣赏。② 加快推进"三区三州"旅游大环线和甘南国家全域旅游示范区建设，以临夏、甘南城镇群为依托，整合回、藏民族民俗文化、黄河流域生态景观、草原湿地、高峡平湖、丹霞石林、地质奇观、原野牧歌等资源，提供高品质的民俗体验，建设丝路民俗特色旅游目的地。③

---

① 甘肃民族文化：繁花似锦 [N]. 甘肃日报，2013-03-27 (13).

② 刘晓春. 边境地区民族交往交流交融的实践研究——以黑河市爱辉区为例 [J]. 黑龙江民族丛刊，2021 (6)：24-33.

③ 在保护与传承中凝聚强大精神力量 [N]. 天水日报，2024-09-24 (01).

第三节　甘肃旅游业发展铸牢中华民族共同体意识的对策思路

一、学深悟透习近平新时代中国特色社会主义思想是基础

为推动旅游业在铸牢中华民族共同体意识中发挥积极作用，必须深刻领会并全面贯彻习近平总书记关于民族工作、文化工作及旅游工作的重要论述，[①] 以习近平新时代中国特色社会主义思想为指导，正确把握好四对关系，即"共同性和差异性的关系""中华民族共同体意识和各民族意识的关系""中华文化和各民族文化的关系""物质和精神的关系"，全面推进落实旅游铸牢中华民族共同体意识。[②③]

（一）共同性和差异性的关系

2021 年中央民族工作会议指出，"要正确把握共同性和差异性的关系，增进共同性、尊重和包容差异性是民族工作的重要原则"。[④⑤] 习近平总书记进一步强调，"按照增进共同性的方向改进民族工作，做到共同性和差异性的辩证统一"。[⑥⑦]

① 种鹃，邱耕田. 中华民族共同体意识"出场"逻辑的辩证分析 [J]. 教学与研究，2024（10）：18-26.

② 张新，邓吉喆. 习近平关于铸牢中华民族共同体意识重要论述的原创性贡献 [J]. 思想理论教育导刊，2024（4）：57-64.

③ 柯杰. 深刻领会铸牢中华民族共同体意识需要把握的"四个关系"[J]. 中央社会主义学院学报，2022（2）：106-111.

④⑦ 深刻认识铸牢中华民族共同体意识的重大意义 [N]. 人民日报，2021-08-30（01）.

⑤ 霍小光，林晖，王琦，等. 唱响铸牢中华民族共同体意识的时代强音 [N]. 人民日报，2021-08-27（01）.

⑥ 习近平出席中央民族工作会议并发表重要讲话 [EB/OL]. （2021-08-28）[2024-12-01]. https：//www.gov.cn/xinwen/2021-08/28/content_5633940.htm.

旅游业在铸牢中华民族共同体意识过程中，正确把握好共同性与差异性的关系，要以树立休戚与共、荣辱与共、生死与共、命运与共的共同体理念、深化各民族对伟大祖国、中华民族、中华文化、中国共产党、中国特色社会主义的认同为增进共同性的方向，扛起民族团结的大旗，提升旅游的中华文化内涵，深入挖掘整理开发"各民族共同开拓了祖国的辽阔疆域，共同缔造了统一的多民族国家，共同书写了辉煌的中国历史，共同创造了灿烂的中华文化，共同培育了伟大的民族精神"① 的历史事实和遗址遗迹，树立和突出各民族共有共享的中华文化符号和形象，培育各民族共有精神家园。② 我国地域辽阔、自然环境和人文景观差异显著，构成了多元一体中华文化的形成基底，也是我国旅游业发展的宝贵资源。③ 对于旅游的差异性的把握要置于中华民族共同体整体性的背景下，置于正确的历史观、民族观、国家观、文化观的视野中，可以采用是否有利于民族团结、是否违背"五个认同"的共同性方向等铸牢中华民族共同体意识的要求判断。④ 旅游发展始终围绕增进"对伟大祖国、中华民族、中华文化、中国共产党、中国特色社会主义的认同"这一主旋律，推进"各美其美，美人之美，美美与共"，在尊重和保护各民族文化特色的基础上，通过旅游活动促进各民族文化的交流与互鉴，让不同民族的游客在旅游中体验到多元文化的魅力，从而增进对中华民族共同体的认同感。⑤ 同时，通过旅游教育和文化体验活动，让游客深入了解各民族的历史贡献和文化价值，强化对中华民族共同体意识的认同。⑥

① 习近平. 在全国民族团结进步表彰大会上的讲话 [N]. 人民日报，2024-09-28（02）.
② 吴孝刚. 习近平关于加强和改进民族工作重要思想的创新性探析 [J]. 科学社会主义，2022（2）：35-39.
③ 闻言. 为全面建设社会主义现代化国家、全面推进中华民族伟大复兴凝聚强大精神力量 [N]. 人民日报，2023-01-16（06）.
④ 陈韵键. 习近平总书记关于民族工作铸牢中华民族共同体意识重要论述研究 [D]. 济南：山东大学，2022.
⑤ 汪晓东，李翔，王洲. 共享民族复兴的伟大荣光——习近平总书记关于民族团结进步重要论述综述 [N]. 人民日报，2021-08-25（01）.
⑥ 汪晓东，张炜，吴姗. 凝聚起中华儿女团结奋斗的磅礴力量 [N]. 人民日报，2021-10-02（01）.

（二）中华民族共同体意识和各民族意识的关系

习近平总书记指出，"要正确把握中华民族共同体意识和各民族意识的关系，引导各民族始终把中华民族利益放在首位，本民族意识要服从和服务于中华民族共同体意识，同时要在实现好中华民族共同体整体利益进程中实现好各民族具体利益，大汉族主义和地方民族主义都不利于中华民族共同体建设"。①② 旅游业能够促进各民族交往交流交融，以空间为载体促进各民族形成地域共同体，以文化为内容促进各民族形成文化共同体，以经济为纽带促进各民族形成经济共同体，以增进互嵌为目标促进各民族形成社会共同体，以创新多场景情感链接促进各民族形成精神共同体。与此同时，如果不能正确处理利益关系，反而不利于各民族团结。③ 因此，按照习近平总书记的要求，在旅游业铸牢中华民族共同体意识的实践中，地方政府应发挥主导作用，统筹兼顾整体与局部利益关系。一方面，需引导各民族树立以中华民族根本利益为重的价值导向；另一方面，要充分尊重和保障各民族的合法权益。

（三）中华文化和各民族文化的关系

习近平总书记指出，"要正确把握中华文化和各民族文化的关系，各民族优秀传统文化都是中华文化的组成部分，中华文化是主干，各民族文化是枝叶，根深干壮才能枝繁叶茂"。④ 在实践中，常常有将中华文化和汉族文化画等号的错误情况出现，因此，正确把握中华文化与各民族文化的内在关系，关键在于厘清核心概念体系。从理论维度看，中华文化是由包括汉族在内的各民族优秀传统文化共同构成的有机整体，其主干由各民族文化精华凝聚而成，其中各民族优秀文化是这一体系的重要组成部分，构成了繁茂的枝叶。要推动中华文化的繁荣发展，必须着力促进包括汉族在内的各民族优秀传统文化的创造性转化与创新性发展，

① 习近平出席中央民族工作会议并发表重要讲话 ［EB/OL］. （2021-08-28）［2024-12-01］. https：//www.gov.cn/xinwen/2021-08/28/content_5633940.htm.

②④ 深刻认识铸牢中华民族共同体意识的重大意义 ［N］. 人民日报，2021-08-30（01）.

③ 胡兆义，闫伟. 创新与超越：铸牢中华民族共同体意识重大论断的原创性贡献 ［J］. 江苏大学学报（社会科学版），2024，26（5）：1-14.

从而实现文化体系的整体提升与协同进步。①

（四）物质和精神的关系

习近平总书记指出，"要正确把握物质和精神的关系，要赋予所有改革发展以彰显中华民族共同体意识的意义，以维护统一、反对分裂的意义，以改善民生、凝聚人心的意义，让中华民族共同体牢不可破"。② 改善民生、提升物质条件是基础，凝聚人心、提高精神境界是灵魂。③ 在 2021 年全面建成小康社会后的新的历史时期，特别是要重视精神对物质的能动作用。习近平总书记在 2021 年中央民族工作会议上指出，"只有铸牢中华民族共同体意识，构建起维护国家统一和民族团结的坚固思想长城，各民族共同维护好国家安全和社会稳定，才能有效抵御各种极端、分裂思想的渗透颠覆，才能不断实现各族人民对美好生活的向往，才能实现好、维护好、发展好各民族根本利益"。④ 因此，正确把握物质和精神的关系的核心是，物质和意识两手都要强、两手都要硬，所有的物质发展都要彰显精神的价值。⑤

二、旅游业为优势产业的地区扛起大旗是关键

为更多数量的各民族群众交往交流交融创造空间、文化、经济、社会、心理的平台是旅游铸牢中华民族共同体意识的基础，⑥ 旅游业的高质量发展以各民族旅游人次的提升及各民族旅游人次占常住人口比例提高为前提，那么以旅游业为优势产业的地区要扛起旅游业铸牢中华民族共同体意识的大旗。⑦ 各地区旅游业

---

① 汪晓东，张炜，吴姗. 凝聚起中华儿女团结奋斗的磅礴力量 [N]. 人民日报，2021－10－02（01）.
② 习近平出席中央民族工作会议并发表重要讲话 [EB/OL]. （2021－08－28）[2024－12－01]. https：//www.gov.cn/xinwen/2021-08/28/content_5633940.htm.
③ 坚守"统一性"，铸牢中华民族共同体意识 [N]. 人民日报，2023－06－16（05）.
④ 中共中央关于党的百年奋斗重大成就和历史经验的决议 [N]. 人民日报，2021－11－17（01）.
⑤ 马茹萍. 全力推进新时代党的民族工作高质量发展 [N]. 民族日报，2024－10－12（01）.
⑥ 杨明月，许建英. 民宿促进民族地区交往交流交融的价值与路径 [J]. 旅游学刊，2022，37（12）：10-12.
⑦ 坚定不移走中国特色解决民族问题的正确道路 [N]. 经济日报，2021－08－29（01）.

发展要注重培育中华民族共有精神家园，要赋予旅游发展以彰显中华民族共同体意识的意义。① 西部地区，特别是民族地区的旅游业高质量发展，要以铸牢中华民族共同体意识为主线，从全局来看，一方面，要多措并举，促进旅游业全面提质增效，将旅游业培育成为新兴的战略支柱产业，扩大各民族交往交流交融的规模和覆盖面；另一方面，旅游发展除了要算好经济账，更要算好政治账、民生账和人心账，在政府治理、产业塑造、产品设计、宣传推广等各个方面积极融入铸牢中华民族共同体意识理念。② 从具体举措来看，认真贯彻落实旅游促"三交"计划和"六项行动"，是旅游铸牢中华民族共同体意识的有效手段。③

（一）赋予新内涵，培育各民族共有精神家园

2024 年 9 月，习近平总书记在全国民族团结进步表彰大会上指出，"我国各民族共同开拓了祖国的辽阔疆域，共同缔造了统一的多民族国家，共同书写了辉煌的中国历史，共同创造了灿烂的中华文化，共同培育了伟大的民族精神"。④ 因此，旅游铸牢中华民族共同体意识，赋予旅游新的内涵，培育各民族共有精神家园要紧紧围绕这"五个共同"。一要提升旅游发展的文化内涵，深入挖掘、整理、开发物质文化遗产和非物质文化遗产，通过创新产品设计，以旅游为载体集中展现各民族携手并进，共同探索并开拓国家广袤疆域，合力缔造统一多民族国家，共同记录辉煌历史篇章，协同创造丰富多彩的文化遗产，以及共同孕育伟大民族精神的历史事实。引导人们树立正确的历史观、民族观、国家观、文化观。二要依托中华优秀传统文化的丰富资源，挖掘各民族的"你中有我、我中有你""双向奔赴"的共有共享的中华文化符号、形象。⑤ 特别关注各民族相互吸收、借鉴所创造出的兼具各方特色的共同文化符号及其共同性发展的历史进程，这既彰显了中华文化兼容并包的特性，凸显了中华文化对差异性的尊重和包

① 中共中央宣传部. 中国共产党的历史使命与行动价值 [N]. 人民日报，2021-08-27 (01).
② 坚定不移走中国特色解决民族问题的正确道路 [N]. 经济日报，2021-08-29 (01).
③ 赵庆林. 从"心"着力，铸牢中华民族共同体意识 [N]. 中国民族报，2021-11-09 (05).
④ 习近平. 在全国民族团结进步表彰大会上的讲话 [N]. 人民日报，2024-09-28 (02).
⑤ 刘旭东. 民族地区教育高质量发展视野下的教育理论创新 [J]. 民族教育研究，2023, 34 (1)：55-62.

容，更昭示了"共同性"是多元一体中华文化的本质特征，显示了各民族血浓于水的文化和情感连接，从而更进一步增进了"共同性"。三要依托当代社会主义建设取得的丰硕成果，发掘"青藏铁路"等基础设施建设工程、"喀什古城""四川永利彝族乡古路村索道"等服务偏远地区百姓的民生工程等标志性工程设施的旅游业铸牢中华民族共同体意识价值，挖掘各民族共同团结奋斗、打赢脱贫攻坚战的伟大成就，树立各民族守望相助、团结进步的典型形象，展现对口支援、守边护国的伟大事迹。① 四要加强旅游景区、旅游休闲街区、乡村旅游重点村镇等旅游品牌的文化提升与改造，包括景区景点规划设计、景区景点旅游产品、演艺项目设计、展陈展示、讲解解说以及"吃住行游购娱"等各环节的整体性优化。一方面自然景区景点要主动挖掘文化特征，赋予自然景区景点文化内涵，另一方面人文景区景点要进一步深入挖掘兼具"共同性和差异性"的多元一体化中华文化，并强调二者的关联性，尤其是要展现从差异到共同的过程。需要注意的是，"就景点讲景点，就景区讲景区"的传统标识和讲解方式已经不能满足铸牢中华民族共同体意识的要求，本地区尤其是跨区域的景区间和景点间的关联是旅游标识和讲解方式的短板，应在未来工作中加强。②

（二）打造新线路，加强旅游协作，增进共同性

旅游线路的设计通常基于特定的主题、标志性的景点以及地理空间等元素的组合与联系来制定。在传统旅游线路中，对铸牢中华民族共同体意识这一主题挖掘不够、缺乏关联性等问题。在旅游铸牢中华民族共同体意识的线路设计上，应加强旅游协作、区域协同。一是在全国范围内推出中华民族融合史、中华文化标识、祖国疆域、中华民族精神等主题旅游线路，依托重点旅游景区，串点成线，连线成面。二是在行政区域范围内，基于服务区域核心工作目标，结合区域中代表中华优秀传统文化的特色文化内涵，创新本地区的铸牢中华民族共同体意识主

---

① 李子君."苦"尽"甘"来 甘肃省不断开创富民兴陇新局面——台湾省第十四届全国人大代表赴甘视察侧记 [J]. 台声，2024（15）：18-23.

② 宋瑞，宋昌耀，胥英伟. 中国式现代化背景下文化和旅游融合发展的五重逻辑与重要议题 [J]. 旅游学刊，2024，39（1）：19-33.

题线路，以旅游为载体，以铸牢中华民族共同体意识为主题，加强本行政区域内各文化旅游资源在空间、文化、经济、社会、心理上的连接。三是民族地区之间、民族地区和非民族地区之间要根据各民族文化经济交往交流和血脉情感相融的历史史实和当代民族团结、互帮互助的故事，联手打造品质化、特色化、定制化的精品线路，鼓励民族地区的各族群众"走出来"到其他地区看看，鼓励非民族地区的各族群众"走进来"到民族地区感受。四是强化线路整体设计与配套，不仅要主题跟上、内容跟上，更要在线路讲解、"吃住行游购娱"等全环节、全要素中体现铸牢中华民族共同体意识的特色。

（三）创新新业态，增强互动性，提升感悟力

以旅游产品业态创新为引领，增强各民族在旅游中的参与性、互动性、体验性和观赏性，让各民族在旅游中感悟中华文化增强文化自信、在旅游中感悟中华民族血浓于水的亲情、在旅游中感悟中华民族不屈不挠的民族精神、在旅游中感悟祖国缔造的伟大历史。深入推进文化和旅游融合，创新发展红色旅游、民俗文化旅游、历史体验旅游、文物研学旅游、非遗体验旅游、特色医药健康旅游、传统体育旅游等业态。注重旅游演艺、体育项目、民俗节庆等旅游娱乐活动对铸牢中华民族共同体意识的价值，打造一批喜闻乐见的民族文化体育产品，如侗族大歌、贵州"村超"、新疆博湖捕鱼节仪式等，推动民族团结进步。开发具有地方特色的旅游商品和体验活动，如民族手工艺品制作、传统节庆体验等，让游客在参与中体验和学习，从而加深对中华文化的理解和认同。加快推进虚拟现实、增强现实等新技术在旅游领域的融合运用，提升民族地区旅游智慧化水平，打造沉浸式、交互式中华文化体验项目，使游客在虚拟与现实的交融中欣赏祖国大好河山、感受中华文化的博大精深。组织开展民族文化交流活动、非物质文化遗产展示活动、民族艺术表演活动等民族团结交流活动进景区，促进不同民族间的文化交流与融合，增强民族团结，共同铸牢中华民族共同体意识。要以铸牢中华民族共同体意识为主线，挖掘少数民族中各民族共有共享的文化素材，塑造具有民族特色的文化建筑、历史遗址以及节庆仪式等，深刻阐释多元一体化的中华文化，

让旅游成为强化中华民族共同体意识的文化桥梁，推动中华优秀传统文化创造性转化和创新性发展。

（四）做强新主体，增强旅游促"三交"能力

以旅游景区、乡村旅游重点村镇为带动，大力支持民族村寨经济、乡村中小微企业发展的同时吸引东、中部旅游市场主体投资兴业，通过政策扶持和资金投入，提升民族村寨的基础设施建设，改善旅游服务质量和接待能力。同时，鼓励民族村寨基于中华文化深刻内涵并依托自身文化特色，开发具有地方特色的旅游产品和体验活动，促进更多各民族游客到访，村民吃上"旅游饭"，游客吃上"感情餐"，促进民族村寨的经济发展，增强其自我发展能力，从而在促进各民族交流交往交融中发挥更大的作用。以"高品位、高层次、多样化"的原则推进旅游演艺项目发展，充分发挥现有文旅融合优势，支持、引导、鼓励专业旅游文化演出公司、旅游文化经纪机构加强规划策划、创意设计和营销推广，主动将铸牢中华民族共同体意识的内涵融入旅游演艺产品开发中，积极发展"印象刘三姐""守望那拉提"等既具有地方民俗特色又符合当代人民精神特征的旅游演艺产品，展现不同时期各民族交往交流交融的生动场景。在重要旅游节点，在现有旅游资源的基础上，加快提升成为集多种业态于一体的民族团结旅游创意聚集区和商文旅体融合示范区，形成良好的示范带动作用。

（五）夯实新基地，坚持典型示范，创新引领

推进旅游城市、景区、乡村与民族团结示范基地共建工作，发挥新基地的典型示范和创新引领作用，提炼并总结推广先进的经验与做法。帮助引导旅游景区按照增进共同性的方向转型升级，将铸牢中华民族共同体意识的内涵贯穿于基地管理的全过程，融入景区标识标牌、宣传推广、解说讲解、演艺活动等各方面，提升旅游市场主体、从业者和政府工作人员中华民族共同体意识，发挥旅游促进各民族和谐交融的功能，塑造铸牢中华民族共同体意识先行示范。激发讲解员和导游员的主观能动性，成为旅游者从体验游玩到情感认同转变的精神向导，担负起铸牢中华民族共同体意识促进者的责任与使命。从价值维度、历史维度和时代

维度上，让游客明白中华民族同心共筑中国梦是每个个体的责任和使命，增强中华民族的凝聚力和向心力。

推进铸牢中华民族共同体基地建设时，相关部门要发挥协同作用，加强政策保障，形成政策合力。一是要整合现有资源，完善跨区域联动机制，促进区域间旅游合作有效对接。二是鼓励民族地区间、民族地区和非民族地区间设计能够增进认同且特色鲜明的旅游线路，加强人员往来、市场互动，拓宽旅游促进各民族交往交流交融的规模。三是要争取各类资金用于旅游铸牢中华民族共同体意识基地建设、提升和改造工作，促进旅游铸牢中华民族共同体意识基地高质量发展。四是加强旅游市场监管，确保旅游活动的健康发展，防止出现损害民族团结的行为。五是加强旅游铸牢中华民族共同体意识的宣传和推介，大力宣介旅游铸牢中华民族共同体意识的典型示范案例。

第六章 非物质文化遗产活化与 甘肃旅游强省建设

  甘肃省是中华民族和中华文明的重要发祥地之一，历史悠久，文化底蕴深厚，既是古丝绸之路的锁钥之地和黄金路段，又以深厚的历史底蕴和璀璨的非物质文化遗产，成为建设当今"一带一路"建设中的重要战略枢纽。非物质文化遗产活化是指让非物质文化遗产从被保护的静态文化资源转化为动态的、具有现实生命力的文化形态，使其重新焕发生机与活力。如何让甘肃非物质文化遗产彰显朝气，为甘肃旅游强省建设赋能，是必须直面的问题。非物质文化遗产活化为甘肃旅游强省建设带来了新的思路，本章旨在分析非物质文化遗产与甘肃旅游业两者之间的关系，深入探讨甘肃在非物质文化遗产活化方面的新探索，阐述非遗活化与甘肃旅游业发展两者之间的运行机制，实现非遗发展与甘肃经济发展的良性互动。

第一节 非物质文化遗产的内涵、特征与分类

一、非物质文化遗产的内涵

  非物质文化遗产是指各族人民世代承袭，集文化表现、实物与场所于一体

的精神文化宝藏。从内涵来看，非物质文化遗产是一种活态的文化存在，它不仅是历史的遗留物，更是在当代社会中依然传承和发展的文化现象。它承载着特定群体的记忆、价值观和身份认同，是人类文化多元的重要体现。2003 年联合国教科文组织通过《保护非物质文化遗产公约》，旨在保护非物质文化遗产。2004 年中国加入《保护非物质文化遗产公约》，该公约指出，非物质文化遗产是指由社区、群体或个人形成的关于文化遗产组成部分的各种社会实践、观念表述、表现形式、知识、技能以及相关的工具、实物、工艺品和文化场所。保护传承好非物质文化遗产，不仅对文化本身的保护和传承至关重要，还对社会、经济、教育、文化多样性等方面都具有重要意义。总之，非物质文化遗产是中华优秀传统文化不可或缺的重要部分，其宛如一座桥梁，生动地见证着中华文明的薪火相传、延绵不绝，以其非物质的独特存在形式，承载着人类社会的历史记忆、文化情感与创造精神，成为我们文化宝库中不可或缺的珍贵财富。故而，悉心守护非物质文化遗产，使其在岁月长河中得以完好留存；全力传承非物质文化遗产，让古老的技艺与智慧在代际间顺畅接续；善加利用非物质文化遗产，令其在现代社会焕发出全新活力与价值。对于全力迈向社会主义文化繁荣昌盛之强国目标，有着极为关键的深远意义与重大价值。

因此，非物质文化遗产可被视为：凝聚着特定群体在特定历史时期的生活智慧、情感表达、审美观念以及社会规范等，通过一代又一代的口传心授、行为示范等方式，跨越时间得以延续，是维系一个民族、一个地区文化脉络不断的"基因密码"。

二、非物质文化遗产的特征

非物质文化遗产作为人类文化宝藏里独特的精神明珠，具有以下诸多重要特征。①非物质性。这是其最显著的特征，非物质文化遗产不像物质文化遗产那样有具体可触摸的实物，如古建筑、文物等，而是存在于人们的记忆、技艺传承、行为实践以及口口相传之中，其内所蕴含的是知识、经验、精神等内在要素的无形特征。这也是日韩等国将其翻译为"无形文化遗产"的原因。②民族性。这是其根本特征，非物质文化遗产深深扎根于民族文化的土壤之中，是民族精神的重要载体，不仅记录着民族的过去，更在当下传承和弘扬着民族精神与文化，对于各民族的生存发展以及民族文化的延续具有不可替代的重要作用。③传承性。这是其核心特征，许多非物质文化遗产项目传承的重要方式就是口传心授、言传身教，传递主体也有所不同，有家族传授、师徒传授，还包括特定的群体传授。非物质文化遗产的传承性确保了其能够在历史长河中代代相传，不断延续着人类宝贵的文化遗产。④活态性。这是其鲜明特征，非物质文化遗产在传承中并非一成不变的僵化存在，它是一种与时代、地域、社会环境等诸多因素始终保持着紧密互动关系的活态文化，在传承的过程中会不断地根据当代人的生活方式、审美观念以及社会发展的需求等进行相应的调整和创新。⑤多元性。这是其基本特征，涵盖领域和形式丰富多样。民间文学之深邃、传统音乐之悠扬、传统舞蹈之灵动、传统戏剧之精彩、曲艺之诙谐、传统体育之矫健、游艺与杂技之奇妙、传统美术之精美、传统手工艺之精巧、民俗之醇厚，诸般门类汇聚，共同勾勒出非物质文化遗产的多元画卷。而且在每一个门类中又有无数种具体的表现形式，呈现出极为丰富多样的特点。⑥历史性。这是其首要特征，《辞海》注明，遗产指历史上遗留下来的精神财富或物质财富，非物质文化遗产顾名思义首先是一种"遗产"，它的中心价值围绕其历史性展开，是历史发展的产物，见证了不同时期人类社会的变迁、文化的演进以及人们生活方式的改变。⑦濒危性。这是其重要特征，非物质文化遗产的濒危性是一个复杂的社会文化现象，随着全球化的推进、西方文化的冲击以及现代生活方式的普及，一些传统的非物质文化遗产项目逐渐失去了其生存的土壤，这是当前非物质文化遗产保护领域面临的一个极为严峻且备受关注的问题。

三、非物质文化遗产的分类

联合国教科文组织在《保护非物质文化遗产公约》里把"非物质文化遗产"进行了如下五个维度的划分：其一为口头传统及其多样的表现样式，其二为表演艺术，其三归属于社会实践、礼仪以及节庆活动，其四聚焦于有关自然界和宇宙的知识与实践，其五涵盖传统手工艺。依据国务院办公厅于 2005 年所公布的《关于加强我国非物质文化遗产保护工作的意见》对非物质文化遗产范围的界定，其可划分为两大类别：其一为传统的文化呈现样态，诸如民俗活动、表演艺术、传统知识和技能等；其二为文化空间，此乃定期开展传统文化活动或者集中展示传统文化表现形式的场所，融合了空间维度的地域性与时间维度的周期性。进一步细分，非物质文化遗产具体涵盖以下六个方面：①传统口头文学以及作为其载体的语言；②传统美术、书法、音乐、舞蹈、戏剧、曲艺和杂技；③传统技艺、医药和历法；④传统礼仪、节庆等民俗；⑤传统体育和游艺；⑥其他非物质文化遗产。

依据国家所划定的非物质文化遗产范畴，其可具体细分为十大类别：①民间文学类。以口口相传的故事、传说、歌谣等编织着民族的精神脉络。②民间音乐类。激昂或婉转的旋律奏响着不同地域与民族的心声。③民间舞蹈类。用灵动的肢体语言演绎着独特的文化风情与历史记忆。④传统戏剧类。在一方舞台上浓缩人生百态与世间万象。⑤曲艺类。凭借幽默诙谐的说唱展现民间智慧与生活百态。⑥民间美术类。以绘画、雕塑等形式勾勒出民族审美与心灵图景。⑦传统手工艺类。经工匠之手将原材料雕琢成饱含匠心的精美器物。⑧传统医药类。传承着先辈们对生命健康的探索与智慧结晶。⑨传统体育类。以强身健体的运动形式彰显民族活力与竞技精神。⑩民俗类。以特定的节日、仪式、习俗等传承着群体的文化认同与情感纽带。

四、非物质文化遗产活化的内涵和形式

非物质文化遗产活化即守正创新。保护是最好的传承，传承是最好的保

护，非物质文化遗产从来不是孤芳自赏的"老物件"，而是有生命力的"活化石"。"非物质文化遗产活化"旨在通过一系列创新举措和动态实践，让非物质文化遗产在现代社会重新焕发生机与活力，使其从静态的被保护对象转变为能够积极融入当代生活、实现可持续发展的活态文化资源，即在人们的日常生活、实践活动中不断延续和发展。例如，在传统手工艺制作过程中，根据市场需求和时代变化，传承人对图案、造型等进行适当调整，使其在动态的传承中保持生命力。

当前，官方及民间都对非物质文化遗产活化进行了多种积极探索。政府加快进行政策引导与规划，制定关于加强非物质文化遗产保护工作的专项政策，设立专项资金，建立健全非物质文化遗产专项保护经费动态调整机制，建立健全非物质文化遗产传承人认定、管理和激励机制，通过师徒传承、校园教育、招募非物质文化遗产志愿讲解员等多样化模式，推进传承人储备。积极组织开展非物质文化遗产进校园、进景区、进社区、进企业、进文博场馆等"五进"活动，定期举办非物质文化遗产文化节、展览、演出等活动。民间也进行了多方面的实践，包括以下五个方面：①产品创新与衍生，如文创产品开发、特色食品创新。②科技融合应用，如数字技术呈现、互联网营销推广。③表演与活动创新，如舞台表演创新、开展体验活动。④空间营造与场景再现，如创建非物质文化遗产博物馆、复原传统生活场景。⑤合作与跨界融合，如与知名品牌合作推广、推动非遗与旅游、教育、体育等行业跨界融合，进而实现可持续发展。因此，非物质文化遗产不能"冻"起来，要"动"起来，只有"动"起来，非遗才能"活"起来，只有"活"起来，才能"火"起来。非遗只有火起来，才能真正实现文化的传承与发展、经济的增长与就业的带动、社会文化活力的提升以及国际文化交流与传播等多方面的重要价值，达成一系列积极且深远的影响。

第二节 非物质文化遗产活化与旅游业发展互促共赢

一、非物质文化遗产活化与旅游业发展的相互影响

文旅融合战略的持续推进，促使旅游业态持续革新。如今，旅游者不再局限于单纯观赏自然风光，文化体验越发备受青睐。非物质文化遗产作为我国传统文化的重要构成，与区域旅游业发展紧密相连、相辅相成。一方面，非物质文化遗产为旅游注入丰富文化内涵；另一方面，旅游为非物质文化遗产传承提供广阔平台。唯有二者紧密相依、协同互动，方能在相互促进中实现长效发展，既让非物质文化遗产在旅游浪潮中重焕生机、传承久远，又使旅游因非物质文化遗产加持而更具魅力、长盛不衰，实现可持续发展。

（一）非物质文化遗产活化对旅游业发展的影响

非物质文化遗产活化可以为旅游业提供丰富的旅游资源。传统的旅游资源主要集中在自然景观和物质文化遗产上，而非物质文化遗产作为一种活态文化，可以为旅游目的地增添独特的文化魅力。这种独特的文化魅力对追求深度文化体验的游客具有更强的吸引力，非物质文化遗产涵盖的传统技艺、民俗活动以及口头传说等要素，均可转化为特色旅游项目。同时，非物质文化遗产活化可以提升旅游品质。当游客在旅游过程中能够体验到非物质文化遗产项目时，他们的旅游体验将更加丰富和深入。例如，传统手工艺展示能够使游客近距离观察制作流程，领略工匠的精湛技艺；民俗节庆活动则可让游客亲身融入其中，体验当地的文化氛围与传统习俗。这不但丰富了旅游的内容与形式，而且提升了旅游的品质与吸引力，有助于旅游目的地在众多竞争中崭露头角，塑造具有独特文化标识的旅游品牌。

（二）旅游业发展对非物质文化遗产活化的影响

秉持着科学合理且行之有效的原则，深度挖掘非物质文化遗产所蕴含的丰富旅游资源，使其巧妙转化为旅游业中崭新且极具潜力的增长驱动要素。当旅游业发展良好时，地区经济水平的提高，旅游企业和政府部门会加大对非遗项目的投入，可以更好地保护和传承非物质文化遗产。面对传承人数量减少的问题，非遗融入旅游业拓展了非遗的传播和展示渠道，通过工作坊体验或技艺展示、传统表演等方式促进了非遗的活态传承，也一定程度上实现了传承人的技艺传承和经济收入的增加。旅游业发展所营造的丰富多样的体验场景、跨区域的交流环境以及广泛的市场受众基础，为其宣传推广提供了全新的契机与有力的支撑。借助旅游线路的设计规划、旅游纪念品的开发营销以及旅游节庆活动的举办等多种旅游相关举措，非遗能够深度融入旅游产业体系之中，进而全方位、多层次地扩大其在社会各界的宣传范围，实现非物质文化遗产文化价值的广泛传播与传承延续。因此，非物质文化遗产与旅游融合开辟了活态传承新路径，助力技艺传承，在文化赓续、旅游繁荣、社区共建中发挥关键支撑作用。

二、非物质文化遗产活化促进旅游业高质量发展的内在机理

数字化非物质文化遗产文化传播成为新媒体时代非物质文化遗产文化"活态传承"的新样态。[①] 非物质文化遗产对旅游业发展的作用研究方面，伍鹏（2008）认为在处理好保护与开发的关系基础上，非物质文化遗产保护与旅游业发展是可以实现良性互动的，实现非物质文化遗产保护和旅游开发的良好互动是提升浙江旅游业核心竞争力的有效途径。[②] 非物质文化遗产数字化是通过系统性地整合多种数字资源以及多样化的技术手段，针对非物质文化遗产项目展开，从

---

① 杨晓燕，王冰冰. 活态传承：甘肃非遗短视频传播路径分析 [J]. 兰州文理学院学报（社会科学版），2024，40（5）：88-92.

② 伍鹏. 非物质文化遗产保护与旅游业互动发展研究——以浙江省为例 [J]. 温州大学学报，2008（10）：42-47.

技艺层面直至文化内涵层面的深度挖掘，并在此基础上进行全方位的数字化重塑，在推动旅游高质量发展进程中扮演着关键的"助推器"角色。

（一）丰富旅游资源与产品供给

数字化技术可以对非物质文化遗产进行全面、深入的挖掘和整理，将那些以往不为人知或难以展示的非物质文化遗产元素充分展现出来，为旅游开发提供了更多的素材和资源，丰富了旅游地的文化内涵。基于数字化非遗资源，可以开发出多种新型旅游产品。例如，开发与非物质文化遗产相关的线上线下互动游戏、主题研学课程等产品，满足不同游客群体的需求，增强旅游的趣味性和参与性。

（二）提升游客体验与满意度

数字化平台和工具为游客提供了便捷的信息获取渠道。游客在旅游前可以通过网站、App 等了解目的地的非物质文化遗产文化信息、旅游活动安排等，提前规划行程；在旅游过程中，可以通过智能导览系统、二维码扫描等方式获取非物质文化遗产景点的详细介绍和讲解，方便快捷地了解非遗背后的故事和文化内涵，提升游览的效率和体验。借助大数据分析等技术，旅游企业可以根据游客的兴趣爱好、行为习惯等数据，为游客提供个性化的非物质文化遗产旅游推荐和服务，从而满足游客的个性化需求，提高游客的满意度。

（三）品牌塑造与市场竞争力提升

在数字化时代，信息传播的速度和广度前所未有。非物质文化遗产的数字化展示和传播可以通过互联网、社交媒体等渠道迅速传播到世界各地，让更多的人了解到旅游目的地的非物质文化遗产文化，从而吸引大量游客前往。2022 年12 月 8 日，清华大学新闻与传播学院课题组携手抖音共同推出《活态传承-直播打赏与非遗传播研究报告》。该报告表明，非物质文化遗产从业者借助直播间与短视频平台，将丰富多元的文化精彩展演，在开辟崭新创收路径的同时，赢得广大观众的深度认同与赞誉；而广大民众则以直播打赏的形式积极参与文化消费，为非遗跨越时空局限，于当代社会焕发生机活力、达成"活态传承"的目标注入强劲动力，使非物质文化遗产在新时代实现文化传承与现代市场需求的紧密对接与协同发展。[①] 并且，非物质文化遗产作为一个地区独特的文化符号，通过数字化手段对非物质文化遗产进行保护、传承和推广，可以打造出具有地域特色的旅游品牌形象。独特的非物质文化遗产文化体验能够使旅游目的地在众多竞争中脱颖而出，增强其在旅游市场的竞争力。

（四）促进旅游业可持续发展

数字化非物质文化遗产促进旅游的可持续发展，为非物质文化遗产的传承和保护提供了新的途径和方法。一方面，数字化技术可以对非物质文化遗产进行永久性的存储和记录，避免因时间流逝、人为因素等导致的非物质文化遗产文化失传；另一方面，通过数字化展示和传播，可以让更多的人了解和认识非遗，激发人们对非物质文化遗产的兴趣和热爱，吸引更多的人参与到非物质文化遗产的传承和保护中，为旅游产业的可持续发展提供了文化基础。数字化非物质文化遗产的发展可以带动相关产业的发展，如数字技术产业、文化创意产业等。这些产业的发展不仅为旅游产业提供了技术支持和创新动力，还可以与旅游产业形成协同效应，共同推动地区经济的发展（见图6-1）。

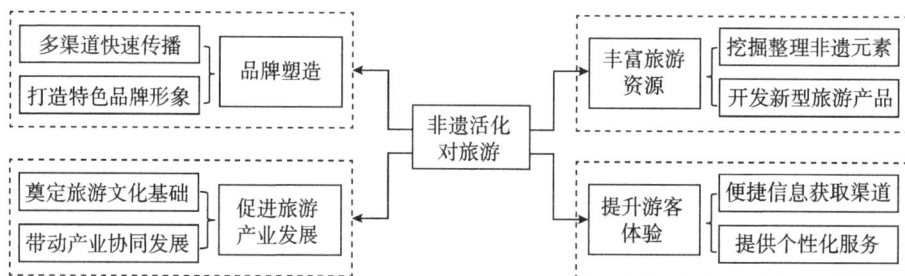

图6-1 非物质文化遗产活化促进旅游业高质量发展的内在机理

资料来源：笔者整理。

---

① 杨晓燕，王冰冰.活态传承：甘肃非遗短视频传播路径分析［J］.兰州文理学院学报（社会科学版），2024，40（5）：88-92.

三、旅游业高质量发展促进非物质文化遗产活化的动力机制

（一）市场驱动力

旅游业的高质量发展成为推动区域经济与文化繁荣的重要力量，其在发展进程中会催生出多样化的市场需求。这种由旅游业高质量发展所引发的市场需求具有广泛的影响力，尤其在非物质文化遗产领域表现得尤为突出，进而成为拉动非遗活化的关键因素。当旅游业呈现出良好的发展态势时，随着旅游市场规模的不断扩大、游客数量的持续增长以及游客对旅游体验质量要求的逐步提高，其对非遗项目的需求呈现出显著的增加趋势。这种需求的增长不仅体现在对非遗产品数量的要求上，更体现在对非遗产品质量、种类以及体验深度等多个维度。在此情形下，为满足旅游业对非物质文化遗产项目的多元需求，需要多种专业人员参与。充足的工人负责非物质文化遗产产品制作等基础环节，保障生产规模；具有专业知识和技能的技术人员，能运用先进技术改进、创新和维护非物质文化遗产项目，提升产品质量和生产效率；众多非物质文化遗产传承人作为文化核心承载者和传播者，能让非遗项目在传承传统的基础上与旅游业发展需求相契合，实现价值重塑和活力激发。这些人员的协同参与对满足非遗市场需求、推动非遗活化至关重要。

（二）文化推动力

旅游业高质量发展在文化传播方面展现出强大的推动作用，进而成为非遗活化的关键助力。旅游业高质量发展意味着其在旅游资源整合、旅游体验优化、旅游服务提升等方面达到了更高水平，这为文化传播创造了优质的环境和条件。游客在旅游过程中深入体验当地文化，成为文化传播的重要主体。借助互联网技术，游客可以通过社交媒体、旅游分享平台等多种渠道，将自己所经历的非物质文化遗产相关内容分享出去，这种分享以生动、真实且极具感染力的方式，让更多人了解到非物质文化遗产的魅力。同时，官方旅游宣传机构通过专业的宣传手段，如制作精美的宣传册、高质量的旅游宣传片以及开展国际旅游推介会等活

动，对包含非遗元素的旅游资源进行广泛宣传。这两种传播途径相互补充、协同作用，其效益相互累加，形成强大的传播合力，极大地拓宽了非物质文化遗产的传播范围，提升了非遗在公众中的知晓度和影响力，有力地推动了非遗的活化进程。

（三）经济吸引力

旅游业的高质量发展对于区域经济有着深远影响，其中显著的一点是能够带来可观的经济利益。这些经济利益的产生主要源于旅游业规模的扩大、游客消费的增长以及旅游产业链的完善。而这些经济利益又构成了驱动非物质文化遗产活化的关键动力。旅游业高质量发展会对地区经济环境产生积极的塑造作用。一方面，会促使当地形成一系列有利于经济发展的因素。例如，税收优惠政策，这能够降低企业经营成本，吸引更多企业入驻；良好的投资环境，包括稳定的政治局势、完善的基础设施和高效的政务服务，为企业发展提供保障；丰富的人力资源，满足企业对各类人才的需求。这些因素共同形成强大的经济吸引力，吸引大量企业前来投资。另一方面，当旅游业呈现出良好的发展态势时，旅游企业为了丰富旅游产品内涵、提升旅游体验，政府部门为了保护地方文化、促进经济多元化发展，都会加大对非物质文化遗产活化项目的投入力度。这种投入涵盖了对非遗的保护传承工作，如培养传承人、修复非遗文物等，也包括对非遗的发展创新，如开发非遗文创产品、打造非遗旅游体验项目等，从而为非遗的活化创造有利条件（见图6-2）。

四、非物质文化遗产活化与旅游业发展的互促机制

（一）非遗活化与旅游业发展的产业融合机制

徐赣丽（2005）等精心构建了非物质文化遗产开发式保护的框架体系，旨在有力推动并达成非物质文化遗产保护工作与旅游开发活动之间形成和谐、有益的双向互动关系。确保非物质文化遗产在旅游开发中不仅能够得到保护，更能实现创新性发展与活态传承，而旅游开发也因非物质文化遗产的深度融入而

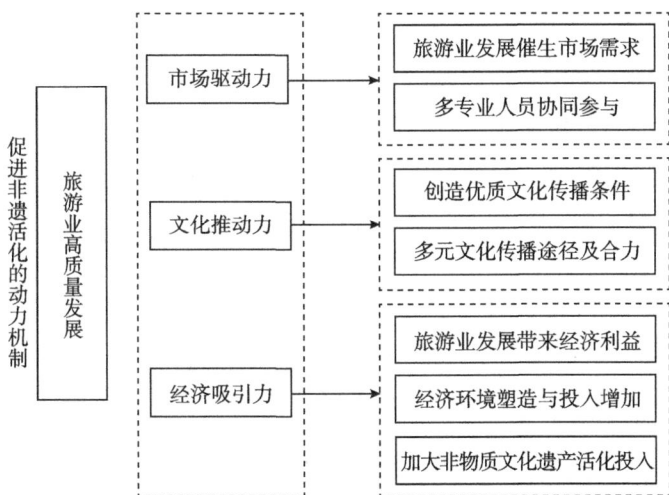

图6-2　旅游业高质量发展促进非遗活化的动力机制

资料来源：笔者整理。

更具文化内涵。[①] 2009 年 12 月，《国务院关于加快发展旅游业的意见》（国发〔2009〕41 号）首次将文化与旅游融合提升到国家战略性高度。随后，一系列如《文化部　国家旅游局关于促进文化和旅游结合发展的指导意见》等重要文件相继出台，进一步明晰了非物质文化遗产与旅游业融合的前行方向与核心要点。在政策的有力扶持下，非物质文化遗产与旅游业融合在产业格局与业态创新层面斩获显著成效，在资源、产品、市场等多元融合节点处，成功达成二者初步的市场对接。旅游产业"吃、住、行、游、购、娱"六大要素与各类非物质文化遗产深度交融，在空间维度上交互协作，有力重塑产业链条。非物质文化遗产搭乘旅游市场的广泛传播快车，有力推动非物质文化遗产技艺的传承与创新发展。旅游企业巧妙借助非遗深厚的文化底蕴，精准锚定产业价值链的高端环节，有效提升产品附加值，全方位优化旅游消费品质，从而构建起非物质文化遗产与旅游业融合发展的双赢格局，为文化与旅游产业协同发展注入强劲动力，推动文化传承与

_____

① 徐赣丽. 非物质文化遗产的开发是保护框架［J］. 广西民族研究，2005（4）：173-177.

经济增长并行不悖。①

（二）非物质文化遗产活化与旅游业发展的协调发展机制

研究表明，城乡居民旅游消费和人均可支配收入之间构建起了长期稳固的均衡联系。② 伴随人均可支配收入的持续上扬，旅游消费需求也自然而然地踏上了升级与多元化的征程。在多元消费偏好以及范围经济这两大强劲驱动力的作用下，自然景观在旅游者心中的吸引力已步入长尾区间，往昔那种仅凭自然景观就能牢牢吸引游客目光的时代逐渐远去。如今的旅游者在进行消费抉择时，越发展现出理性思维，更注重亲身的体验式消费过程，对饱含深厚文化底蕴的旅游产品更是表现出强烈的偏爱。非遗活化与旅游发展紧密相连，二者呈现出协调发展的态势。一方面，非物质文化遗产活化精准地捕捉到了旅游市场对于旅游产品类型的多元性、质量的高品质性以及展现形式的创新性等多方面的要求。相继衍生出"非遗演艺+旅游""非遗节庆+旅游"等新业态，为游客带来了丰富的文化体验。这些新业态不仅迎合了旅游者对于深度文化体验的需求，更为旅游供给端注入了全新的发展动力，有力地推动其朝着体验化、品质化的高端方向大步迈进。另一方面，旅游业的蓬勃发展也为非遗活化提供了广阔的平台和机遇。旅游活动将非遗从静态的保护状态转变为动态的展示与传承，让更多人了解和认识非物质文化遗产的价值。同时，旅游业需求也在倒逼非遗产品创新。随着游客对旅游产品个性化、多元化的需求不断增加，非遗产品需要不断创新以适应市场变化。

（三）非物质文化遗产活化与旅游业发展的互动反馈机制

非物质文化遗产活化的成效对旅游业发展质量有着直接且关键的影响。良好的非遗活化能够赋予旅游产品深厚的文化内涵和独特的魅力。当非物质文化遗产以创新的方式被呈现，如与其他旅游资源产生联动效应，形成了"非遗+文创"

---

① 黄永林，邹蓓．推动非遗与乡村旅游深度融合发展的基本规律与主要路径［J］．文化遗产，2024（1）：1-8．

② 苏发金．我国城乡居民旅游消费与收入之间关系的比较研究［J］．暨南学报（哲学社会科学版），2012（10）：139-145．

"非遗+民宿""非遗+研学""非遗+演艺""非遗+节庆"等多种业态，从旅游主体、旅游介体、旅游客体三个维度丰富非遗文旅实践方式，走出了一条非遗旅游与文化消费、乡村振兴、城市文化艺术事业融合共荣的创新之路，不仅增强了游客的文化体验感，而且为非遗的立体化保护及非遗市场基因的活态传承开辟了新路径，极大地提升了旅游活动的文化价值，提升了游客的旅游体验感。[①] 这种高质量的旅游体验不仅能吸引更多游客，还能增强游客的满意度和忠诚度，进而推动旅游业的持续发展。而旅游业的蓬勃发展又会带动地区经济的增长，为地区带来更多的经济收益和发展机遇。同时，旅游业发展的质量也会反作用于非物质文化遗产活化。当旅游业发展态势良好时，会吸引更多的社会关注和资源投入。这将为非物质文化遗产活化提供更广阔的平台和更多的资金支持，促进非物质文化遗产项目的传承与创新。高质量的旅游业发展会促使相关部门更加重视非遗资源在旅游中的价值，从而加强对非遗活化的规划和引导，进而加大对非物质文化遗产的保护力度，为非遗活化创造更有利的政策环境（见图6-3）。

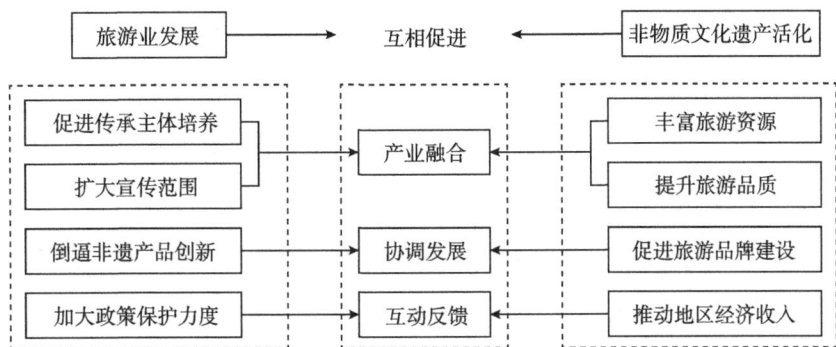

图6-3　非物质文化遗产活化与旅游业发展互相促进机制模型

资料来源：笔者整理。

---

① 马道玥，刘宇．文旅融合背景下"非遗+旅游"实践模式及发展路径探析——以天津市非遗文旅为例［J］．河北科技大学学报，2024（3）：89-96.

第三节　甘肃非物质文化遗产活化与
旅游业互相促进的成效与挑战

一、甘肃非物质文化遗产活化的发展成就

甘肃省由于历史文化悠久，少数民族资源丰富等诸多原因，形成了今天项目众多、题材丰富的非遗文化资源。[①] 其非遗活化在多个方面取得了显著的成就。以下将围绕社会背景的活化状况、传承主体的活化态势以及传承呈现形式的活化情形这三个维度，深入剖析甘肃非物质文化遗产的活化现状。

（一）社会背景的活化状况

非物质文化可以彰显城市形象，提升城市竞争力，提倡将非物质文化遗产文化元素融入城市空间。[②] 甘肃非物质文化遗产巧妙地融入城市空间之中，在城市规划进程里，诸如临夏砖雕这类极具特色的非物质文化遗产被充分吸纳运用。以临夏砖雕为核心，精心雕琢文化街区、公园与艺术装置，让其深度嵌入城市，化作彰显文化底蕴的独特景致。漫步临夏的大街小巷，无论传统建筑、现代建筑，还是民居小院、仿古楼堂馆所，随处可见精美的砖雕。在砖雕作品的衬托下，这些建筑显得越发古朴典雅，成为临夏的城市名片。如每年的"文化和自然遗产日"期间，全省各地都会举办非遗展览、演出等活动，搭建非遗技艺展示平台。全省认定省级及以上非遗扶贫就业工坊 93 家，每年举办"非遗过大年""视频直播家乡年""文化和自然遗产日"等全省性的非遗宣传展示活动，积极组织参

---

① 彭金山. 关于甘肃非遗及保护、传承的若干思考 [J]. 兰州文理学院学报（社会科学版），2021（4）：11-17.

② 周三. 非物质文化遗产在城市发展中的保护和利用——以福州市为例 [D]. 福州：福建师范大学，2009.

加中国非遗博览会、成都国际非遗节、西部花儿邀请赛等国内重大节会活动，甘肃省以两条非遗旅游主题线路脱颖而出，跻身全国仅有的 12 条主题线路中，且是唯一有两条线路入选的省份。深度展示甘肃当地的非遗项目，促进非遗的交流与传播，吸引了大量观众，提高了甘肃非遗的知名度和美誉度。

非遗与文化教育融合。甘肃省非遗保护中心组织开展以"甘肃非遗分享"为主题的"非遗进校园"活动，走进课堂，传授剪纸、漆扇等技艺，让师生深入了解传统文化，亲身感受非物质文化遗产的精湛技艺和独特魅力，培养了学生对非遗的兴趣和传承意识，增强了学生的文化自觉和传承意识。还推出了"风从陇上来"非遗雅集和非遗"进景区、进社区、进校园、进警营"系列活动，持续开展非遗研学活动。多角度感知非遗资源、感受非遗魅力、感悟陇原风韵，进一步体验非遗之美、传承文化之根。①

（二）传承主体的活化态势

保护与培养非遗传承人。甘肃省在非遗传承与保护领域多管齐下。一方面，全力争取中央财政资金，专项补助国家级与省级非遗项目，大力扶持非遗传承人开展保护传承活动，从资金层面为非遗事业筑牢根基。实施多期中国非遗传承人群研修培训计划，精心组织国家级、省级非遗代表性传承人记录工程，以影像与文字记录非遗的珍贵瞬间与技艺精髓，拍摄制作《甘肃非遗》宣传片，结集出版《非物质文化遗产研究论丛》，全方位提升非遗保护工作的专业度与影响力。另一方面，甘肃着力构建完善的非遗传承体系，建立健全传承人认定、资助与奖励机制，积极吸引青年力量加入非遗传承行列，通过设立非遗奖学金、举办非遗创意大赛等创新举措，充分激发青年学生、设计师等群体对非遗的兴趣与热情，为非遗传承注入源源不断的青春活力与创新思维。甘肃积极搭建非遗创新平台，盛大举办"黄炎培杯"中华职业教育非遗创新大赛以及非遗文创等系列赛事。以国家级与省级非物质文化遗产为灵感源泉，大力倡导创作兼具历史性、艺术性、知识性、实用性与趣味性的非遗文创产品。秉持鼓励创新的理念，激发传承

---

① 张向阳. 让非物质文化遗产绽放出更加迷人的光彩［N］. 人民日报, 2021-09-03（07）.

人的探索勇气，推动传统技艺与现代设计思潮、前沿科技手段深度交融，催生出契合现代审美风尚与市场需求的创新产品与服务模式，为非遗的活化传承开辟出全新路径，也为文化创意产业的繁荣注入强劲动力。

（三）传承呈现的活化情形

甘肃在非遗传播领域积极拥抱现代科技，充分借助互联网与社交媒体平台的强大力量，构建起如非遗数字博物馆这类极具前瞻性的在线资源库。以甘肃省非物质文化遗产大数据平台为例，该平台整合了全省丰富的非遗资源信息，涵盖了多个类别非遗项目的详细介绍、历史渊源、传承脉络以及相关图片和视频资料等。通过这一平台，全国观众能够突破地域局限，便捷地浏览和查询甘肃非遗项目，深入了解其文化内涵。同时，在社交媒体上，甘肃非遗官方账号积极发布各类非遗知识科普内容，吸引了大量粉丝关注。同时，通过直播、短视频等形式，甘肃积极开展非遗在线课程建设，邀请当地非遗传承人及专家学者授课，展示非遗技艺的制作过程。如在美术直播课堂教育平台上开设的剪纸艺术课程，观众可以在直播过程中实时提问，传承人进行解答，这种互动方式极大地增强了观众对剪纸工艺的了解和兴趣。利用短视频平台的优势，甘肃非遗以短小精悍、生动有趣的视频内容吸引观众，如在抖音上展示了兰州鼓子、庆阳香包等非遗项目的精彩瞬间。巧妙运用虚拟现实与增强现实等处于科技前沿的创新技术，精心为观众构建起别具一格的沉浸式非遗体验空间。以敦煌莫高窟为例，通过与科技企业合作，开发了基于VR的莫高窟虚拟游览项目。游客佩戴VR设备后，可以身临其境地进入莫高窟洞窟内部，全方位欣赏精美的壁画和佛像雕塑，仿佛穿越时空回到古代。甘肃在利用现代媒体传播非遗和数字技术应用方面取得了显著成效，通过互联网、社交媒体、直播、短视频等现代媒体平台，有效拓宽了非遗的传播渠道，提高了甘肃非遗在全国乃至全球的知名度。

二、甘肃旅游业发展的成就

（一）政策引领，统筹文旅融合发展

近年来，甘肃省统筹逐步推进文化事业产业与旅游业深度融合、协同发展，制定了《关于加快建设旅游强省的意见》等一系列政策措施，颁布实施《甘肃省长城保护条例》，编制完成《甘肃省黄河文化遗产保护利用规划》，着力推进长城、长征、黄河三大国家文化公园建设，以大视野、大格局整合文化资源，打造集文化展示、旅游休闲、生态保护于一体的综合性文化地标，让古老的文化遗产在现代社会中焕发出新的生机与活力。

（二）资源丰富，自然文化景观独特

甘肃省拥有得天独厚的自然景观和丰富的文化景观。自然景观方面，壮丽的祁连山山脉绵延千里，其雪山、森林、草原等多种自然生态景观相互交织，构成了一幅美丽的画卷。河西走廊地势平坦，绿洲与沙漠交替出现，独特的地理风貌吸引了大量游客。敦煌沙漠更是以其广袤无垠的沙丘和奇特的沙漠景观而闻名于世。文化景观上，甘肃堪称一座文化宝库。举世闻名的莫高窟，其壁画艺术和佛教文化内涵深厚，是世界艺术史上的瑰宝。嘉峪关长城历史悠久，见证了中国古代的军事防御工程的辉煌。神秘的马家窑文化遗址，展示了甘肃地区远古时期的人类文明。

（三）成果丰硕，文旅产业蓬勃发展

在旅游业发展的实际成果方面，旅游收入和游客数量都呈现出持续增长的趋势。甘肃深度挖掘并紧紧依托自身丰富多元且独具特色的文旅资源优势，塑造文旅爆款产品，成功孕育出一系列极具影响力与市场竞争力的文旅拳头产品以及声名远扬的文旅知名品牌，持续为文旅产业核心竞争力的提升注入强大动力。在精品旅游品牌创建领域，成果斐然。临夏地质公园被列入世界地质公园，刘家峡度假区成功创建国家级旅游度假区，全国红色旅游经典景区达 16 家。乡村旅游发展亦是成绩卓著，3 条乡村旅游线路脱颖而出，成功入选全国精品线路。从游客接待数据来看，2024 年上半年全省 7 家国家 5A 级旅游景区和敦煌莫高窟共计接待游客 720 万人次，同比大幅增长 45%，这一数据充分彰显了甘肃文旅产业的蓬勃发展态势与强大吸引力。[①] 从消费数据来看，甘肃文旅增长呈现高质量特征。

---

① 施秀萍. 甘肃文旅发展势头强劲［N］. 甘肃日报，2024-09-12（01）.

三、典型案例分析

我们选择临夏砖雕和敦煌舞作为非遗促进旅游业高质量发展的案例，探索总结甘肃非物质文化遗产促进地区旅游高质量发展的模式经验。

（一）临夏砖雕促进甘肃旅游高质量发展

第一，非遗瑰宝，艺术特色鲜明。甘肃临夏回族自治州（以下简称"临夏州"），坐落于甘肃省中部及西南部，地理位置极为重要，自古以来便是从中原地区通向青海、西藏、四川的咽喉要道，更是闻名遐迩的古丝绸之路不可或缺的一部分，承载着厚重的历史与多元文化交流融合的印记。这里聚居着汉族、回族、藏族、土家族等民族，不同民族的文化在此相互交融、碰撞，共同孕育出了独具魅力且丰富多彩的民俗文化。而临夏砖雕，作为中国砖雕艺术体系中的重要流派，所具有的艺术特色主要表现为地域色彩浓郁，文化底蕴深厚；题材形式丰富，造型图案多样；雕刻工艺细腻，纹饰装饰繁复。①

第二，思路引领，产业初显成效。自 2006 年 5 月临夏砖雕凭借其独特的艺术价值与深厚的文化底蕴，经国务院批准荣列第一批国家级非物质文化遗产名录起，临夏州便将临夏砖雕非物质文化遗产的传承保护与利用工作摆在了至关重要的位置。秉持"保护为主、抢救第一，合理利用、传承发展"的原则，临夏州找准切入点，从砖雕艺人这一关键环节的传承保护工作着手，深知艺人是砖雕技艺传承与发展的核心力量，通过多种方式助力砖雕艺人成长，提升他们的传统工艺水平。一方面，积极解决以往砖雕产业"小而散"的棘手问题，对零散的资源进行整合优化，让产业发展更具条理与规模；另一方面，坚定不移地走好深度开发与规模化生产的道路，充分挖掘临夏砖雕的市场潜力，使砖雕产业焕发出前所未有的勃勃生机，展现出强劲的发展势头。

第三，多元举措，筑牢产业发展根基。总结经验做法，主要有以下六点：一是创造了良好的营商环境。临夏州委、州政府把临夏砖雕作为重点文旅产业扶持

---

① 陈亮. 临夏砖雕的艺术特色与传承［J］. 文化产业，2023（29）：1-3.

培育，出台了促进砖雕产业发展优惠政策，编制临夏砖雕产业发展规划，成立了促进砖雕产业发展的专门领导机构，文旅、金融、教育、税收等部门全方位参与，形成了党委领导、政府主抓、部门扶持、企业带动、院校协作、协会规范、社会参与的良好局面。二是坚持以人为本发展理念。临夏砖雕企业深植文化传承与人文关怀理念，每年遴选精英员工，公费推送其入高校研习，开启知识赋能之旅，拓展技艺边界。三是着力实施科技支撑战略。筹建企业技术中心，通过数控雕刻、3D 扫描、自动化生产等新材料、新技术应用，先后取得外观设计、实用新型等各项专利 85 项，进一步提升了制造技术水平。四是推进实施人才兴企战略。与职业学院联合开展职业教育、学历教育双向办学，提高学员待遇，解决就业门路，吸纳更多年轻人从事砖雕行业，探索建立职业技能培训长效机制，进一步夯实了产业发展基础。五是注重全产业链发展。积极探索"公司+"模式，积极建立连锁工坊，以标准化的运营模式和统一的品牌形象，快速扩张业务版图，有效做大体量规模。六是推动文旅融合发展。通过举办全国全省砖雕大赛，进一步提升了临夏砖雕品牌影响力。利用 8 万多件藏品建成集红色文化、民俗文化、农耕文化、砖雕文物、古典家具等于一体的临夏青韵博物馆，总展览面积近 5000 平方米，向社会免费开放，年均接待游客 5 万多人次，文旅融合发展成效显著。

临夏砖雕产业正凭借着科学的发展思路、扎实的保护举措，在新时代焕发出强大的生命力，续写着传统非物质文化遗产传承与发展的精彩篇章。

（二）敦煌舞促进甘肃旅游高质量发展

第一，非遗传承，筑牢文化根基。文化是一座城市的灵魂，而对像敦煌这样拥有深厚历史底蕴的城市来说，传承文化、让其在新时代绽放光彩更是意义非凡。2019 年 8 月 19 日，习近平总书记在敦煌研究院座谈时讲话强调，"要加强对国粹传承和非物质文化遗产保护的支持和扶持"。敦煌一直是"长红"的旅游城市，敦煌舞作为甘肃最重要的非遗项目之一，在与当地旅游业的结合上取得了巨大的成功。敦煌市精准洞察文化与城市建设相互交融所蕴含的巨大价值，深入探寻敦煌丰富多元的文化元素与深刻厚重的历史印记，并将其巧妙地贯穿于城市建设的各个环节之中。敦煌市以汉唐风格为核心蓝本，对五条主要大街的建筑风貌进行大刀阔斧的改造升级，使汉唐时期大气磅礴、雄浑厚重的文化韵味在城市的大街小巷中流淌蔓延，让敦煌文化特色得以淋漓尽致地彰显。此外，从敦煌石窟壁画中精心遴选莲花纹、藻井、古币等多达五百余种图案，以精湛工艺雕刻成城市文化砖四千五百余块，镶嵌于城市的各个角落，无声诉说着敦煌的千年往事与辉煌历史。全方位让敦煌文化渗透到城市的每一处角落，让古老文化与现代城市相得益彰，续写着这座城市独特且辉煌的篇章，吸引着四面八方来客感受它的魅力。

第二，演绎融合，丰富文旅业态。在文旅融合发展的浪潮下，敦煌这座承载着千年文化底蕴的城市，正不断探索创新，通过文化演艺的形式让古老的敦煌文化焕发出新的生机与活力。2023 年 6 月 18 日，在中国残疾人艺术团的精彩演绎下，大型情景音画剧《千手千眼》于敦煌大剧院盛大首演。至此，敦煌市先后成功引进并精心打造了一系列以敦煌文化为核心题材的特色演艺剧目。其中，大型室内情景体验剧《又见敦煌》以其独特的沉浸式体验方式，带领观众穿越时空，深入感受敦煌的历史沧桑与文化底蕴；大型洞窟式沉浸体验剧《乐动敦煌》巧妙地将洞窟元素与现代音乐、表演艺术相融合，营造出如梦如幻的艺术境界；大型沙漠实景演出《敦煌盛典》则充分利用敦煌的沙漠自然景观，为观众呈现出一场美轮美奂且极具震撼力的视觉与听觉盛宴。这些剧目各具特色，相辅相成，不仅丰富了文旅业态、拓展了消费场景，也让游客近距离感受到敦煌文化的独特魅力。数据便是有力的证明，2023 年，敦煌四大剧目演出 1998 场次，接待游客 110 多万人次。2024 年，四大剧目演出首次突破 2000 场次大关，达到 2358 场次，接待游客 114.11 万人次。相信随着敦煌不断深挖其文化内涵，持续推出更多精彩的演艺项目，将会吸引越来越多的游客慕名而来，让敦煌文化在世界舞台上绽放更加璀璨的光彩。

第三，多元拓展，构建文旅新模式。在当今文旅融合发展的大趋势下，敦煌市立足自身深厚且独特的文化底蕴，积极探索创新。一方面，敦煌市将敦煌文化的传承与弘扬深度融入教育体系，大力开展"敦煌文化研学季""敦煌文化进校园"活动，并向全省、全国推广；精心编排的敦煌舞课间操，实现了文化传承与体育锻炼的完美结合；广泛推行的敦煌剪纸及敦煌泥板画等非遗文化进校园、"人类敦煌　心向往之"知识竞赛等活动，别具匠心设计的四个主题的敦煌文化元素校服，更是让学生们时刻身着文化符号，在潜移默化中增强对敦煌文化的认同感与归属感，成为敦煌文化行走的小使者，这些校服在全市各中小学校的推广使用，全面推动了敦煌文化在校园中的普及与传播。另一方面，敦煌市充分发挥自身丰富的人文遗迹和壮丽的自然景观等资源优势，全力聚焦文化研学旅游领域，深度培育开发出五条精品研学路线。在此基础上，敦煌市成功打造出莫高学堂、"两关"文化等16个研学基地，精心研发的30余套精品课程，涵盖历史、艺术、民俗等多个领域，从不同维度深度解读敦煌文化，通过上述一系列举措，敦煌市成功构建起了以非遗文化为核心、多维度融合发展的文旅模式，实现了文化传承与旅游繁荣的良性互动。

四、甘肃非物质文化遗产活化促进旅游业发展面临的挑战

甘肃在借助非遗活化推动旅游业发展的实践进程中，虽已斩获了阶段性成果，然而，从整体发展态势审视，仍面临诸多挑战。就当前已取得的成果而言，通过对非遗资源的合理活化利用，甘肃旅游业在文化内涵丰富度、旅游产品多样性等方面均有了一定提升，部分非遗项目成功融入旅游线路，吸引了众多游客前来体验，为地区旅游经济发展注入了新动力。但是深入剖析当下状况，面临的挑战不容忽视。

（一）传承人才短缺

在非物质文化遗产的传承脉络中，专业人才的接力传递起着至关重要的作用，他们犹如文化传承链条上的关键纽带，维系着非遗技艺与文化内涵的延续。然而，就甘肃地区的现实情况而言，非遗传承人才短缺的问题已颇为显著，对非遗活化融入旅游发展的进程形成了较大阻碍，亟待深入剖析与解决。以庆阳香包

绣制这一极具代表性的甘肃非遗项目为例，其传承面临着诸多难题。从技艺本身来看，香包绣制涵盖了繁多的针法以及构思精巧的图案，学习者若要达到熟练掌握的程度，必须投入大量时间与精力进行反复学习、练习，学艺的难度系数颇高，这无疑成为人才培养的第一道门槛。再者，从职业吸引力角度分析，相较当下热门行业，非遗传承工作在经济收益方面相对有限，且职业前景不够明晰，缺乏足够的吸引力来促使年轻人投身其中。同时，在传承机制层面也存在诸多不完善之处。学校教育体系内，非遗相关课程所占比重偏低，难以在基础教育阶段培养学生对非遗传承的兴趣与基础认知；而社会层面，专业的传承培训体系尚未健全，无法为有志于非遗传承的人员提供系统、全面的培养路径，且针对传承人的有效激励举措也较为匮乏。

诸多因素交织下，致使愿意投身甘肃非遗传承事业的年轻人数量稀少，人才出现青黄不接的尴尬局面，进而给甘肃非遗活化融入旅游发展的实践过程带来了不可忽视的挑战，这需要政府、教育机构、社会各界等多方协同合作，共同探寻破局之策，助力甘肃非遗在旅游发展中焕发生机。

（二）旅游产品同质化严重

在甘肃这片文化底蕴深厚的土地上，非遗资源犹如璀璨星辰般繁多且珍贵，然而在非遗旅游产品的开发方面，却面临着诸多亟待解决的问题。甘肃各地有着像敦煌曲子戏、天水皮影戏等极具特色的非遗项目，但遗憾的是，当前开发出的非遗旅游产品往往缺乏创新与鲜明特色，大多只是千篇一律地展示、售卖一些常规手工艺品，同质化现象十分严重。游客来到不同的地方，却感受不到当地独一无二的非遗文化韵味，难以获得深刻且独特的旅游体验。其原因主要在于以下两个方面：一方面，甘肃缺少高层次的创新人才，从而在挖掘非遗文化内涵、打造差异化旅游产品等方面有心无力，限制了整个文化产业向更高质量发展。[①] 另一方面，不少开发者对非遗文化的理解仅仅停留在表面，只是着眼于眼前的短期利益，简单复制已有的模式，缺乏创新。

---

① 王清，叶洋滴. 走出一条文化创意产业的健康发展之路 [J]. 人民论坛，2019（26）：78-79.

（三）认知宣传阻碍

甘肃拥有丰富且独具魅力的非物质文化遗产，然而非遗所具备的无形性与活态传承性特征，着实给当地旅游开发工作带来了重重挑战。就无形性而言，甘肃的诸多非遗像花儿、兰州鼓子等，大多依靠口头传唱、师徒间技艺传承的方式代代延续，本身缺少实实在在的物质依托。在旅游开发时，没办法像莫高窟这类有实体建筑的景点一样，直观地向游客展示自身风采。游客仅靠短暂的游览，很难凭借直观的感官去深切体会非遗背后深厚的文化底蕴，这无疑加大了其在旅游开发中有效传播、展示非遗的难度。同时，甘肃非遗在宣传方面也存在短板。当下宣传渠道较为单一，多依赖本地传统媒体偶尔的报道或个体粗略展示，在新媒体平台上发声不足，宣传力度也稍显欠缺。很多如裕固族民歌这类精彩的非遗项目，只能"藏在深巷"，难以在旅游市场上打响知名度，进而拖慢了非遗活化推动甘肃旅游业蓬勃发展的脚步。这些难题亟待我们去破解、寻求突破。

第四节　甘肃非物质文化遗产活化助力旅游强省建设的实现路径

一、打造甘肃非遗文创，晕染魅力诗意篇章

在甘肃非遗旅游产品的开发进程中，需遵循传统与创新并重这一核心原则，二者相辅相成，共同助力产品的良好发展。传统形式的保留是整个开发工作的根基所在，其承载着甘肃非遗深厚的历史文化底蕴，是不可舍弃的宝贵财富。与此同时，鉴于现代市场的动态变化以及游客多样化的喜好，创新无疑成为推动甘肃非遗旅游产品持续发展的关键要素。唯有紧密结合当下市场需求，融入新颖元素进行创新，方能使产品贴合时代脉搏，赢得更广泛的市场认可。在打造品牌方

面,让更多的非遗传承人与消费者参与到文创设计当中,聚焦不同消费群体的诉求点,加大对文创产业人员、资金、设计、包装、技术、场地等全方位的支持力度,推动校、企、地三方联动,打造文旅精品,加强高颜值且形象鲜明的非遗 IP 形象设计,如甘肃文创产品"绿马"火出圈,"冻梨""樱桃""黄芪"等萌物,以及"麻辣烫""砂锅"等毛绒玩具也深受观众喜爱,通过创意满足年轻消费群体的分享欲和社交需求。2024 年上半年,甘肃省博物馆观众接待量同比增长45.5%,甘肃省各级博物馆共接待观众 1705 万人次,文创销售额达到 3466 万元。① 在提高生产效率与产品质量方面,鼓励企业和社会组织参与开发生产,引入现代技术与管理模式实现规模化生产。此外,构建完善产业链条,从原材料供应到售后服务各环节紧密衔接,保障非遗产品顺利入市并收获良好市场反馈,以此促进甘肃非遗旅游产品在学术研究与实践层面实现高质量、可持续发展。

二、开展品牌非遗活动,绘就文化璀璨景象

(一)加强博物馆、文化馆、纪念馆等公共文化设施建设

近些年,甘肃省在博物馆、文化馆、纪念馆等公共文化设施建设方面取得较突出的成绩,着力做好地区非遗项目挖掘传承和整理保护,利用好馆藏文物的非遗元素,发掘传统手工艺文创产品的现代价值,准确把握非遗中的理念和文化意蕴,将非遗故事转化为广大游客"听得懂、看得明"的民间好故事,丰富游客的文化体验。还可通过非遗数字展览、网络课堂、非遗传习基地等方式,不断丰富完善展示内容,推动博物馆知识普及、教育宣传、文化沉浸、交互娱乐、社群活动融为一体,为游客提供跨地区、跨文化的优质非遗数字文化产品和文化活动服务,甘肃以"八个一"文化品牌为抓手,即一年一度公祭伏羲大典、一年一届敦煌文博会、一部《四库全书》、一本《读者》杂志、一台《丝路花雨》、一部《河西走廊》纪录片等打造拳头产品和知名品牌。2024 年上半年,甘肃成功举办 2024 年公祭伏羲大典,实施流失海外敦煌文物数字化复原项目,推动《四

---

① 李荣坤.甘肃文旅产业实现高增长[N].中国文化报,2024-09-10(10).

库全书》保护修复、数字化采集和影印出版。

（二）以非遗民俗文化活动赋能乡村旅游

非遗与乡土社会有着紧密的联系，是发展乡村旅游的重要资源。应利用非遗文化保护区等特色文化空间，建设特色文化旅游区，聚集各类地方特色非遗品牌项目，发挥地方独特的传统节俗文化资源以及特色非遗饮食文化资源优势。[①] 甘肃为了实现多产业融合的集聚效应，积极发展品牌民俗文化体验活动，围绕"吃、住、行、游、购、娱"这六大要素，做出本地非遗文旅特色。[②] 赏田园风光、吃农家饭、住农家院成为游客休闲度假的首选。2024 年上半年，甘肃省乡村旅游接待游客 8445.4 万人次，发展潜力很大。[③]

三、绘就顶层规划蓝图，引领非遗发展航向

2023 年 2 月，文化和旅游部印发了《关于推动非物质文化遗产与旅游深度融合发展的通知》，该通知指出，非遗与旅游的深度融合发展蕴含着多维度的重要价值与深远意义。[④] 在制定甘肃非遗与旅游业融合发展的规划时，应充分考虑非遗的独特性和旅游业发展的需求，制订符合实际、科学合理的规划方案。

从非遗独特性来看，其活态传承性、民族地域性等特点决定了融入旅游时需"量体裁衣"。旅游业是一个综合性产业，涵盖交通、住宿、餐饮、娱乐等多个环节，且游客对于旅游体验的品质、多样性以及便捷性有着越来越高的要求。基于此，规划需着眼于构建完善的旅游基础设施，优化交通网络布局，提升景区周边配套服务设施水平，同时结合市场调研，精准把握游客喜好与旅游消费趋势，设计出能够满足不同游客群体需求的非遗旅游产品与线路，增强甘肃非遗旅游在市场中的竞争力。

---

① 马道玥，刘宇. 文旅融合背景下"非遗+旅游"实践模式及发展路径探析——以天津市非遗文旅为例［J］. 河北科技大学学报，2024（3）：89-96.

② 施秀萍. 甘肃文旅发展势头强劲［N］. 甘肃日报，2024-09-12（01）.

③ 李荣坤. 甘肃文旅产业实现高增长［N］. 中国文化报，2024-09-10（10）.

④ 王珂. 拥抱非遗，旅游更有文化味［N］. 人民日报，2023-06-14（19）.

此外，还应建立多部门协同合作的机制。非遗与旅游业融合发展涉及文化、旅游、财政、教育等多个部门，各部门需打破信息壁垒，明确职责分工，共同参与到规划的制定、实施与监督过程中。文化部门负责非遗资源的梳理与文化内涵的挖掘，旅游部门主导旅游产品开发与市场推广，财政部门保障资金投入，教育部门助力人才培养，通过多方联动，形成推动甘肃非遗与旅游业融合发展的强大合力，保障规划方案能够切实落地实施，取得良好的发展成效。

四、依托科技赋能翅膀，奏响文旅腾飞乐章

人工智能、数字化等新质生产力在内容生产创新、消费体验创新、文化产业转型中的广泛应用为非遗的传承发展和文旅提质升级开拓了新空间。2022 年 10 月，工业和信息化部、教育部、文化和旅游部等五部门联合印发的《虚拟现实与行业应用融合发展行动计划（2022—2026 年)》着重指出，文化旅游与虚拟现实的融合势在必行。随着交互时代的到来，元宇宙技术可为广大游客提供互动感、在场感，激发游客的想象力，也可为非遗与旅游的融合发展注入新活力。从内容生产创新角度来看，人工智能可助力非遗文化元素的提取与再创作，通过智能算法生成多样化的非遗故事、艺术作品等内容，丰富非遗的表现形式。在消费体验创新方面，借助数字化技术打造虚拟现实、增强现实等沉浸式体验场景，让游客仿佛置身于非遗诞生的历史情境中，切身感受非遗魅力，提升文旅消费体验的深度与趣味性。以"敦煌飞天"为蓝本打造的虚拟数字人"天妤"就是很好的范例，由于"天妤"的视频人物造型精致典雅，故事情节生动有趣，备受欢迎，自上线以来，全网视频播放量超过 8000 万次，抖音主话题阅读量超 1 亿次，《中国日报》赞扬"天妤""将壁画、敦煌、飞天等传统文化元素和现代技术融合，向全世界介绍中国敦煌的千年文化。"

五、强化宣传推广力度，唱响非遗精彩声浪

甘肃非遗旅游的宣传推广需多渠道协同发力，以实现良好发展效果。在传统

媒体层面，借助报纸、杂志、电视等渠道开展宣传报道，深入挖掘并展现甘肃非遗的深厚文化特色，详细介绍各类非遗旅游项目，让受众对其形成初步认知。于新媒体领域，充分发挥互联网、社交媒体及移动应用平台优势，以图文、视频等多样化形式发布内容，契合当下网民浏览习惯，吸引广泛关注，甘肃抢抓热点策划引流，营造新热度，开展了"甘肃麻辣烫及特色美食大 PK""甘肃文创非遗市集展销""碳水之都最兰州""诗意甘肃·丝路长风三千里"等一系列活动。其中，"诗意甘肃·丝路长风三千里"已举办 8 场次，现场观演人数超 5.2 万人次，网络传播量达 12.84 亿次。精准营销不可或缺，依据游客年龄、性别、地域以及兴趣爱好等差异，制定针对性营销方案，精准触达目标市场及不同游客群体，提升营销效能。加强国内外文化交流也至关重要。积极参与各类国内外文化展览、艺术交流活动，将甘肃非遗独特的文化特色与旅游项目充分展示，扩大其国际影响力。同时，热情邀请国外游客及文化机构来甘肃实地参观访问，增进相互了解，促进甘肃非遗与国际文化深度交流融合，全方位助力甘肃非遗旅游提升知名度，在文化传承与旅游发展上取得更大突破。

六、挖掘历史文化宝藏，点亮甘肃现代曙光

立足甘肃深厚的地域文化底蕴和丝绸之路文化，全维度守护好、呈现好、解读好丝绸之路沿线丰富多样的非遗资源，促进非遗与古遗址、历史名城、传统民俗村落、自然文化景观等各类文化遗产开展整体性保护，秉持在保护中谋发展、于发展里强保护的理念，在源远流长的传统文化润泽下，延续甘肃独特的城市文化脉络与基因。在传承和创新过程中充分挖掘历史文化资源，像敦煌莫高窟、张掖大佛寺等承载厚重历史的文化圣地，着重提升兰州老街等重点街区的文化品质，积极营造更为丰富多元的非遗运用场景，助力非遗资源实现活化运用，达成对传统风貌保护和现代城市功能优化升级的有机融合，让古老文化在新时代焕发出新活力。强化对甘肃老字号传承、创新以及发展的扶持力度，鼓励老字号企业引入现代经营理念与创新元素，深度挖掘品牌文化内涵，拓展产品种类与市场渠

道，使其在新时代背景下既能保留传统韵味，又能满足当代消费者的需求，成为展现甘肃文化魅力与推动经济发展的有力支撑。此外，老字号门店要继续深挖非遗老字号的文化内涵，采取跨界、联名等方式开发文创产品，推出更多的爆款潮品，打造"甘肃伴手礼"品牌，推动商业、文旅和休闲三大业态融合发展。

第七章　县域旅游与甘肃旅游强省建设

县域是中国经济和社会发展的基石。县域旅游作为县域发展的重要引擎，不仅带动了地方特色产业的发展，还促进了城乡融合和区域协调发展。同时，县域旅游也是地方文化传承和生态保护的重要途径，能够通过乡村旅游、文化旅游来提升地方文化自信与生态文明意识。近年来，随着国家政策的引导和市场需求的推动，县域旅游市场持续扩展，新兴旅游形式如露营、研学等迅速崛起，推动了县域旅游的多样化和快速发展。然而，县域旅游也面临诸多挑战，包括目的地整体性不强、部门协同不足、平台机制不完善、营销力度不够等问题，这些问题在甘肃也同样存在。县域旅游的高质量发展，是旅游强省建设的基石。为此，本章提出了一系列提升县域旅游发展质量的对策建议，以期为甘肃县域旅游高质量发展提供有益参考。

第一节　高质量发展县域旅游的时代意义

我国有 2800 多个县级行政单位，县域的发展直接影响国家的稳定发展。县域是中国行政体系中的关键层级，发挥着重要作用，是中国经济社会发展成功的重要支柱。[①] 随着社会经济水平的提高和居民消费需求的多样化，县域不仅要发

---

① 李永友．省以下多样化放权策略与经济增长 [J]．经济研究，2021，56（2）：39-53.

展传统产业，更需要通过旅游等新兴产业带动经济转型升级。

一、县域旅游有助于提升县域形象与营商环境

县域旅游在提升县域形象中发挥着重要作用，促成了县域自身形象的转型升级。县域旅游通过挖掘和整合本地的自然、人文、历史资源，塑造出具有地方特色的旅游产品，从而在全国甚至国际市场中打造出独具吸引力的县域品牌，提升其在国内外的知名度和影响力。以浙江省安吉县为例，[①] 该县通过"绿水青山就是金山银山"发展理念的落地实施，发展了竹海、茶园等特色景点，逐步将自身打造为"生态县域"的代表，不仅提高了知名度，还吸引了大量游客，并且进一步吸引了更多企业前来考察投资，成为全国绿色发展的样板。

同时，县域旅游的快速发展在一定程度上加快了县域营商环境的完善。为满足游客的需求，县域通常会加大投入，建设高速公路、铁路、通信网络等基础设施，[②] 提升了旅游服务的水平和整体基础设施的质量。此外，随着游客数量的增长，县域通常会加大对公共服务设施的投入，例如增设公共卫生间、休息区、信息咨询中心等服务点，极大改善了当地居民的生活环境。此外，连锁酒店、特色民宿和优质餐饮品牌的不断引入，提高了当地服务业质量，带动了周边商业的发展，形成了服务行业的聚集效应，进一步优化了县域的营商环境。

二、县域旅游有助于促进增收就业和产业投资

县域作为国内大循环的核心纽带，对在新阶段加快构建以国内大循环为主体、国内国际双循环相互促进的新发展格局发挥着至关重要的作用。许多县域通过发放旅游消费券、举办特色节庆活动等方式，增强了居民和游客的消费积极性，形成了消费扩大的良性循环。县域旅游的发展还是县域经济新的增长点，尤

---

① 据《2023 年安吉县国民经济和社会发展统计公报》及《全国县域旅游发展研究报告 2024》显示，2023 年安吉县全年生产总值（GDP）615.12 亿元，旅游总收入 448.1 亿元，接待游客 3152.8 万人次。
② 据《2023 年安吉县国民经济和社会发展统计公报》显示，安吉县 2023 年公路客运量 77.79 万人，同比增长 14.9%，公路客运周转量 22446.91 万人千米，同比增长 83.8%。

其对于欠发达地区，旅游业常常成为带动区域经济发展的重要引擎。[①] 县域旅游的发展创造了大量就业机会，包括景区管理、导游、交通运输、餐饮、酒店等行业，吸纳了大量本地劳动人口，同时，县域旅游还推动了相关行业的就业增长，提高了当地手工艺品制作、农业生产、文化娱乐等产业的人员需求，进而促进了地方就业结构的优化调整和社会稳定。

县域旅游的发展有效提升了当地的投资吸引力，推动了当地传统产业的升级。通过旅游带动县域的基础设施建设、提升县域品牌形象以及优化营商环境，许多企业和投资者纷纷看中了县域旅游的前景，开始在交通基础设施、酒店建设、餐饮业、文化创意产业等领域进行投资。通过延伸旅游产业链，传统产业可以与旅游业结合，获得更多市场机会。以广西壮族自治区桂林市阳朔县的香草产业为例，当地结合旅游开发香草园，开发香草衍生产品，如香包、精油等，使这一传统农业产业得到升级，并通过旅游渠道进行推广，实现了传统产业的增值。旅游业的扩展带动了地方产业的延伸发展，提升了传统产业的附加值，为县域经济的转型提供了新路径。

三、县域旅游有助于推动城乡融合与乡村振兴

县域旅游的发展有助于解决城乡融合中的矛盾和问题，推动城乡要素流动。在国家治理中，城乡融合问题逐渐成为核心问题，而县域作为城乡交汇的关键区域，在破解城乡融合难题的过程中扮演着重要角色，习近平总书记高度重视县域治理，曾指出"要把县域作为城乡融合发展的重要切入点，推进空间布局、产业发展、基础设施等县域统筹，把城乡关系摆布好处理好，一体设计、一并推进"。[②] 首先，县域旅游的发展促使县域投入资金扩展公路、轨道交通等连接城乡的基础设施，将城市与乡村更紧密地联系在一起。其次，县域旅游的发展形成

---

① 保继刚，杨兵．旅游开发中旅游吸引物权的制度化路径与实践效应——以"阿者科计划"减贫试验为例 [J]．旅游学刊，2022，37（1）：18-31.

② 习近平．坚持把解决好"三农"问题作为全党工作重中之重 举全党全社会之力推动乡村振兴 [J]．共产党员，2022（10）：4-10.

了城乡之间的资源互动与共享，城市的技术、资金和人力资源等投入乡村，乡村的自然资源、文化资源等向城市市场输出，有效推动了城乡要素的流动。最后，通过推动县域旅游的发展，缓解了城乡之间的差异和冲突，促进了城乡资源的双向流动与整合，有效推动了城乡融合进程，并为区域经济的协调发展提供了支持。

此外，发展县域旅游还有助于实现乡村振兴与共同富裕。县域旅游不仅为乡村带来了游客，还带来了多元的收入来源。乡村居民通过参与民宿、餐饮、导游、特色手工艺品等旅游服务，获得了额外的收入。① 通过鼓励村民参与乡村旅游服务，提供本地就业机会，乡村旅游吸引了年轻人回流家乡就业，增加了社区的活力。随着经济收入的提高和生活条件的改善，村民的幸福感和对家乡的归属感也不断增强，实现了乡村振兴，为共同富裕的实现打下了坚实的基础。

四、县域旅游有助于生态保护和文化传承创新

县域旅游的发展注重生态环境的保护与资源的合理利用，是践行生态文明战略的重要手段。通过县域旅游，县域可以在开发利用自然资源的同时注重生态保护，使经济收益与环境保护相互促进。发展县域旅游有利于打造生态旅游区，向游客宣传环保理念，从而提升当地居民与游客的自然资源保护意识，促使更多人关注和支持生态保护事业。② 县域旅游带来的经济收入可以被投入环境保护和生态恢复工程中，实现资源的长效利用。此外，县域旅游的发展为非物质文化遗产的保护带来了新的契机。例如，安徽省休宁县通过旅游发展将道家文化与非物质文化遗产推广至更广的游客群体，而福建崇武古城则通过惠安女民俗展览、惠安石雕等活动，使濒危的地方文化得以传播与传承。县域旅游的发展不仅带来了经济收益，还为非物质文化遗产的保护和传承注入了新的活力，进一步推动了传统

---

① 张遵东，章立峰. 贵州民族地区乡村旅游扶贫对农民收入的影响研究——以雷山县西江苗寨为例 [J]. 贵州民族研究，2011，32（6）：66-71.

② 郑彬，李明川，高岚. 生态旅游能否激励自然保护区及其周边农户的生态保护行为——基于二重理性的视角 [J]. 农村经济，2022（7）：45-53.

文化的保护。县域旅游的蓬勃发展使文化与旅游产业得以深度融合，形成了许多文化主题的特色旅游区，培育了当地的文化产业，使文化得以持续发展和创新。①

五、县域旅游有助于推动区域合作与协同发展

县域旅游通过区域旅游合作和大旅游目的地的协同发展，推动了区域间的合作与资源共享，助力形成区域性协作网络，缩小了区域发展差距。县域旅游的成功不仅仅依赖于单一地区的资源开发，往往通过区域间的合作与协调发展，形成更具吸引力的大旅游目的地。通过整合周边县域的旅游资源，推动区域联合开发，让县域之间能够实现旅游资源的共享与互补，② 提升了不同地区之间的联动性和整体的吸引力和竞争力。县域旅游的发展帮助建立了区域一体化的旅游发展机制和区域性旅游协作网络，让周边县市共享旅游业带来的收益，并推动区域内的协调发展，缩小区域内的发展差距。

第二节　县域旅游发展的现状与特点

县域旅游在国内旅游市场中的地位正不断提升。在政府政策的积极引导和支持下，县域旅游在需求端和供给端都展现出强大的活力与热度。

一、县域旅游发展的需求侧现状与特点

（一）县域旅游市场热度攀升

随着生活节奏加快和短途旅行需求的增加，县域旅游逐渐成为城市居民的热门选择，尤其是周末和小长假的短途出行。相较于一线城市旅游市场，县域旅游

---

① 王新歌，虞虎，陈田．旅游视角下的地域乡愁文化元素识别及维度构建——以古徽州文化旅游区为例［J］．资源科学，2019，41（12）：2237-2247.

② 银元．黄河流域文化旅游区域合作动力机制与路径优化［J］．行政管理改革，2022（12）：39-46.

的增长速度更为显著。在一线城市旅游趋于饱和的情况下，县域旅游凭借独特的自然资源和丰富的文化体验，吸引了大量游客，成为国内旅游市场的重要增长点。近年来，县域旅游的游客量和消费规模均呈现快速增长的趋势，许多县域景区在假期甚至出现爆满情况。据携程发布的《2024"五一"假期旅行总结》显示，一、二线城市旅游订单同比增速小于三、四线城市，三、四线城市又小于县域市场，"小县城跑赢大都市"成为"五一"旅游市场一大亮点，"五一"期间县域旅游目的地的酒店、景区门票订单分别同比增长68%、151%。相较长途旅行，县域旅游因其便捷的交通、丰富的自然风光和多样的体验项目，成为城市居民短途出行的理想选择。

县域旅游市场展现出较强的抗风险能力。由于县域旅游多以小规模出行为主，游客可以选择自驾、家庭出行等形式，避免了人群聚集，降低了健康风险。而在旅游市场恢复期，县域旅游因其便捷性和高可达性，需求恢复速度快于长途旅游市场。短途旅游需求旺盛，游客倾向于在城市周边的县域进行短期旅行，避免长途旅行带来的风险，保障了县域旅游的客源稳定。

此外，数字游民与旅居客户逐渐成为县域旅游的重要组成部分，2024年暑期，"数字游民""旅居"等关键词成为美团旅行热门关键词，"数字游民公社"大众点评搜索量比2023年同期上涨17倍。[①] 这些群体通常具备较高的工作和生活灵活性，追求在旅行中工作、在工作中旅行的生活方式。县域旅游以其独特的自然环境、相对宁静的生活节奏和丰富的文化体验，吸引了越来越多的数字游民和旅居客户前来探索和居住，进一步拓展了县域旅游市场、激发了消费潜力。

（二）网红县域旅游地的涌现

随着社交媒体的普及，越来越多的县域旅游地通过短视频、直播等方式成为"网红县域目的地"，吸引了大量年轻游客。安吉、桐庐、都江堰、阳朔、弥勒、

---

① 《2024年轻人县城旅居报告》：年轻人爱去县城当"中产"，大理、荣成、平潭为暑期最热门县城 [EB/OL]. (2024-08-07) [2024-12-01]. https：//www.traveldaily.cn/article/183447.

义乌、婺源、景洪、昆山、平潭是"五一"假期十大热门县域旅游目的地，旅游订单同比平均增长 36%，这些县域以其独特的自然风光、深厚的文化底蕴和特色的旅游体验，吸引了大量游客的关注。这些网红县域旅游目的地的兴起反映出游客对"短途""网红目的地"旅行需求的激增。

（三）县域旅游市场的年轻化趋势

随着旅游消费群体年轻化，县域旅游市场也呈现出明显的年轻化趋势。年轻游客不仅更倾向于体验原生态的自然风光和文化，还偏好新奇独特的旅游项目。县城 70% 的异地订单消费者为 20～35 岁的年轻人，县域旅游相关词搜索量同比增长 558%。① 此外，随着短视频平台和社交媒体的推广，年轻人更倾向于选择特色鲜明的县域旅游目的地，分享自己的旅游体验，进而吸引更多年轻游客参与。

二、县域旅游发展的供给侧现状与特点

（一）全域旅游助推县域农文旅资源深度挖掘与特色化、景区化发展

全域旅游的发展促进了资源的整合与特色化开发，帮助县域旅游塑造独特的品牌形象。全域旅游理念下，县域的自然、农业、文化资源得到深度挖掘和整合开发。相较于传统旅游城市，县域的原生态文化和完整的自然景观为其发展提供了独特优势。此外，县域的地方文化传统、民俗活动也更加丰富，吸引了大量追求深度文化体验的游客。露营、研学、乡村游、夜间游等新兴县域旅游形式迅速崛起，满足了县域旅游市场对个性化和深度体验的需求，推动了县域旅游多样化和快速迭代。综合来看，一个个县域所组成的旅游下沉市场正处于迅猛发展的阶段。

（二）县域旅游中小企业投资旺盛，特色住宿与餐饮服务异军突起

县域旅游发展态势整体向好，旅游投资信心不断提升，"市场认、投资热"

---

① 《2024 年轻人县城旅居报告》：年轻人爱去县城当"中产"，大理、荣成、平潭为暑期最热门县城 [EB/OL]．（2024-08-07）[2024-12-01]．https：//www.traveldaily.cn/article/183447.

相互促进的良性循环加快形成。随着县域旅游市场的持续升温，住宿市场投资成为县域旅游投资的鲜明代表，特别是民宿和中高端酒店的投入不断增加。

第一，民宿数量增长迅速。近年来，许多县域依托独特的自然风光和人文环境，迅速发展了民宿产业，不仅为游客提供了与自然融为一体的独特住宿体验，还丰富了县域的住宿类型，吸引了大批年轻游客。据统计，2023年，木鸟民宿平台房源量增至175万套，民宿订单同比增长192%，房东数量同比增长227%，民宿创业加速向低线市场渗透。① 在途家平台，县域民宿已覆盖全国1501个县。县域民宿正成为我国民宿行业的新生力量，县域民宿预订量同比增长超三成，县域房东在平台上以每年超两成的速度增加。② 例如，广西壮族自治区阳朔县和江西省婺源县等地通过民宿特色村落的打造，将自然景观和乡村风情与住宿体验结合，受到了游客的广泛欢迎。

第二，品牌连锁酒店下沉县域市场。随着游客对高质量住宿需求的增加，一些连锁酒店品牌迅速进入县域市场，提升了县域旅游的服务质量。如家开展"万店计划"，华住集团不断扩大下沉市场，截至2024年第一季度末，华住中国有9684家在营酒店，其中，华住中国已经覆盖了全国1290个城市，比上年同期增长了158个城市，继续向"县县有华住"的目标挺进。同时，2023年，洲际酒店超过70%的开业酒店及85%的筹建酒店位于二线至四、五线城市。由此可见，酒店持续加码下沉县域市场，酒店投资火热。此外，这些品牌酒店的入驻，不仅带动了当地住宿业整体水平的提升，还推动了服务标准化和品牌化的建设，进一步吸引了中高端游客群体。同时，随着县域经济规模和居民消费水平的提升，餐饮市场加速下沉至县域，尤其是大众化、平民消费的餐饮成为市场的主流。瑞幸、喜茶、星巴克等许多连锁餐饮企业正集体在县域市场找增量，并初见成效。以星巴克为例，据星巴克最新财报，截至2024年中国门店

① 木鸟民宿发布《2023年度民宿行业发展报告》：乡村民宿订单同比增长215%［EB/OL］.（2024-01-12）［2024-12-01］. https：//news.qq.com/rain/a/20240112A04UZY00.
② 途家：民宿开遍全国1501个县，到县城发现宝藏中国［EB/OL］.（2024-09-11）［2024-12-01］. https：//news.qq.com/rain/a/20240911A06RN600.

总数将覆盖近 1000 个县级市场。①

（三）县域旅游产品创新不断，热门县域旅游品牌逐步形成

全域旅游强调"旅游+"模式，推动农业和文化资源的深度挖掘与利用，为县域旅游发展提供了丰富的素材。例如，"旅游+农业"推出采摘、农田观光等体验项目，"旅游+文化"通过民俗表演、非遗展示等丰富了旅游内容，"旅游+体育"推出滑雪、马拉松等体育旅游项目。江西婺源充分利用当地的古村落、油菜花田和徽派建筑，将其打造为一处以乡村田园风光和文化体验为主题的旅游胜地，形成了县域旅游资源挖掘与经济增长的良性循环。同时，互联网、大数据、虚拟现实等新技术在文化旅游领域的加速应用，催生了"IP+文旅+科技"三位一体的沉浸式体验新模式，推动了文化与旅游的深度融合，在更广范围、更深层次、更高水平上取得了突破性进展。随着县域旅游市场的不断发展，一批具有地方特色的县域旅游品牌逐步崛起，这些品牌通过突出本地的自然风光、人文特色和创新体验，成功吸引了大量游客。例如，安徽黄山的自然景观、云南丽江的古城文化和浙江安吉的生态旅游都形成了独具一格的县域旅游品牌。这些品牌的打造不仅提升了县域的旅游吸引力，还在全国范围内树立了良好的市场口碑，逐步形成了较强的竞争优势。

第三节　县域旅游发展的条件与驱动因素

一、快速交通网络的改善奠定了县域旅游发展的基础

（一）高铁、高速与机场覆盖全面提升县域旅游可达性

交通的便捷性直接决定了县域旅游的可达性和游客的出行意愿。高速公路、

---

① 权威发布 |《2024 中国餐饮业年度报告》（附全文下载）[EB/OL]．（2024-10-31）[2024-12-01]．https：//mp．weixin．qq．com/s/2Kx_DAZIKDRvDQ8edG0ZYw．

铁路和机场建设的推进，使县域与大城市的距离大幅缩短，极大提升了县域的连通性。截至 2023 年底，我国高速公路里程达 18.4 万千米、高铁营运里程达 4.5 万千米，其中高速公路、高速铁路对 20 万人口以上城市覆盖率超过 98%，高速公路与铁路建设的推进成为县域旅游的坚实基础。

高铁网络的快速扩展使县域旅游与全国各大城市之间的联系更加便捷，极大缩短了游客的出行时间。高铁所具备的速度优势和稳定性为周末游、短途游的流行提供了可能。例如，北京至周边的河北、天津，上海至江苏、浙江的多个县域地区高铁直达，使游客能够在数小时内抵达并游览当地特色景点。

高速公路的建设和延伸使自驾游在县域旅游中更加普及。无论是沿海地区还是中西部腹地，县域旅游地通过高速公路与周边城市紧密相连，形成了四通八达的自驾游网络。游客可以方便地驾车前往景区，享受灵活的出行体验。尤其是在大都市周边，随着半小时、一小时交通圈的形成，许多县域成为城市居民周末和短途旅游的首选。例如，上海、北京、深圳等地周边的县域景区借助便捷的交通，成为城市居民休闲度假的热门选择，这种快速连接拓宽了县域旅游的潜在市场。

全国范围内的支线机场和地方机场的建设，使县域也接入了全国航空网络，极大提升了这些地区的可达性，吸引了更广泛的游客群体。机场的建立特别适合于吸引长途游客和时间紧凑的高端游客，极大地促进了跨省份出游的便捷性。

（二）景观道路与通景交通提高了县域旅游的连通性

各省份陆续开通一号旅游公路、环线自驾线路和景观公路，将县域的主要景点与交通枢纽和主要城市连接，形成畅通的旅游动脉。例如，青海的"环青海湖一号公路"、浙江的"千岛湖环湖公路"、四川的"318 国道"沿途风光无限，为游客提供了独特的自驾体验。景观道路不仅连接了县域内外的各大景点，还将沿途自然风光和人文景观呈现在游客面前，增加了旅游的趣味性和吸引力。

除了景观道路，县域旅游的区域内交通也在不断完善。在景区周边及县域内，大力建设通往景区的便捷交通，如景区接驳公交、旅游专线巴士和景区观光车。通过完善的区域公共交通系统，县域能够更好地服务于短途游客和自驾游客，为游客提供多样化的出行选择。一些县域增设了专线公交车，专门服务于县域内主要景区之间的交通，例如黄山市下属所有景区都拥有景区环线，极大地方便了游客的出行。

二、央地政策的持续扶持为县域旅游发展提供了保障

（一）国家战略与政策扶持

国家将全域旅游、乡村振兴和生态文明建设纳入重要战略，为县域旅游指明了发展方向。"十四五"规划明确提出推进全域旅游和乡村旅游融合发展，通过政策支持推动县域旅游转型升级。国家陆续发布了《关于做好 2023 年全面推进乡村振兴重点工作的意见》《国内旅游提升计划（2023—2025 年）》《关于学习运用"千村示范、万村整治"工程经验有力有效推进乡村全面振兴的意见》《进一步推动西部大开发形成新格局的若干政策措施》等政策，为县域旅游指明了清晰的发展路径，鼓励推动农业、文化、旅游等一二三产业深度融合，创新乡村振兴投融资机制，同时大力支持县域基础设施建设，为县域旅游的发展奠定了坚实基础。

（二）省市政策扶持

近年来，甘肃省高度重视县域旅游的发展，密集出台了一系列相关政策文件，为县域旅游注入新的发展活力。例如，《甘肃省"十四五"旅游业发展实施方案》明确提出全域旅游示范区建设、乡村旅游集聚区打造等重点任务，助推县域旅游资源整合与品牌塑造；《甘肃省进一步释放消费潜力促进消费增长的若干措施》通过支持乡村民宿、文旅新业态、夜经济等方式，增强县域旅游吸引力和消费活力；《甘肃省人民政府办公厅关于提升国家乡村振兴重点帮扶县产业发展水平切实巩固拓展脱贫攻坚成果的指导意见》重点扶持县域文旅产业与乡村振兴深度融合，推动文旅资源的挖掘和创新。在甘肃省"十四五"旅游规划中提到的黄河文化旅游示范带和大敦煌文化旅游经济圈的建设，推动了甘肃省跨县域、跨市的旅游协同发展，带动了多个县域的协同发展。此外，甘肃省与工商银行甘肃省分行、兴业银行兰州分行等金融机构签署战略协议，增加授信额度，倾斜扶持文旅产业链中的小微企业。

同时，甘肃省下属市均出台了相关文件，进一步支撑县域旅游高速发展。例如，《张掖市文化广电和旅游产业"十四五"发展规划》明确提出，通过全域旅游示范区创建、重点景区升级和乡村旅游示范点打造，推动县域旅游的资源整合与品牌塑造；《张掖历史文化名城保护管理办法》等政策，保护历史文化资源，助力文化与旅游的深度融合。此外，《张掖市"十四五"推进农业农村现代化发展规划》支持乡村旅游与农业产业的结合，发展乡村民宿、生态观光等新业态。

这些政策文件的出台，不仅为县域旅游发展提供了清晰的方向和强有力的支持，还有效激发了县域经济和文化的多元化发展潜力，使甘肃省县域旅游在市场竞争中更具优势。

（三）县域自身政策支持

各地县域政府积极出台相关的旅游政策，如甘肃省迭部县出台了《迭部县创建"中国天然氧吧"工作实施方案》，创建"中国天然氧吧"，促进全域旅游发展提档升级。浙江省安吉县出台《安吉县民宿发展管理办法》规范民宿管理，促进行业发展，多方面核定民宿标准，有效规范了民宿管理，提升了游客体验。四川省稻城县发布《稻城县"圣洁甘孜、本真稻城"文化和旅游市场信用经济发展试点分工实施方案》，构建政府部门、行业组织、市场主体、村民、社会共同参与的"圣洁甘孜、本真稻城"诚信文化建设新格局。通过因地制宜地制定符合当地实际的发展规划，各地县域旅游不仅提升了市场竞争力，还为推动区域经济高质量发展、实现文化和生态价值的有机结合提供了有力支撑。

三、消费下沉与市场分化带动了县域旅游的快速增长

随着市场需求的多样化和消费水平的升级，县域旅游迎来了快速增长的市场机遇。城市居民休闲度假需求的增加、年轻消费者对新兴旅游体验的偏好，以及县域旅游产品的多样化发展，共同促进了县域旅游市场的繁荣。通过契合消费者的需求，县域旅游正在向更精细化、差异化和品质化的方向发展，不断吸引着新的游客群体。

（一）消费下沉带来的县域旅游需求增加

随着城市居民对生活品质的追求，短途旅游成为他们满足休闲度假需求的重要方式。尽管大都市居民对于高质量、优质的旅游体验的需求依旧旺盛，但在实际消费上，居民的支出偏好却发生了变化，即出现了"转移式降级"。消费者在旅游消费过程中，更倾向于在某些方面节省开支或选择性地降低消费标准，而非全盘减少旅游品质。城市居民尤其热衷于短途自驾游和周末出游，县域旅游因其丰富的自然资源和贴近乡村生活的体验等而备受青睐。与长途旅行相比，县域旅游更加灵活且经济实惠，成为城市居民放松身心的理想选择，"三小时都市圈"成为城市居民搜索的热门关键词。县域旅游依托山水田园、花海观光、乡村生活体验等元素，满足了城市居民对于"回归自然"的需求，进一步推动了县域短途游市场的发展。

（二）年轻消费者对县域旅游的兴趣

年轻消费者已逐渐成为旅游市场的主要消费群体，他们在旅游产品的选择上更注重文化、创意和体验感，县域旅游的多样性和独特性恰好契合了年轻游客的需求。许多年轻人热衷于探索小众目的地、文化主题和户外探险等项目，县域的民俗文化、历史遗迹和自然景观都为其提供了丰富的旅游体验。例如，贵州黔东南的苗族文化、江西婺源的徽派古村落等吸引了大批年轻游客前来体验。与此同时，年轻游客喜欢将旅游体验分享到社交平台，通过短视频、直播等形式将县域景点推广给更广泛的受众。这种自发的社交分享行为大幅提升了县域旅游的曝光度和知名度，吸引了更多游客。

（三）旅游客群分化催生县域旅游创新升级

县域旅游已从单一的观光旅游逐渐转向多样化的发展模式，通过观光、休闲、生态、康养等不同主题的产品，满足游客的多层次需求。许多县域根据当地资源优势，创新性地开发了多样化的旅游产品，例如休闲度假、自然观光、生态体验、康养旅游等。例如，四川的雅安以生态休闲为特色，贵州的六盘水则依托温泉资源发展康养旅游，这些产品的创新丰富了县域旅游的内涵，也提升了游客的多样化体验。随着消费需求的多样化，县域旅游在市场上逐渐形成了细分定位，针对不同的消费群体开发定制化的旅游产品，以更好地满足游客的个性化需求。县域旅游根据家庭游客、年轻人、老年人等不同群体的需求，开发了定制化的产品。例如，针对家庭游客提供亲子活动、乡村体验等项目；针对年轻人提供探险旅游、户外运动、文化主题游；针对老年人提供疗康养休闲游，满足了多层次旅游需求。①

四、新媒体营销在县域旅游推广中发挥了关键作用

新媒体营销在县域旅游的推广中发挥着至关重要的作用。随着社交媒体和短视频平台的普及，县域旅游能够借助新媒体平台迅速获取曝光度，以低成本高效率的方式推广地方特色，吸引更多游客。

社交媒体平台如抖音和小红书，因其内容的高度视觉化和互动性，成为县域旅游推广的重要渠道。② 许多县域旅游景点通过社交媒体平台上的用户打卡分享而走红，吸引了大量年轻游客。例如，湖南张家界的玻璃桥、广西阳朔的山水风光、浙江安吉的竹林景观等都因其独特的视觉效果和沉浸式体验，成为抖音和小红书上的"网红"打卡地。通过用户的分享，这些景点迅速积累了高曝光度，引发了游客打卡热潮。同时，社交媒体的分享性和互动性大幅度提升了县域旅游的传播效率。游客通过拍摄照片、视频并发布在平台上，自发地为景区做了推广，并引发了二次传播。其他游客看到这些打卡分享后，也被吸引到同样的地点，从而形成了二次甚至多次传播效应。这种自发的传播方式帮助县域旅游在短时间内获得了极高的关注度，并提升了景区的吸引力，极大地扩大了县域的游客

① 杜萍. 全域旅游视域下康养旅游发展现状及对策［J］. 社会科学家，2022（10）：47–53.
② 郭文，周尚意，张敏，等. 网红打卡地的数字化实践与新空间形态生产［J］. 热带地理，2024（9）：1527–1548.

来源。而且短视频内容由于制作简易、传播迅速，成为县域旅游推广的理想媒介。例如，四川稻城亚丁在抖音上一条短视频的带动下，迅速引爆全国，吸引了大量游客前往。在短视频平台上，只要内容有足够的吸引力，便可能形成"病毒式"传播，使县域旅游在短时间内获得广泛关注，带动景区热度快速攀升。

此外，直播成为县域旅游推广中的创新形式，通过直播的方式实时展示景区的自然风光、活动氛围和旅游体验，拉近了景区与潜在游客之间的距离。许多县域通过与直播平台合作，开展旅游直播活动，邀请游客"云游"景区。直播活动不仅能够让观众直观感受景区的魅力，还可以通过互动增加用户的参与感。

第四节　县域旅游发展的主要模式

近年来，县域旅游发展迅速，涌现出一批具有代表性的成功发展典范，为其他县域旅游发展提供了宝贵的经验和借鉴。

一、大景区思维与目的地化服务模式

（一）整合县域旅游资源

大景区思维是通过整合县域内的自然与人文资源，以全局化视角打造整体性旅游目的地。这种模式通过资源的集中化开发和一体化管理，形成了县域内资源的高效利用。

资源整合和统一管理是大景区思维的核心，通过集约化管理，县域可以有效整合零散的资源，形成具有独特吸引力的综合旅游目的地。许多县域将境内的自然风光、文化遗产和乡村资源进行集中开发，形成系统的景区布局。在整个县域或城市规划中，需要设立主要的游客进入区域和游客离开区域。这些入口和出口区域不仅是物理上的进出点，还起到集中管理游客流量、优化旅游体验的作用。

通过合理的进出区域设置，旅游目的地可以更有效地分配资源、管理游客动线，确保整个景区或城市的旅游运作顺畅。

通过资源整合和统一规划，许多县域不再只是一个个分散的小景点，而是一个可长期停留、体验丰富的综合性旅游目的地。许多县域通过打造旅游环线和主题线路，将县域内不同景点有机串联起来，形成了完整的游览路线。例如，近年来，栾川县加快推进文旅深度融合，发展"全域游"，着力把文化旅游业打造成栾川高质量发展的重要基础。栾川县编制了《全域旅游发展规划》等旅游专项政策与规划，形成了层次分明、规范有效、相互衔接、执行有力的全域旅游规划体系，栾川县整合了县内的 15 家旅游景点、旅游项目和所有旅游资源，形成组合优势，建立了多个乡村旅游集聚区，通过"全景栾川"模式将乡村旅游、休闲度假、文化旅游等多种形式结合，打破单一景点的局限，实现全域旅游的联动发展。这些集聚区通过招商引资，吸引了各类商业资本的参与，推动了当地旅游服务水平的提升，进一步加强了县域作为"大景区"的吸引力。①②

（二）建立旅游目的地服务体系

在大景区思维的基础上，许多县域旅游通过目的地化服务来进一步提升游客体验。目的地化服务不仅关注游客在景区内的游览体验，还涉及交通、服务设施、活动体验等多方面的全方位服务。

构建一体化旅游生态系统不仅提升了游客体验，还在景区内实现了产业链的延伸，通过"食、住、行、游、购、娱"的一体化服务，让游客在县域内得到完整的旅行体验。通过提供完善的交通、导览、咨询等服务，县域旅游为游客带来了更加便利的体验，并满足了游客多元化的旅游需求。在核心景区周边增加适合家庭游客、年轻群体的休闲娱乐活动，使游客的体验更加丰富多样。以安徽省黟县为例，特别是围绕西递和宏村两个古村落景区的开发和服务体系建设。黟县

---

① 胡玉洁，蒋凯伦，陈准，等. 山区县域旅游资源空间结构及其交通可达性分析——以河南栾川县为例［J］. 农业现代化研究，2023，44（5）：869-880.

② 李晓愚. 乡村旅游转型提升之路探索——以河南省栾川县为例［J］. 农业经济，2022（4）：77-79.

虽然位于较为偏远的山区，但通过改善交通条件，与周边的大城市（如黄山市、合肥市）建立了便捷的旅游接驳线路，并在县内通过优化道路和旅游专线服务，确保游客能够顺畅地抵达各个景区。在景区周围，黟县大力发展特色民宿经济，许多老房子经过修缮后变成了风格独特的精品民宿。此外，县内还发展了大量生态餐厅和徽菜馆，提供地道的地方美食，极大丰富了游客的用餐选择，提升了其整体旅游体验。除此以外，黟县推出了智慧旅游平台，通过手机应用和电子票务系统，提供在线订票、智能导览、实时景区信息等服务，方便游客规划行程，避免人群拥堵。通过这些目的地化服务，黟县不仅吸引了大量国内外游客，还成功将西递和宏村的旅游体验从单纯的观光提升到文化、生态、生活方式的深度体验，极大地延长了游客的停留时间和消费水平，成为县级目的地化服务成功的典范。

二、互联网思维与平台化运营模式

（一）强化"流量为王"理念

强化"流量为王"理念是推动县域旅游发展的重要策略，通过吸引更多游客到访，提高区域知名度和人气指数，可以直接带动县域经济的增长和产业链的完善。首先，流量的提升依赖于高效的宣传推广，利用社交媒体、短视频平台和直播等新媒体手段，将地方特色景点、文化活动和旅游项目以更生动的形式呈现，吸引更多潜在游客。其次，通过推出优惠政策，如免费门票、景区套票折扣、消费券等，降低游客体验门槛，刺激出行和消费需求，有效带动县域旅游市场的发展。再次，流量的积累还能形成口碑传播效应，游客在社交平台上的分享、评价和推荐进一步扩大了宣传影响力，带动"二次流量"；流量的聚集不仅能促进景区收入增加，还能吸引更多社会资本的投资，推动旅游基础设施和服务的升级完善，形成流量带动发展的良性循环。强化"流量为王"理念，最终使县域旅游实现从"人气"到"财气"的全面提升，助力县域经济的高质量发展。

以陕西省袁家村为例，在互联网思维的引导下，通过精心设计的 IP 选择和爆点打造、业态升级以及模式输出，成功将乡村旅游发展成集观光、体验、消费于一体的独特品牌，成为县域乡村旅游发展的典范。袁家村依靠互联网思维，注重乡村旅游 IP 的打造，精心设计出具有吸引力的旅游特色。以关中民俗和乡村生活为核心，袁家村将传统农耕生活转化为旅游产品，而不仅是传统的景观展示。在小吃街建设中，袁家村通过选择油泼辣子、酸奶等富有观赏性和体验感的本土小吃作为爆款引流产品来吸引游客关注。袁家村通过"进城出省"战略，将其品牌和模式从乡村带入城市，扩大了乡村旅游的影响力。以关中小吃和乡村体验为主打，袁家村在西安等城市的高端商业区开设体验店，迅速成为城市居民喜爱的乡村风情体验地。城市体验店不仅传播了袁家村的乡村旅游品牌，还通过多样化的乡村产品增加了集体经济收入，进一步拓展了集体经济的发展空间。①

（二）建立一体式在线旅游平台

在线旅游平台的使用为县域旅游带来了整合资源和方便客的双重优势，县域旅游可以通过这些平台实现更高效的资源整合和推广。在线旅游平台帮助县域景区将交通、住宿、门票、导游等多方资源整合在一起，形成一体化的服务方案。游客可以通过这些平台预订各类服务，提高了出行的便利性和体验。以安徽黄山为例，黄山旅游集团通过打造全方位的旅游平台，成功实现了旅游资源的整合和产业链的协同发展。该平台不仅涵盖了景区门票、交通服务、酒店住宿等传统旅游服务，还延伸至线上预订、智慧导览和定制化旅游等增值服务。通过平台化运营，黄山景区能够更高效地管理游客流量，优化景区内的资源配置，同时为游客提供无缝衔接的服务体验。此外，黄山通过与 OTA 和本地中小企业的合作，进一步丰富了旅游产品类型，实现了区域内旅游资源的最大化利用和经济效益的提升。

（三）建立统一旅游公司平台

县域建立统一的旅游公司平台，通过集中管理和整合县域旅游资源，显著提

---

① 周振. 农村集体经济混合经营的实现路径：基于陕西省礼泉县袁家村的案例分析 [J]. 南京农业大学学报（社会科学版），2023，23（5）：26-40.

升了管理效率和资源利用率，进而更好地协调旅游发展，吸引投资，并促进旅游资源的保护与开发。

成立县域旅游公司，集中管理和运营旅游资源，是平台化运营的核心策略。通过集中化管理，县域能够更有效地调配资源，实现旅游开发的整体规划。通过成立旅游公司，县域将散落的自然资源和人文资源进行集中管理，以确保资源开发和运营的协同一致。旅游公司作为统一的运营主体，负责资源整合、市场推广和项目开发。同时，该公司还能引导社会资本进入县域旅游项目，提升整体投资水平和吸引力。

平台化运营不仅注重资源的开发，还负责资源的长期保护与基础设施的建设。通过集中管理，旅游公司能够有效规划资源的可持续利用，避免过度开发带来的环境破坏，并投资建设游客中心、停车场等公共设施，提升游客体验。

以浙江省安吉县为例，浙江省安吉县通过平台化运营，成功整合了县域内的旅游资源，实现了资源的高效管理与综合开发，带动了当地的经济发展与乡村振兴。这一模式以"强村公司"为基础，将分散的村庄资源进行集中管理和统一运营，形成了具有市场竞争力的县域旅游发展模式。安吉县采用"强村公司"模式，联合多个村庄的资源，形成统一的管理和运营平台。通过平台化的运营模式，县域内自然景观、乡村文化和旅游设施得到了集中化开发和协调管理。这些"强村公司"不仅负责资源的管理，还统一负责市场推广、游客服务等，使安吉县的旅游项目在市场上更具吸引力和竞争力，推动了配套基础设施的建设，如道路、游客服务中心等，完善了整体旅游服务体系。

三、中心地思维与城镇化发展模式

（一）构建旅游枢纽与辐射中心

中心地思维的核心在于将城镇作为县域旅游的服务枢纽和辐射中心，通过优化城镇基础设施和完善的服务功能，使其成为游客游览、体验和消费的主要区域。为了吸引游客，县域核心城镇的基础设施需要不断完善，例如道路、停车场、信息中心等基础设施的升级。这不仅提升了游客的出行便利性，也为后续的旅游开发打下了坚实的基础。核心城镇通过设立游客接待中心、信息咨询台和导览服务，能够为游客提供全方位的旅游信息和服务。核心城镇不仅是游客的中转站，更是提供住宿、餐饮、购物和文化体验的场所。通过打造特色民宿、餐饮街区和购物中心，核心城镇成为游客停留和消费的主要场所，推动了县域经济的发展。以浙江乌镇为例，乌镇在保持其原有水乡古镇风貌的同时，通过旅游开发将其中心区打造成一个集古镇观光、文化体验、休闲住宿、购物娱乐于一体的综合旅游区。乌镇通过修缮古建筑、打造文化品牌、引入高端酒店和餐饮等服务设施，使镇区本身成为主要的旅游吸引点，而不仅仅依赖周边景点。乌镇的夜游、戏剧节、世界互联网大会等活动也吸引了大量游客，使城镇中心成为文化活动和旅游消费的核心区域，实现了"城镇中心旅游化"的成功转型。①

（二）推动城镇化发展与旅游小城镇发展

通过以旅游为核心的特色小镇建设和促进社区参与，县域能够实现城镇化发展和旅游产业的融合，吸引游客并增加当地居民的参与感。县域通过挖掘地方特色和文化资源，建设具有独特文化和产业特色的旅游小镇。特色小镇不仅要提供观光，还要注重体验和购物业态的发展，使游客能够参与到文化体验和产品购买中。例如，云南大理的双廊古镇。双廊凭借其优美的洱海风光和悠闲的生活氛围，吸引了大批文艺青年、艺术家和手工艺人前来创业定居。许多人在这里开设了特色民宿、手工艺作坊、创意餐厅等，融合了当地的文化与现代生活方式，形成了独特的创意产业链。游客不仅可以享受美景，还能参与艺术创作、手工制作和当地的文化活动，感受到创业者与生活方式的深度融合。

此外，旅游的可持续发展离不开当地社区的积极参与和支持。通过促进社区参与，县域能够实现更有机的城镇化发展，并增强居民的归属感。县域通过鼓励居民参与旅游相关的创业项目，如开设民宿、工艺品店和文化工作坊，推动创意

---

① 陆林，张清源，许艳，等. 全球地方化视角下旅游地尺度重组——以浙江乌镇为例 [J]. 地理学报，2020，75 (2)：410-425.

产业的发展。以康定市为例，康定市作为甘孜藏族自治州（以下简称甘孜州）的首府，通过中心地思维，将自身建设为旅游服务枢纽和辐射中心，为整个甘孜州及周边县域提供了优质的旅游服务和资源整合。康定市作为甘孜州的门户，连接了多个著名旅游目的地，如稻城亚丁、新都桥、理塘等。游客通常将康定市作为入藏游和川西旅游的起点，使其成为游客中转和停留的主要枢纽。通过完善的交通枢纽建设，康定市成为区域性旅游服务中心。市内的交通枢纽、酒店和餐饮服务辐射到了周边的多个县域，促进了甘孜州整体旅游业的发展。康定市大力改善道路、停车场和公共交通网络，确保游客可以便捷地进入县城及其周边景区。例如，通过新建和扩建的道路，将县城与木格措景区、跑马山等著名景点连接起来，方便游客的出行。康定市打造了丰富的住宿和餐饮选择，从特色藏式民宿到现代酒店，以及本地特色餐饮街，提供了多样化的消费体验。游客不仅可以游览景区，还能在县城中品尝藏餐、购买藏族手工艺品，参与本地文化活动，如歌舞表演和节庆活动。

四、网红思维与品牌化打造模式

在县域旅游的发展中，网红思维和品牌化打造模式已成为提升竞争力和吸引游客的重要策略。通过将地方特色转化为具有传播力的旅游 IP，并在社交媒体上进行推广，县域旅游能够在短时间内实现高曝光度。而通过品牌化打造，县域旅游能够在市场中树立独特形象，实现长期的竞争优势。

山东省淄博市通过运用网红思维，将自身打造成一个吸引年轻游客的热门目的地，取得了显著的成效。淄博市通过将传统烧烤文化与现代化的网红打卡点结合，打造了独特的旅游吸引力。淄博的烧烤一条街因其浓郁的地方特色和氛围感，在网络上迅速走红，吸引了大量年轻游客前来体验。淄博的成功很大程度上得益于线上话题营销。通过社交媒体平台，淄博推出了如"淄博烧烤"等热门话题，引发了网友广泛讨论和分享，使得城市在短时间内获得了极高的关注度。

网红效应可以在短时间内提升人气，但要实现县域旅游的长期竞争力，还需通过品牌化的打造来巩固和发展。县域旅游在打造品牌时，应深入挖掘地方文化内涵。例如，淄博不仅局限于烧烤，还着重推广其历史文化，如齐地文化和地方民俗，这为其品牌注入了文化厚度。县域可以通过举办定期节庆活动或赛事，吸引游客前来。例如，淄博将"烧烤节"打造成年度品牌活动，每年吸引回头客和新游客，以增强品牌的忠诚度和影响力。

第五节 甘肃县域旅游业发展的挑战与对策

一、面临的挑战

甘肃省县域旅游业在快速发展的过程中，为地方经济带来了积极的推动作用，但也面临着诸多挑战和问题，包括系统性不足与协同能力较弱、平台化能力薄弱、市场运营能力不足、集散功能不足、营销力度不够、数字化服务薄弱等。这些问题严重制约了县域旅游的迅速和可持续发展。

（一）系统性不足与协同能力较弱

甘肃省的县域旅游资源尚未实现整体规划与布局。目前，甘肃省内的多个县在发展旅游时，常以各自的资源和优势为中心进行单独开发，导致资源利用效率不高，无法形成规模效应。由于缺乏有效的合作开发机制，难以整合不同县域的特色景点或文化资源来打造具有吸引力的跨区域旅游精品线路。游客无法在一次旅行中享受到不同县域的特色，旅游体验和吸引力受限。例如，敦煌的文化旅游体验非常成熟，但在服务标准和旅游配套设施上，与周边县域存在明显差异。游客在不同景区间转换时，往往会遇到服务质量、配套设施和旅游体验上的不一致，导致整体旅游体验碎片化。缺乏统一的"大景区思维"使得各县域景区各自为政，游客难以在甘肃形成连续性、综合性的深度旅游体验。再如，跨区域旅游开发中，收益分配机制的缺乏导致县域间在合作时容易产生矛盾和利益冲突。各县往往关注自身经济利益而忽视整体的长期收益和发展，削弱了合作意愿。此外，在甘肃省县域旅游发展中，景区、住宿、交通、餐饮等各类服务缺乏协调，未能形成相互配套的旅游服务闭环。游客在实际旅行中可能面临住宿与景区分散、交通不便等问题，这种情况限制了旅游发展的便利性和吸引力。各部门在旅游发展中的职责分工和合作不够明确。文化、交通、规划等部门在制定旅游发展战略和实施中未能有效配合，部门间职责分工不明确，导致重复建设或职能缺位，制约了旅游业整体的协调发展和综合竞争力的提升。同时，政府、企业、社区等多方利益相关者之间缺乏协调机制，旅游项目开发与管理中各自为政，难以实现信息共享与资源共用。

（二）平台化能力薄弱与市场运营能力不足

甘肃省各县域的旅游资源管理较为分散，通常是独立管理，缺乏统一的协调平台。这种分散的管理模式会增加管理成本，并导致各地之间重复建设和资源浪费。资源管理的碎片化阻碍了跨区域的协同合作，降低了整体效率。同时，由于缺乏统一的管理平台，难以在整个县域内打造统一的旅游品牌和服务标准。每个景区和县域在品牌推广和服务标准的制定上各自为政，使得游客难以形成对该区域整体旅游形象的认知，削弱了市场吸引力和品牌影响力。此外，县域旅游资源的开发往往停留在基础建设和景区布置上，缺少专业的市场化运营机制。很多景区和项目投入了大量资金进行基础设施建设，但后期缺乏专业的市场推广和运营支持，使得资源未能充分发挥经济效益。因为缺乏系统的市场运营规划，旅游资源的开发和运营分离，导致资源无法有效转化为市场收益。景区的吸引力有限，游客停留时间短，整体经济贡献度低。并且，由于缺少与旅游企业、旅行社及其他相关行业的合作，导致县域旅游产品的推广范围受限，市场拓展能力不足。单打独斗的市场推广方式使得县域旅游在国内外市场上难以获得竞争优势。

（三）营销力度不足与品牌化薄弱

甘肃省一些县域在旅游品牌宣传上主要依赖传统的媒体广告、宣传册和线下推广活动，缺少创新和多样化的营销手段。这使得品牌传播效率低下，难以吸引年轻和多样化的游客群体。例如，一些县域的旅游宣传长期以传统文化展览和地方节庆为主，未能通过新媒体将地方特色更广泛传播。许多县域旅游品牌的知名度只限于省内或周边区域，难以在全国范围内建立广泛认知。例如，甘南藏族自治州迭部县的扎尕那虽然景色优美，但因缺乏大规模和持续的宣传，其在全国范围内的知名度仍然有限，未能充分释放其景区潜力。又如，甘肃省内多个县域都打出"文化旅游"或"生态旅游"的口号，但缺乏鲜明的特色和深入的文化内涵，导致品牌之间没有明显区分。各县域的品牌推广独立进行，缺乏协调，难以形成统一的甘肃省县域旅游品牌体系。这种分散性削弱了甘肃在全国乃至国际市场上的整体竞争力。此外，甘肃的县域旅游在社交媒体和短视频平台上的表现较为薄弱。相较之下，云南丽江和冬季威海在短视频平台上频繁亮相，已成功吸引了大量游客。

（四）中心化与集散功能不足

甘肃省县域旅游中心化服务较为匮乏，县域枢纽缺乏核心地位。甘肃省内多数县域缺少综合性的旅游消费中心或核心区域，这导致游客在旅游过程中难以集中享受到住宿、购物、餐饮和文化体验的综合服务。现有的住宿和消费场所分散，未能形成完整的旅游产业链。例如，在一些热门景区如张掖丹霞，住宿设施多分布于不同区域，缺乏统一规划和集聚效应。甘肃的许多县域旅游资源丰富，如自然景观、历史遗迹等，但这些旅游资源往往与城镇中心的互动和联动较弱。游客通常直接前往景区，而绕开了城镇中心，导致城镇并未真正成为游客的集散地或体验点。例如，敦煌的莫高窟和鸣沙山吸引了大量游客，但敦煌市区的旅游开发相对滞后，难以留住游客。城镇中心未能有效吸引游客消费和停留，错失了旅游带来的经济效益。城镇中心以行政管理、居民生活为主，缺少足够的旅游商业活动和休闲娱乐设施。旅游与商业、文化、娱乐等未能深度结合，城镇中心未能通过商业业态的丰富化、文化体验的提升等方式增强旅游吸引力。此外，甘肃省的跨县或跨区域旅游线路较少被推广，难以吸引游客参与综合性的旅行体验。

尽管甘肃省有潜力将其丰富的历史文化资源和自然景观结合起来，如将敦煌、张掖和兰州等地整合为丝路文化旅游路线，但实际推广力度有限，未能形成有吸引力的旅游产品。

（五）数智化与人才支撑不足

甘肃省县域旅游目前信息化建设落后于旅游需求，甘肃省的县域旅游在智慧旅游和数智化服务方面仍较为薄弱，许多景区未能有效地实施智慧化管理系统，如电子导览、统一旅游平台等。由于信息化水平的滞后，游客在景区内可能面临实时信息缺乏、票务排队、支付不便等问题。这不仅影响了游客的体验，也限制了旅游数据的收集和分析，妨碍景区进行精准营销和服务优化。此外，信息化建设不足还体现在旅游数据的收集和分析能力薄弱。旅游相关的数据可以为决策提供强有力的支持，如游客来源、偏好、消费习惯等。然而，甘肃许多县域未能建立数据采集和分析平台，这使得管理者在制定策略和市场推广时，缺乏有针对性的决策依据。旅游方面人才的缺乏也制约了甘肃县域旅游的发展。大多数县域缺少具备现代旅游管理知识和市场运营经验的专业人才，导致旅游资源开发和运营效率低下。即使引进了基础设施建设，也缺少高水平的管理来确保资源的可持续开发和有效运营。例如，在景区运营和品牌推广方面，浙江、云南等旅游大省有专门的管理团队和培训机制，以提高从业者的专业水平。而在甘肃，旅游从业者更多依赖传统经验，缺乏接受现代管理培训的机会。此外，许多县域地区在引进人才的过程中缺乏系统的规划和配套政策，导致人才引进难度大、流失率高。

二、对策建议

（一）强化县域旅游业发展的政策扶持力度，坚持走特色化发展之路

甘肃省需要制定省级层面的县域旅游高质量发展指导政策，为县域提供明确的政策框架和顶层设计。这一政策应涵盖县域旅游资源开发、线路规划、市场运营、品牌推广和基础设施建设等方面，确保甘肃省各县域在发展过程中有政策依据和方向。通过此政策框架，避免各县域自行其是、重复建设或资源浪费。在统

一政策的指引下，各县应根据自身的自然和人文资源，制订独特的发展计划。例如，张掖市可继续强化其丹霞地貌特色，而甘南藏族自治州可以发展宗教文化和高原生态旅游。通过差异化定位，避免同质化竞争，增强县域间的吸引力和互补性。此外，在县域旅游相关政策下达后，各县应在省级政策的引导下，制定长期发展战略，明确阶段性目标和实施步骤。同时，鼓励县域之间的协同合作，例如，联合打造跨县域旅游线路和品牌，形成更有吸引力的整体旅游体验。同时，各地政府要加强对县域旅游基础设施的投资，涵盖道路建设、游客服务中心、公共卫生设施和环保基础设施等。对于符合省级旅游发展规划的重点旅游项目，提供配套资金支持，帮助县域完成从项目设计到落地的各个环节，加速项目的启动和实施，确保旅游资源的及时开发和有效利用。同时，甘肃省可以设立旅游发展基金，吸引社会资本和外部投资者参与县域旅游开发，用于支持重点项目、创新型旅游产品和社区旅游，带动县域经济增长，并提供更多的就业机会。

（二）建立大景区旅游发展思维，加强区域协同合作

甘肃省各个县域应从整体视角出发，将整个县域作为一个大景区进行规划和管理，实现资源的统筹开发和整体提升，积极推动各个部门之间的协同合作，确保旅游资源的整合利用、设施的协调建设，以及各类服务的整体提升。各县域间则需要打破传统的景区局限，以整个县域为核心，实现资源整合、部门协同和统筹管理，为游客提供一体化的旅游体验。比如，各县应对县域内的景观、文化、历史遗迹、乡村和现代设施进行整合规划，从整体空间、产业结构、资源要素和管理体系等方面实现全面转型。各县要改变传统以单一景区为核心的旅游空间模式，构建包括景区、度假区、休闲区、旅游购物区、露营地、特色旅游小镇和风景道等多样化的旅游功能区，将旅游空间从"以景区为重心"转向"旅游目的地为核心"，推动由单一旅游形态向复合型产业结构的转变，将旅游与文化、生态、科技等产业融合，打造"大旅游"产业链。①

此外，在管理体系上，甘肃省县域旅游应从部门导向的管理模式转向社会化

---

① 张辉，岳燕祥．全域旅游的理性思考［J］．旅游学刊，2016，31（9）：15-17.

管理体系。甘肃各县可以构建多部门协作的全域旅游管理机制，推动旅游、交通、文化、农业等部门联动，形成以旅游为核心的综合管理体系，并广泛调动社会参与，形成全方位、共治共享的旅游管理新模式，实行上下联动、动态管理的部门协调机制。[①] 为保证部门协同的效果，县域政府应定期召开跨部门协调会议，对旅游项目的规划、基础设施建设和服务配套进行统筹安排，协调各部门之间的工作，确保信息互通和资源共享。

（三）加强县域旅游平台建设，提升平台化运营能力

为了推动县域旅游的有效发展，甘肃省应当搭建县域文旅资源整合与投资运营平台，实现资源的集中化管理和一体化服务，以便更好地统筹和利用旅游资源。[②] 各县应成立统一的旅游公司，协调旅游资源的开发和管理，加强资源收储与统一开发，提升整体运营效率。在县域内，由统一的旅游公司集中管理所有的自然景观、文化遗址和其他旅游资源，避免资源分散和开发无序。例如，在敦煌市，可由专门的旅游公司统一管理莫高窟、鸣沙山等景点，实现资源的整合和优化。

各县还可以依靠所在市建立一个集旅游信息、票务、住宿、交通等于一体的县域旅游综合服务平台，将县域内各个景区的门票、酒店、交通等资源整合在一个平台上，游客可以通过该平台获得全方位的旅游服务。例如，通过"甘南州旅游"平台，游客可以一键预订扎尕那、当周草原、大峪沟等地的门票和车票。一站式平台还可以提供电子票务、景区导览和信息咨询等服务，方便游客获取信息和安排行程。后续将现有的景区票务、住宿和餐饮预订系统整合到统一的平台上，确保各个县域的资源能够在一个平台上展现，打破县域旅游的孤立开发模式，推动各县域旅游资源的跨区域联动与整合，打造区域性的旅游目的地网络。在建立管理平台后，还需加强市场化运营和数据管理，以提升平台的整体运营能力和市场竞争力。县域应当积极引入市场化管理团队，对县域旅游资源进行专业

---

① 厉新建，张凌云，崔莉. 全域旅游：建设世界一流旅游目的地的理念创新——以北京为例 [J]. 人文地理，2013，28（3）：130-134.

② 吴文智. 县域文旅"热"：原因、挑战及发展路径 [J]. 人民论坛，2024（18）：41-43.

化管理，由市场化团队负责景区管理和市场推广。

（四）推动旅游产品创新，提升二次消费水平

为实现县域旅游的长效发展，甘肃各县应在多样化旅游产品开发上深耕细作，转变传统的门票经济模式，通过提供体验感强的主题活动和深入融合文化、生态等特色，形成完整的具有特色的旅游二次消费体系。

面对游客需求多元化，甘肃省县域要提供具有体验感的主题活动，组织一系列具有地方特色的活动，大力实施"旅游+"战略，提高市场资源配置效率，延长产业链，实现创新价值创造，推动县域旅游的高质量发展。当前，面对旅游新旧动能转换的需求，甘肃县域旅游需加快实施"旅游+"战略，推动旅游业与文化、农业、体育等产业深度融合，促进产业结构优化升级，为县域经济注入新的活力。① 同时，甘肃县域应在创新中强化旅游特色，进行主动式的"旅游+"产业融合，拓展传统旅游内容。在健康养生、研学、休闲、写生、体育等方面挖掘新业态机会，发展如康复疗养、"候鸟式"养老、低空飞行、温泉滑雪等康养旅游项目；在研学旅游中可开发工业文化、校园游和自然写生等特色项目，形成多样化、丰富感强的旅游产品体系；结合甘肃地形地貌多样的优势，依托全省各级各类体育训练基地，开展滑雪、热气球、滑翔伞、沙漠冲浪、自行车、徒步、登山、漂流、攀岩、户外运动等多元体育旅游产品。

在产品开发上，应注重资源保护和经济效益的共同发展，避免单纯依赖门票收入，要通过丰富的配套消费项目实现收入多元化。比如，加强旅游购物业的开发，在主要景区周边或县城内设置文化特色购物街区，提供购物、餐饮、住宿等二次消费服务，推出非门票收入为主的文化体验消费项目，如在敦煌可以开设非遗手工坊、石窟拓印体验等文化类活动；结合游客与当地居民需求，积极延长文旅场所、消费场所的开放时间，促进夜间经济发展，开发夜间观光、演出、餐饮项目，丰富夜间旅游体验，增加消费场景。②

---

① 刘晓英．产业融合视角下我国旅游新业态发展对策研究［J］．中州学刊，2019（4）：20-25.
② 王鸿儒．多措并举着力推动旅游业高质量发展［J］．宏观经济管理，2024（6）：29-35.

（五）完善公共服务设施，加强数智化发展

甘肃各县应加大基础设施建设投入，完善县域内外的交通连接，将重点景区、自然景观和文化古迹通过快捷的交通方式串联起来，优化景区与周边区域的道路、停车设施，增设景区直达班车、观光巴士等服务，加强乡村道路和生态旅游设施的建设，改善偏远地区的交通条件；在主要景区和集散地建设中高端餐饮、住宿配套，满足不同游客层次需求；在县域旅游集中区域设立一站式游客服务中心、停车场、公共厕所等设施，提供地图、导览手册、多语种服务和电子导览设施，推广基于手机的电子导览和预约系统；在全省推进开展全域租车项目，落实异地还车等相应权益，并设计甘肃县域自驾游特色线路，依托甘肃省县域特有的自然资源，为游客自驾游创造便利的交通条件。

大力推动甘肃县域旅游的数字化转型，完善数据平台建设，打破数据壁垒，支持科技型旅游龙头企业的发展，完善旅游技术创新体系。[①] 推动甘肃县域智慧旅游系统建设，加快数字技术应用场景的拓展，推动 VR、AR、5G、区块链等前沿技术与文旅产业的深度融合。推出虚拟现实景区、虚拟娱乐、数字博物馆、3D 景色、VR 观赏、游客互动等数字化文旅新产品和新业态；[②] 利用智慧终端为游客推荐适合的旅行路线和本地特色体验项目，在全省范围内建立统一的大数据平台，加强城际间区域信息合作和信息共享，打破"数据孤岛"，形成高度联动的城市信息网络，[③] 分析游客流量、兴趣偏好，扩展消费者的体验内容、方式和质量，以满足数字时代消费者多样化、个性化的行为需求和心理需求；利用人工智能技术预测高峰流量，提前进行游客分流和管理调度，实现景区人流的合理分配。

（六）利用新媒体加强品牌宣传，打造县域旅游 IP

在新媒体迅速发展的时代，甘肃省县域旅游需要利用社交平台的优势，打造

---

① 陈琳琳，徐金海，李勇坚. 数字技术赋能旅游业高质量发展的理论机理与路径探索 [J]. 改革，2022（2）：101-110.

② 胡优玄. 基于数字技术赋能的文旅产业融合发展路径 [J]. 商业经济研究，2022（1）：182-184.

③ 夏杰长. 促进旅游公共服务体系建设的政策着力点 [J]. 社会科学家，2019（5）：7-12.

具有吸引力的旅游 IP，并借助短视频和直播扩大宣传效果。各县应结合地方特色，依托地方文化精髓，通过社交媒体塑造独具风格的旅游 IP，吸引更多游客关注和打卡，深入挖掘地方特色。①

通过微博、抖音、小红书等平台发布短视频和图片，展示各县的特色景点，吸引年轻游客前来体验。通过社交平台的互动功能，甘肃省县域旅游可以与游客保持互动。例如，发起"甘肃打卡挑战"话题，引导游客分享打卡经历，形成社交媒体上的旅游口碑传播。通过直播展示县域内的自然美景、文化活动和旅游设施，如敦煌的沙漠星空、嘉峪关的关城探访等，吸引观众的注意力，帮助景区提升知名度。联合具有影响力的网红和博主实地体验县域旅游项目，通过其短视频和直播向粉丝推广，在宣传视频中要着重凸显景观空间原真性，放大景观空间的差异性。② 例如，邀请博主探访甘南草原、徒步七彩丹霞等景点。

此外，甘肃省应打造统一的旅游品牌形象，使甘肃省在国内外旅游市场上形成鲜明的品牌认知。同时，在统一品牌下对各县域进行差异化塑造，形成多层次的品牌体系。以"丝绸之路""黄河文化"等为主题，建立具有地域特色的甘肃旅游形象，使游客一提到甘肃便能联想到其独特的文化和自然资源。在全省品牌形象的基础上，按照各县的特色进行差异化宣传，例如，将敦煌打造成"丝路文化名片"，将迭部塑造为"秘境·藏在云端的诗与远方"，将宕昌县打造为"秘谷·药香古韵天境地"，让各县在统一品牌下拥有鲜明个性，形成多层次的甘肃旅游品牌体系，从而满足游客对多元化旅游体验的需求。基于各县的品牌特色，进而推出个性化主题线路，如"丝路探秘之旅""黄河文化体验""甘南藏族风情游"等，使游客能够在甘肃的多个县域之间选择和体验独具特色的旅游项目。

（七）强化城镇中心化建设，提升服务集散能力

为提升甘肃县域旅游的服务水平，应将主要城镇打造成旅游中心枢纽，优化

---

① 文捷敏，余颖，刘学伟，等. 基于网络文本分析的"网红"旅游目的地形象感知研究——以重庆洪崖洞景区为例 [J]. 旅游研究，2019，11（2）：44-57.

② 蒋晓丽，郭旭东. 媒体朝圣与空间芭蕾："网红目的地"的文化形成 [J]. 现代传播（中国传媒大学学报），2020，42（10）：12-17.

城镇的接待能力，确保游客能在枢纽城市获得全面、便捷的服务，并借助中心枢纽便捷地前往各个景区。注重提升中心城镇的餐饮质量、住宿接待能力，在游客集散中心所在城镇，应增加具有地方特色的餐饮店、经济型和高端住宿设施等，满足不同游客的需求。可以将城镇中心改造为具有文化主题的特色街区，鼓励和扶持本地手工艺品商店、特色餐厅、文创产品店的开设，打造具有地方特色的商业街区，吸引游客购物和消费。此外，在设计旅游线路时，将城镇作为游客的集散中心，结合周边自然景观、历史遗迹和文化活动，形成"景区+城镇"的一体化旅游体验，在游客返回城镇中心后提供丰富的文化娱乐和购物体验，鼓励其在城镇停留，如在城镇中心固定展示非遗传承以及开办夜市等推动夜间经济繁荣发展。在中心枢纽与周边景区之间开通便捷的联络线，如高速公路、快速公交线路等，缩短游客的出行时间。针对游客间的点对点需求，提供如观光巴士、旅游大巴等公共交通服务，使游客可以在景区之间无缝衔接。

在甘肃省县域旅游中心集散地建设中，需要进一步提升其综合服务水平，加强物流和信息集散功能，使中心枢纽发挥辐射作用。在主要集散地设立集售票、导游服务、旅游信息、物品寄存等功能于一体的游客服务中心，让游客能在一个地点完成所有必要的行前准备；在中心枢纽设置快递服务点，方便游客将旅游商品邮寄回家，尤其是当地特色手工艺品、农产品等，通过物流让游客免于携带负担。

第八章 入境旅游助力甘肃
旅游强省建设

改革开放 40 多年来，甘肃省旅游业发展取得了显著成就，在"服务美好生活、促进经济发展、构筑精神家园、展示我国形象、增进文明互鉴"中的作用日益增强。然而，目前甘肃省与旅游强省间还有不小差距，缺少强大的入境旅游市场。为了充分发挥入境旅游市场对旅游强省建设的重要作用，本章剖析了甘肃省入境旅游的发展现状，发现甘肃省入境旅游虽然取得了实质性进展，但也存在客流增速低、外国游客占比小、客源结构单一、创收水平低等问题，加快发展入境旅游以助力甘肃旅游强省建设，紧迫而重要。

第一节 入境旅游是甘肃旅游强省建设的重要支撑

一、入境旅游为甘肃旅游强省建设提供经济效应支撑

甘肃省地处西陇海—兰新带与黄河轴线的复合部，是西部陆海新通道的重要组成部分，是新时代西部大开发的前沿地带、黄河上游民族经济开发区的中心地带和"一带一路"建设的核心地带。因此，发展入境旅游是提振甘肃省经济的

重要支撑。

（一）入境旅游收入是全省经济收入的重要组成部分

据甘肃省文化和旅游厅有关资料，2020 年之前，全省入境旅游接待人数累计达 19.82 万人次，实现旅游外汇收入约 5904.6 万美元，马来西亚、新加坡、印度尼西亚等东南亚国家入境旅游人数成倍增长，日本、韩国、美国等传统客源市场持续增高。2023 年，全省入境旅游接待人数累计达 10.2 万人次，2024 年上半年，入境旅游接待人数累计达 10.2162 万人次。入境旅游者在住宿、餐饮、交通、购物和娱乐等方面的消费，直接为甘肃省的经济发展作出贡献。

（二）入境旅游通过保障就业和刺激消费促进全省经济发展

作为三大旅游市场之一，入境旅游市场的繁荣可以有力支撑旅游产业的良好发展，从而创造更为多元化的业态，为当地居民创造大量的就业机会。"十三五"期间，甘肃省举办了"三区三州"旅游大环线推介等活动。创建省级乡村旅游示范村 310 个，培育乡村旅游合作社 301 个，发展农牧家乐 21500 户，全省乡村旅游接待人数和综合收入年均增长保持在 25%以上，累计带动 55.46 万贫困群众实现了脱贫奔小康。11 家非遗扶贫就业工坊纳入全国消费扶贫产品目录和数据库，93 家非遗扶贫就业工坊吸纳就业 5083 人。入境旅游也为当地商业带来活力，提升了地方经济活跃度。

（三）入境旅游通过拉动投资和城市发展助力全省经济发展

入境旅游有助于外国游客了解甘肃省良好的政策环境和营商环境，从而有助于吸引拥有国际品牌的旅游企业和相关企业的入驻，为当地带来了国际视野和专业管理经验。为了提高入境游客的体验质量，甘肃省更加重视提供高质量的服务和设施，持续建设和完善旅游集散中心、服务中心、咨询中心等旅游设施，推进旅游标识体系的标准化，加强旅游的跨界融合发展，增强了甘肃省的旅游吸引力。而且，旅游基础设施的改善也为当地居民带来了长期的便利，提高了居民的生活质量，有助于构建更加活力四射、更加宜居的城市环境，增强了城市的对外吸引力，进一步促进了全省经济发展和城市繁荣。

二、入境旅游为甘肃旅游强省建设提供文化交融支撑

入境旅游本质上是一种文化交融活动，可以促进入境旅游者与当地居民进行文化交流，形成文化认同和文化自信，甚至可以发挥民间外交功能，对甘肃旅游强省建设具有重要影响。

（一）入境旅游通过文化交流促进理解与合作

甘肃省充分利用其丰富的文化遗产和地理位置优势，通过一系列国际性节会平台，如丝绸之路（敦煌）国际文化博览会和敦煌行·丝绸之路国际旅游节（以下简称"一会一节"），积极加强与丝绸之路沿线国家和地区的文化交流理解、旅游营销推广和国际旅游合作。2016~2020年，甘肃省共计实施了481起对外和对港澳台文化旅游交流合作项目，吸引了4138人次的参与，入境游人次和旅游外汇收入双双大幅增长，同比增长率分别达到13.8%和50.4%，年均增长率分别达到38%和43%。

甘肃省还与世界旅游组织、联合国教科文组织等国际文化旅游组织建立了务实的政府间、机构间常态化对话合作机制。通过"欢乐春节""部省合作""中外文化旅游年"等对外交流平台，甘肃省开展了文艺演出、艺术展览、旅游推介等一系列活动，进一步推动了文化精品项目和国际旅游产品体系的包装策划。到2025年，长城、长征、黄河国家文化公园甘肃省段的建设基本完成，甘肃省的对外文化交流和多层次文明对话将进一步拓展和深化，甘肃省文化的国际影响力也将大幅增强，从而为入境旅游的持续发展夯实文化基础。在不同文化的碰撞和交流中，入境旅游者和当地居民互相了解彼此的生活、习俗、价值观、行为方式等，减少误解和隔阂，增进理解，建立友谊，也为甘肃省与国外的长久合作奠定了基础。

（二）入境旅游通过文化认同提升全省旅游竞争力

通过大力发展入境旅游，甘肃省的独特的祖脉文化、丝路文化、长城文化、石窟文化、黄河文化、民俗文化、红色文化得以向国际传播，甘肃省作为旅游目

的地的国际知名度和文化影响力增强，良好的旅游品牌形象逐步深入人心。在保持文化传统的基础上，甘肃省根据境外游客点评数据，深入厘清入境游客的来甘旅游喜好，精准研判未来入境游客注重休闲体验和文化鉴赏的旅游偏好趋势，将布设场景延伸至商业休闲综合区、核心商圈以及城市周边休闲露营度假区等，不断创新和融合现代元素，使文化活动和旅游产品更加符合现代入境旅游者的需求和期待。入境旅游推动外国游客和甘肃省人民产生了更为全面的文化认知，双方从初步接触到深入体验再到比较反思，最终形成文化认同。换言之，入境游客在旅游过程中深入感受和理解甘肃省文化，甚至产生情感共鸣；当地企业和居民在接待入境游客的过程中，更了解入境游客的文化背景、心理偏好和体验需求，从而懂得如何满足其需求。这在无形中提升了甘肃省旅游业发展的文化软实力和市场竞争力。

（三）入境旅游通过文化自信助力甘肃省的国际品牌建设

入境旅游的过程本质上是跨文化交流过程。在该过程中，甘肃省文化的独特魅力和价值内涵受到入境游客的青睐，也逐渐被当地居民所认识和珍视，促使当地居民产生民族自豪之情和文化自信之感。文化自信是保护、传承和推广甘肃省本土文化的重要动力，对甘肃省塑造积极的国际旅游形象、提升国际旅游吸引力和影响力发挥着关键作用。伴随入境旅游市场向纵深发展，甘肃省更加深入地探索和深度挖掘其文化遗产的深厚底蕴和重大价值，有效地保护和利用其农耕文化、历史文化、民俗文化、生态文化、饮食文化以及中医药养生文化等资源，拓延旅游产品和旅游服务的范畴，丰富旅游产品的内容和内涵。此外，甘肃省通过举办传统节日庆典、民族特色节庆和农民丰收节等文化活动，进一步活化了地方文化，为外国游客提供了深入了解和体验甘肃省文化的机会，也为当地居民提供了展示和传播自己文化的舞台，增强了甘肃省文化旅游的国际吸引力。现有的一系列政策措施，如对外文化交流合作项目的实施、"一会一节"等国际性节会平台的利用，以及"欢乐春节""美丽中国"等品牌活动的开展，都是甘肃省在入境旅游领域推动文化自信和国际品牌建设的具体实践。可以看出，甘肃省正逐步建立起一个积极、开放、包容的国际旅游形象，为全球游客提供了一个了解中国文化、体验甘肃省魅力的重要窗口。

三、入境旅游为甘肃旅游强省建设提供创新发展支撑

从表面上看，外国游客进入甘肃省旅游，是人在地理空间里的跨区流动。实际上，不同地区的人拥有不同文化背景、知识储备、信息和技术等创新要素，外国游客进入甘肃省的旅游过程在本质上是创新要素在甘肃省的流动过程和溢出过程。该过程有助于推动甘肃省旅游业提质增效，带动省内相关产业进步，深化甘肃省的对外合作，增强甘肃省在全球旅游市场中的竞争力，对甘肃旅游强省建设形成重要支撑。

（一）入境旅游通过知识流动促进旅游业国际化和专业化

入境旅游通过知识流动促进旅游业向国际化和专业化发展。首先，为了满足入境游客的需要，甘肃省通过引入国际酒店品牌和管理理念，显著提升了本地旅游业的服务质量和运营效率。例如，格林豪泰酒店隶属格林酒店集团，为全外资的酒店管理集团；兰州皇冠假日酒店则由国际酒店管理十大知名企业之一的英国洲际酒店管理集团公司进行管理。其次，为了促使入境旅游市场的更好发展，甘肃省重视引导旅游从业人员通过参与国际培训项目，加强了他们的专业技能和知识培训，使他们能够掌握国际先进的服务技能和专业知识。2024 年，甘肃省文化和旅游厅就与联合国教科文组织和世界银行共同举办了一场培训班，旨在提升旅游从业人员的可持续旅游服务能力。这种人才发展策略，不仅提高了从业人员的专业水平，也为甘肃省旅游业的长远发展奠定了坚实的人才基础。最后，在入境旅游的过程中，来自国际旅游组织和机构的人员，则会引入先进的旅游管理知识，促进旅游业管理层面的创新，推动旅游业向更加专业化和国际化的方向发展。因此，入境旅游所带来的知识流动效应促进甘肃省旅游业的全球旅游竞争力显著提升，为构建旅游强省贡献了力量。

（二）入境旅游通过信息流动促进旅游业向创新驱动转型

入境旅游通过信息流动促进甘肃省旅游业由资源驱动向创新驱动转型。首

先，"数字敦煌"类的数字化项目成功地将丰富的文化遗产转化为数字格式，为文化遗产的长期保存提供了保障，也为全世界的研究者和游客提供了一个易于访问的数字门户，扩大了甘肃省文化的影响力，同时激发了以数字技术为核心的文旅创新模式，为甘肃省旅游业的数字化升级树立了典范。其次，互联网和社交媒体的全球覆盖，为甘肃省旅游资源的推广开辟了多维度的信息传播路径。国际游客通过分享甘肃省的旅游体验，形成了口碑效应，为甘肃省旅游市场带来了更多的潜在客源，并推动了基于大数据分析的精准营销和服务优化。再次，为了进一步扩大甘肃省旅游品牌的国际影响力，甘肃省加强了与我国驻外使领馆、海外中国文化中心、旅游办事处、孔子学院等海外中国文化交流机构的沟通与合作。通过在 Instagram、YouTube 及 TikTok 等海外社交媒体平台上建立甘肃省文旅公众号，甘肃省积极地向全球展示了其独特的文化和旅游资源，激发了全球观众的兴趣和共鸣。这种"线上+线下"的结合模式不仅提升了甘肃省旅游品牌的全球竞争力，也为旅游产品的多元化创新提供了契机。最后，借助文化和旅游部推出的"云游中国"品牌活动，甘肃省推出了"云享甘肃省"品牌系列栏目，精心制作了"畅游丝路""陇原遗韵""陇原食韵""陇原艺韵"等系列专题片，通过这些多媒体内容，甘肃省不仅展示了其深厚的文化底蕴和壮丽的自然风光，赋予甘肃省旅游以全新的体验维度，还通过信息流动推动了文旅产品的创意研发与全产业链的深度融合，为提升甘肃省在全球旅游市场中的竞争力提供了有力支持。

（三）入境旅游通过技术流动促进旅游业现代化和先进化

甘肃省通过技术流动与文化旅游的深度融合，为旅游业现代化和先进化开辟了新路径。甘肃省数字文化展示平台集成虚拟现实、增强现实、全息投影、3D虚拟场景建模以及 4D/5D 沉浸式声光秀等尖端技术，不仅为游客打造了深度沉浸式的文化体验，还使传统的文化旅游资源焕发出新的活力，使旅游产品的内容表达更加丰富、形式更加多样。该平台已经成为甘肃省文旅产业的重要技术交流和资源共享平台。特别是在入境旅游中，国际游客通过体验这些尖端技术，感受到中国在文化旅游和数字技术领域的创新实力。例如，移动支付和电子服务的广泛应用，让游客在甘肃省的旅行更加便利，体验到了中国技术的先进性和实用性。此外，技术流动还加速了甘肃省旅游业的内部革新。通过与国际先进技术的对接和应用，甘肃省旅游业在信息化、智能化和专业化方面取得了显著进展。入境游客带来的需求和反馈，进一步推动了甘肃省在智慧景区建设、智能导览服务和数字营销策略方面的创新。通过入境旅游带来的技术流动，甘肃省不仅实现了旅游业的提质增效，还有效增强了文化旅游的国际影响力。甘肃省以其在推动文化旅游与科技深度融合中的卓越表现，成为中国建设世界旅游强国的重要助推力量，展现了区域旅游创新的典范作用和全球视野。

第二节 甘肃入境旅游发展的现状

一、甘肃入境旅游的基本指标表现

2000~2024 年，甘肃省入境旅游人次的演变轨迹揭示了其周期性波动的特性。2000~2007 年，甘肃省入境旅游人次呈现出稳健的增长态势，从 21 万人次稳步上升至 33.12 万人次，反映甘肃入境旅游市场在该时期具有较强的扩张力和吸引力。然而，受国际金融危机或特定区域事件的影响，2008 年，甘肃入境旅游人次急剧下降至 8.32 万人次。尽管如此，甘肃省入境旅游市场仍具有较强的韧性和恢复力，在之后几年内逐渐恢复并呈现出波动式增长态势。至 2019 年，得益于有效的市场推广策略、旅游基础设施的改善以及旅游产品的多样化，甘肃省入境旅游人次达到了一个新的峰值，为 19.82 万人次。然而，在随后的年份中，由于受到了新冠疫情的严重影响，甘肃省入境旅游市场出现了下滑。① 新冠

---

① 2020~2022 甘肃省入境旅游人次、收入及同比增速数据因新冠疫情的影响而缺失。这场公共卫生危机导致了国际旅行的限制和旅游需求的急剧下降，从而使得相关统计数据无法收集或不具有代表性。因此，本书在涉及该时期的数据分析时，不包括这段时间的数据点，以确保分析的准确性和可靠性。

疫情之后的 2023 年，全省入境旅游接待人数累计达 10.2 万人次。甘肃省文化和旅游厅公布的数据显示，2024 年全省入境接待累计达 24.24 万人次（含国际游客 12.75 万人次），同比增长 135%。①

2000~2024 年，甘肃省的国际旅游收入同样呈现出显著的动态变化。总体上，该时期的入境旅游收入从 2000 年的 5463 万美元逐步增长，经历了一段相对稳定的增长期，最终达到观察期内的最高点，即在 2007 年接近 7000 万美元。然而，2008 年市场出现了剧烈波动，入境旅游收入急剧下降至 1603.42 万美元。此后，尽管市场经历了 5 年的波动式增长，但 2014 年又一次遭遇了入境旅游收入的急剧下降。经过一段较长时间的恢复和调整，甘肃省的国际旅游收入在 2019 年达到了新的峰值，为 5905 万美元。2020 年，新冠疫情的暴发使得全球旅游行业遭受重创，甘肃省的国际旅游收入急剧下降。从 2023 年以来入境接待人次的高速增长来看，甘肃省入境旅游收入在近两年有了较大增幅，但由于缺少可靠准确的统计数据，甘肃省入境旅游收入的变化仍需进一步观察和分析。综上所述，甘肃省入境旅游收入的变化趋势反映了旅游市场的复杂性和不确定性。

二、甘肃入境旅游市场的全国地位

我们选取全国 31 个省级单位的入境旅游数据，并根据中部、东部、西部的区域划分，对 2000 年、2010 年、2019 年的数据进行详细分析（见表 8-1），其中着重分析西部地区内部省份的数据。

东部地区的北京、上海、江苏、浙江和广东等地因其发达的经济水平和较为完善的旅游设施等条件，在入境旅游人次、入境旅游收入、人均入境旅游收入等方面一直占据全国的领先位置。2019 年，上述五个省份的入境旅游人次分别为 376.9 万人次、897.23 万人次、399.5 万人次、467.1 万人次、3771.38 万人次，入境旅游收入分别为 51.9 亿美元、83.76 亿美元、47.4 亿美元、26.7 亿美元、

---

① 甘肃"圈粉"东南亚游客　精品线路花式揽人［EB/OL］.（2024-12-31）［2025-01-05］. https://baijiahao.baidu.com/s? id=1819917571653984212&wfr=spider&for=pc.

205.02 亿美元。而中部地区的湖南、湖北、河南等地，尽管不如东部地区发达，但通过发展文化旅游，吸引了一定数量的国际游客，在入境旅游收入和人均入境旅游收入方面保持增长趋势。2000 年、2010 年、2019 年，湖南、湖北和河南的入境旅游人次和收入如表 8-1 所示。2019 年，湖南、湖北和河南的入境旅游人次分别为 467 万人次、450 万人次、180 万人次，入境旅游收入分别为 22.5 亿美元、26.54 亿美元、9.47 亿美元。受地理位置、自然环境、交通条件等因素的影响，相较于东部和中部地区，西部地区的入境旅游发展水平处于落后地位。2000 年、2010 年、2019 年，陕西、甘肃、云南的入境旅游人次和收入如表 8-1 所示。2019 年，陕西、甘肃、云南的入境旅游人次分别为 465.72 万人次、19.82 万人次、1484.93 万人次，入境旅游收入分别为 33.68 亿美元、0.59 亿美元、51.47 亿美元。

表 8-1　部分省份入境旅游人次及收入

省份	2000 年		2010 年		2019 年	
	人次 （万人次）	收入 （亿美元）	人次 （万人次）	收入 （亿美元）	人次 （万人次）	收入 （亿美元）
北京	282.10	27.70	421.60	50.40	376.90	51.90
上海	181.40	16.13	851.12	64.05	897.23	83.76
江苏	98.10	7.20	653.60	47.80	399.50	47.40
浙江	112.60	5.10	685.00	39.30	467.10	26.70
广东	6729.18	41.12	10485.80	123.83	3771.38	205.02
湖南	45.40	2.21	189.87	8.87	467.00	22.50
湖北	45.10	1.46	181.74	7.51	450.00	26.54
河南	32.50	1.24	146.84	4.99	180.00	9.47
陕西	54.00	2.50	212.17	10.16	465.72	33.68
甘肃	21.00	0.55	7.02	0.15	19.82	0.59
云南	100.11	3.39	662.81	13.24	1484.93	51.47

资料来源：甘肃省文旅厅。

2000年，西部地区的甘肃、青海、宁夏、西藏等省份的入境旅游人次和入境旅游收入以及人均入境旅游收入在西部地区各省份中排在较靠后的位置。随着西部大开发战略的实施，2010年，西部地区的入境旅游人次和入境旅游收入显著增长，尤其是云南、陕西等省份，入境旅游人次分别增长至329.15万人次和212.17万人次，入境旅游收入增长至13.24亿美元和10.16亿美元。2019年，西部地区的入境旅游人次和收入继续增长，人均入境旅游收入也有所提高。陕西和云南的入境旅游人次分别增长至465.72万人次和1484.93万人次，入境旅游收入分别增长至33.68亿美元和51.47亿美元。总体来看，西部地区的入境旅游在近十年内取得了显著的发展，入境旅游人次和收入均呈现增长趋势，但地区间的发展仍存在不平衡的现象。

如表8-2所示，在西部地区的12个省级单位中，甘肃省尽管拥有敦煌莫高窟等世界级旅游吸引物，但其入境旅游市场表现却未能与旅游资源的丰富度相匹配。具体来看，2000年甘肃省的入境旅游人次为21.31万人次，入境旅游收入为0.55亿美元，相较于西部地区平均入境旅游人次40.89万人次和平均入境旅游收入1.32亿美元，明显落后。到了2010年，甘肃省的入境旅游人次和收入进一步下滑至7.02万人次和0.15亿美元，而同年西部地区的平均入境旅游人次和收入分别为109.47万人次和4.39亿美元。即使在2019年，甘肃省的入境旅游人次和收入虽有所回升，达到19.82万人次和0.59亿美元，但在全国入境旅游市场中，甘肃省所占的份额依然较小。这一现象可能与甘肃省的地理位置、交通条件、旅游资源开发程度及市场推广策略等因素紧密相关。

表8-2 西部地区入境旅游人次及收入

省份	2000年		2010年		2019年	
	人次（万人次）	收入（亿美元）	人次（万人次）	收入（亿美元）	人次（万人次）	收入（亿美元）
内蒙古	39.19	1.26	142.80	6.02	195.80	13.40
广西	122.91	3.07	250.24	8.06	623.96	35.11

省份	2000 年		2010 年		2019 年	
	人次 （万人次）	收入 （亿美元）	人次 （万人次）	收入 （亿美元）	人次 （万人次）	收入 （亿美元）
重庆	26.61	1.38	137.02	7.03	411.34	25.25
四川	46.20	1.22	104.93	3.54	414.80	20.24
贵州	18.39	0.61	50.01	1.30	47.00	3.45
云南	100.11	3.39	329.15	13.24	1484.93	51.47
西藏	15.00	0.52	22.83	1.04	54.19	2.79
陕西	71.28	2.80	212.17	10.16	465.72	33.68
甘肃	21.31	0.55	7.02	0.15	19.82	0.59
青海	3.26	0.07	4.67	0.20	7.31	0.33
宁夏	0.78	0.03	1.80	0.06	13.00	0.69
新疆	25.61	0.95	50.94	1.85	178.78	4.54
西部平均	40.89	1.32	109.47	4.39	326.39	15.96

资料来源：甘肃省文旅厅。

三、甘肃入境旅游市场的客源结构

甘肃接待的入境游客主要来自亚洲，其次是欧洲和拉丁美洲，然后是大洋洲。从 2023 年以来的入境旅游人数构成来看，我国港澳台地区和东南亚地区是甘肃主要的入境旅游客源市场，其中港澳台入甘旅游人数占比均在 50% 以上，外国游客所占比重较小。从国别来看，甘肃省的入境游客主要来自日本、韩国、美国、加拿大、英国、德国、法国、意大利等。其中，日本和韩国始终是主要的客源国，这可能与地理位置较近和文化联系较深有关。东南亚地区的客源国主要包括菲律宾、新加坡、泰国，这可能与"一带一路"倡议和亚洲区域旅游合作的加强有关。

根据数据测算，甘肃省入境旅游客源市场位序规模存在差异，并且有扩大的趋势。首位度分布特征明显，日本长期居于入甘客源国首位，而其他国家如英国、澳大利亚、瑞士、荷兰等呈下降趋势。2024 年的甘肃省入境旅游游客数量居于首位的是马来西亚。

综合对比影响入境旅游市场客源结构的因素，全球和地区经济状况对入境旅游有直接影响。经济增长通常会增加入境旅游收入，而经济衰退则可能导致入境旅游收入下降。此外，国际政治关系的变化可能会影响旅游流量，如外交争端、政策变化或政治不稳定可能会减少某些国家的入境游客数量。

第三节　甘肃入境旅游发展的影响因素

一、经济发展形势

在当前全球经济格局中，国内外经济形势的严峻性对甘肃省入境旅游市场构成了显著挑战。

从外部环境来看，全球宏观经济的波动性直接波及国际旅游需求。在经济衰退或增长放缓的背景下，居民收入水平的下降不仅压缩了消费者的旅游预算，还抑制了旅游消费的增长，进而影响入境旅游市场的扩张。加之，能源价格高企、汇率不稳定，国际旅行成本增加，容易减弱旅游目的地的经济吸引力，改变游客的选择偏好。再者，经济不确定性还可能导致投资者和消费者信心减弱，从而减少旅游市场资本投入和消费支出，削弱旅游产业的增长潜力和盈利能力。此外，经济形势的紧张可能伴随社会政治的不稳定，从而影响旅游目的地的安全和形象，降低潜在游客的到访意愿。

从内部环境来看，甘肃省的旅游产业正面临一系列挑战，包括成本的持续上升、基础设施投资的不足以及提升服务质量的压力。这些因素共同作用，可能导致旅游产品和服务的竞争力下降，影响入境游客的满意度和忠诚度。与此同时，甘肃省对于入境旅游流的集散功能轻度失调，表现出一定程度的不均衡性。主要原因在于甘肃省的入境旅游集散效率受到多方面因素的限制。例如，对外交通的可达性不足、文化差异、缺乏作为入境旅游门户的城市，加之本身经济基础相对薄弱，设施、人力和资本等投入不足，这都限制了其在国际旅游市场中的集散枢纽作用的充分发挥。

二、交通可进入性

交通不便、可进入性差仍是制约甘肃省入境旅游发展的瓶颈。甘肃省的区位就决定其本身远离国内沿海地区的主要旅游客源地，加之机场数量少，吞吐能力有限，旅游业发展受到制约。甘肃省共有六个民用机场，仅有两个国际机场，分别是兰州中川国际机场和敦煌莫高国际机场。目前，兰州中川国际机场共执飞航空公司 36 家，执行客运航线 153 条，其中国内客运航线 143 条、国际及地区客运航线 10 条，货运航线 9 条，通航城市达 97 座。敦煌莫高国际机场共计划执行客运航线 22 条，其中国内航线 21 条，国际（地区）航线 1 条。国际旅游航线较少，航班不足导致票价飙升。国际旅游者多从东南沿海远道辗转而来，在多数情况下，旅游者不得不走回头路，无形中增加了进入成本，不仅给旅游者带来诸多不便，还增加了他们的时间成本，大大降低了甘肃对国际游客的吸引力。

此外，甘肃省旅游资源分散，铁路和公路交通网线稀疏，景区间的通达性差，严重制约着国际游客在甘肃省的流动。除了景区通达性差以外，铁路购票导致的出行困难也是国际旅客面临的普遍问题。主要体现在以下六个方面：①购票难。目前铁路系统对于外籍游客的政策是护照须经核验后才可用复印件进行网上购票，而护照核验需用护照原件到火车站窗口办理，导致部分尚未入境就需要提前购票的外国游客无法购买中国境内的火车票。②耗时长。旅行社拿着游客的护照复印件帮助游客在车站购票窗口购买火车票时，工作人员需逐个录入护照信息，而各国护照形制不同，姓名和护照号码等数据组合复杂，录入过程极其烦琐复杂，耗时巨大。③改签和退票手续繁杂。通关效率是影响国际游客入境体验的关键因素之一。旅行社用游客护照复印件买到火车票后，如果旅游行程发生变动，需要改签和退票处理时，按照现行铁路政策规定，必须用护照原件到窗口处理，面临流程烦琐和耗时较长的问题，十分不便。④进出站不通畅。持有护照的旅客在通关时主要依赖人工通道，在已经购票的前提下，仍需要收取护照一个一个扫描进出站，这在一定程度上限制了通关效率。⑤火车站无障碍出行设施缺乏。入境游客年龄整体偏大，行李体积大、件数多，在部分无电梯的火车站出行不便，车厢内放置行李的空间较小，存放不便。此外，票务办理、行李安检等环节所需时间较长，进一步增加了游客的时间成本。⑥语言交流障碍。语言交流障碍在审核检验过程中造成了额外的困难，这不仅影响了通关速度，也在一定程度上降低了外籍游客的旅游体验。

三、入境游客体验

（一）旅游资源开发和市场差异化

尽管甘肃省旅游资源丰富，且独具特色，但由于缺乏统一的规划与整合，许多优质资源未能得到有效利用，部分偏远地区虽然拥有独特景观或民俗风情，但因为文化产业基础薄弱、交通不便等原因而难以吸引游客，因此并未出现在入境旅游热门线路中。

甘肃省旅游产业还面临着结构性问题，如对特定旅游产品的过度依赖，以及缺乏对新兴市场和消费趋势的适应能力。旅游产品和服务的同质化现象限制了市场的创新和多样化发展，减少了市场的吸引力和差异化优势，可能导致甘肃省在国际旅游市场中的竞争力下降，难以满足日益多样化、个性化、细分化和品质化的旅游需求。

（二）旅游产品和旅游服务质量

第一，门票预约和 App 注册困难。据相关调查显示，许多外国游客到了旅游目的地之后，才发现门票需要预约，且多数门票预约需要借助 App 或者微信小程序，而相关 App 和微信及内嵌的在线预约系统的注册页面多为中文界面，还需要我国手机号及验证码，注册难度高。甘肃省的博物馆和文博场所虽然实施了"实名预约制+人工售票"的制度，但预约平台的操作流程复杂，且现场购票排队时间长，这在一定程度上影响了外国游客的旅游体验。

第二，移动支付困难。外籍游客在落地后也面临一系列不便，如外币兑换服务的可达性问题、移动支付技术的普及率不足，以及通信服务的不配套等。针对外国游客在我国移动支付困难的问题，我国已做了较大改进，支付宝和微信等移动支付平台进行了支付服务升级（如可以绑定国际银行卡），取得一定成效。但是，依然存在一些潜在的移动支付困难，例如，操作不熟悉、小众国际银行卡的兼容性差、国际银行卡的安全设置或国内外交易规则的差异等带来的支付困难甚至支付失败。

第三，外语讲解服务缺口。外语导游人才流失严重，导致导游数量与市场需求之间存在显著不匹配的情况。此外，为保护文化遗产和提升参观质量，一些博物馆对讲解服务进行了限制，仅允许指定的讲解员提供服务。这种做法虽然有助于规范讲解内容，确保信息的准确性和权威性，但降低了外国游客的参观体验。

（三）旅游接待设施条件

酒店数量和服务不能满足市场需求。2022 年，甘肃省住宿业法人企业共467 个，提供客房 75445 间，床位数 122081 张，在旅游高峰期，酒店资源供不应求。此外，全省文旅行业智慧化应用仍处于较低水平，特别是智慧景区、智慧场馆、智慧酒店等尚未普及。尽管有"一部手机游甘肃省"的小程序汇总全省商旅资源，但其投资建设单位不具备市场化经营职能，致使门票预订、酒店预订等在线交易功能尚未形成完整闭环，限制了旅游服务的效率和质量。甚至，有些酒店不愿接待外宾。按规定，所有酒店都不得以无涉外资质拒绝接待外国人，但由于登记制度的烦琐和存在潜在的违规风险，多数低星级酒店、民宿客栈选择婉拒外宾，且会有"内外有别"、针对入境游客价格偏高的情况。可入住酒店也存在外宾入住登记手续程序复杂烦琐的问题。

（四）旅游业态及其关联配套

第一，产业集群效应不足。甘肃省的文化旅游企业普遍存在竞争力不足的问题，这主要表现在缺乏具有显著品牌影响力的文化产业园区、旅游景区、酒店、旅行社和民宿等关键产业要素。此外，尽管旅游吸引力较强，但游客的消费水平相对较低，这反映出文旅产品结构的单一性，以及娱乐性和体验性产品的匮乏。整体上，产业链的附加值不高，导致地方经济发展中的参与式和体验式消费项目较少，"留不住人""赚不到钱"的问题依然存在。

第二，旅游业态发展单一。甘肃省的旅游业态在旅游六要素（食、住、行、游、购、娱）的内部细化、分工和融合方面存在不足，导致新业态的结构较为单一，功能不健全，限制了游客的选择范围和消费能力，影响了市场的竞争力。尽管旅游景区的基础设施建设相对完善，但相关的旅游商品、餐饮服务和娱乐活动等配套产业发展缓慢，缺乏鲜明的地方特色，且部分景区的内部交通连接不畅，影响了旅游体验。此外，甘肃省的文化旅游新业态对新兴技术的适应和应用不足，缺乏创新性和独特性，这在一定程度上制约了旅游业的发展潜力。

四、专业旅游人才

（一）外语导游从业人员匮乏

甘肃省入境游语种导游断层断代，人才队伍老化，后备力量青黄不接。2023年以来，随着入境游的缓慢恢复，原有的语种导游梯队逐步归位，迅速增长的客源对比基数较小的外语人才队伍，缺口非常之大，且各语种导游人才队伍老化，讲解内容、服务技巧急需更新提升，原有的讲解内容已经不符合现有国情、省情。随着入境游复苏步伐的加快，外语导游紧缺的现象日益凸显。

（二）高层次旅游管理人才匮乏

具有国际视野的旅游人才短缺。甘肃省需要更多具有国际视野和专业素养的旅游管理人才，能够在旅游产业的规划、发展和创新中起到关键作用，结合甘肃省丰富的文化资源，开发有特色、有吸引力的国际旅游产品和旅游线路。

旅游信息化人才短缺。随着"旅游+"和"+旅游"产品体系的不断推进和构建，迫切需要一批能够促进科技、教育、体育、交通、商贸等领域与旅游业深度融合的创新型人才。这些人才必须熟练掌握现代信息技术，以适应智慧旅游发展的趋势，并在其中发挥关键作用。

五、海外旅游营销

截至 2024 年 10 月，甘肃省文旅部门在 Instagram、YouTube 两大海外社交媒体平台上共开设 3 个宣传账号。总体而言，甘肃省文旅部门开展海外媒体营销的时间较晚，账号"This is Gansu"的注册时间为 2020 年 7 月，其余两个账号的注册时间为 2022 年 8 月。甘肃省文旅在各平台的视频发布数量较多，视频内容涉及广泛，包括节事展览、景点推介、文物介绍、网络趣事等。但是各账号的订阅量较少，且观看数量少，仅几条热门视频下有几十条评论。视频评论以表情符号为主，积极正向。

从三个账号的订阅量和视频发布数量来看，Instagram 平台的账号"This is Gansu"较受欢迎，订阅量为 1199 个，发布视频数量为 1327 个。然而该账号的前三条热门视频主要内容为国际赛事和科技发展，均不涉及甘肃省旅游推介。其次为 Instagram 平台的账号"hiGansu_"，订阅量为 1081 个，发布视频数量为 777 个，近期视频播放量较少，发布内容主题较为集中，包括甘肃省民俗、景点推介、美食展示。最后为 YouTube 平台的账号"Hi Gansu"，订阅量为 841 个，视频发布数量为 587 个，视频内容广泛，涉及国际赛事、景点推介、文物介绍、网络趣事等。

甘肃省文旅部门很重视海外营销，但仍然面临许多挑战。

第一，宣传推广力度有待加强。尽管甘肃省文旅部门在 Instagram 和 YouTube 平台上开设了宣传账号，但账号的订阅量相对较低，这表明其在国际社交媒体上的影响力和知名度还有较大的提升空间。其需要通过增加内容的质量和频率，以及通过合作推广、广告投放等方式来扩大账号的影响力。

第二，内容主题的旅游推介性有待增强。部分热门视频内容与甘肃省旅游推介关系不大，如国际赛事和科技发展等，这可能分散了对甘肃省文化和旅游资源推介的关注度。建议未来的内容策略应更加聚焦于甘肃省的文化和旅游特色，如自然景观、风俗文化、历史遗迹等。

第三，互动性和用户参与度不足。视频评论以表情符号为主，虽然表现出积极正向的态度，但缺乏深入的互动和讨论，这限制了内容的传播力和用户的参与度。可以通过设计互动环节，如问答、投票、话题讨论等，来提高用户的参与度和互动性。

第四，营销策略需要进一步精准化。虽然甘肃省文旅在海外市场进行了一定的推广活动，但如何更精准地针对目标客群、利用有效的营销渠道和策略仍需进一步加强。可以通过市场调研了解目标客群的需求和偏好，然后制订更加精准的营销计划。

第五，数字化和智慧旅游的建设需要进一步的加强。甘肃省文旅部门需要进一步加强数字化和智慧旅游的建设，利用现代信息技术提升旅游服务水平和游客体验。例如，可以开发移动应用提供个性化旅游推荐、在线预订、电子导览等服务，同时利用大数据和人工智能技术分析游客行为，优化旅游产品和服务营销。

六、旅游政策支持

本书收集整理了 2016 年以来甘肃省主题为"入境旅游"的文件以及综合性文件中涉及入境旅游的条款，如表 8-3 所示。总体而言，甘肃省入境旅游政策数量较少，且针对性不强。在政策内容上，目前多聚焦在会展节事举办、签证便利，并未拓展到旅行便利、语言环境、信息获取、公共服务，以及客源地与目的地的衔接、境外合作伙伴的需求发现和回应等方面。在市场主体上，政策多局限于政府主体，并未将政策触角延伸至旅行社以及所有为满足入境游客在我国短暂生活提供产品和服务的各类市场主体上。

表8-3　甘肃省入境旅游发展的相关政策

年份	政策	主要内容
2022	《甘肃省人民政府办公厅关于印发甘肃省"十四五"旅游业发展实施方案的通知》	健全入境旅游宣传推广体系。实施"交响丝路·如意甘肃省"全球推广计划，强化品牌传播。加强与文化和旅游部驻外机构联系，建立城市间对等宣传营销互惠机制。健全与甘肃省旅游产业布局、市场发展相适应的入境旅游供给体系。加强旅游市场监管国际合作，全面提升入境旅游服务质量和安全保障。推进入境旅游便利化，积极争取国家对我省入境旅游签证的政策支持，争取实现兰州、敦煌72小时落地签证，用好用足现有免签、口岸签证等政策
2021	《甘肃省文化和旅游厅关于印发〈甘肃省"十四五"文化和旅游发展规划〉的通知》	落实共建"一带一路"国家和地区游客入境免签权、外籍人士144小时落地免签政策，探索建立大敦煌版权交易、文化会展、文化贸易保税区。将"游敦煌莫高窟、走瓜州玄奘路、住雪山蒙古包、赏哈萨克风情"系列产品实体化开发运营，明确相关县区市的差异化定位和主要特点，一体化打造核心圈
2019	《关于贯彻新时代甘肃融入"一带一路"建设打造"五个制高点"规划的实施方案》	放大重大节会品牌效应。持续办好丝绸之路（敦煌）国际文化博览会、敦煌行·丝绸之路国际旅游节、酒泉华夏文化艺术节暨边塞文化旅游节、酒泉国际戈壁超级马拉松等文化会展及节庆活动。加强与国内大型旅游线上运营商合作，建立和完善酒泉文化旅游品牌专区；争取将《丝路花雨》《雪山蒙古人》《寻梦阿克塞》等剧目纳入全省乃至国家重大文化外事和文化交流项目，加大剧目巡演力度
2018	《甘肃省人民政府办公厅关于印发甘肃省文化旅游产业发展专项行动计划的通知》	打造河西走廊低空旅游目的地。落实《甘肃省"十三五"通用航空发展规划》，依托河西走廊特有的航空体育运动地理气象优势和旅游资源，大力开发以通用航空、低空飞行为主的航空旅游线路。重点开发高端直升机观光旅游、航空摄影、低空飞行体验等线路产品，通过举办通航大会、航空会展等节会活动，开展滑翔伞、动力伞、轻型飞机的培训体验、航空运动比赛等服务，率先建设以张掖为中心、辐射带动金昌、敦煌、嘉峪关等河西走廊节点城市的航空旅游休闲运动目的地，将河西走廊建设成为丝绸之路国际知名低空旅游基地
2018	《关于做好2018年度旅行社"引客入甘"旅游补贴审核工作的通知》	对2018年度（2018年1月1日~12月31日）组织旅游包机、专列来甘肃旅游的旅行社，以及涉及年度组团等其他叠加补贴的旅行社进行奖励补贴

续表

年份	政策	主要内容
2018	《甘肃省人民政府办公厅关于加快发展口岸经济的意见》	到 2020 年，兰州国际陆港、兰州国际空港、敦煌国际空港完成口岸基础设施和查验设施建设，物流配套设施健全完善，通关能力和效率明显提升，口岸运营水平显著提高，辐射带动能力不断增强，口岸经济发展条件基本完善。武威国际陆港、天水国际陆港、嘉峪关国际空港口岸基础设施和查验设施逐步完善，配套能力不断提升，口岸运营开始起步。到 2020 年，全省口岸进出口货运量达到 40 万吨、货运值达到 20 亿美元，出入境人员达到 22 万人次，开通国际航线 30 条。到 2025 年，全面完成兰州、天水、武威三大国际陆港和兰州、嘉峪关、敦煌三大国际空港建设任务，依托口岸建成一批覆盖全省、连接沿海及中部省份、辐射共建"一带一路"国家和地区的临空产业园区和现代国际物流园区等平台载体，培育一批装备制造、粮油加工、商贸物流、文化旅游等特色外向型产业体系，使口岸经济成为我省开放型经济的重要支撑
2018	《关于做好 2017 年度旅行社"引客入甘"旅游补贴工作的通知》	对 2017 年度（2017 年 1 月 1 日~12 月 31 日）组织旅游包机、专列来甘肃旅游的旅行社进行补贴，并对全省地接前 30 名的旅行社进行叠加补贴
2016	《张掖市人民政府办公室关于印发张掖市"十三五"旅游业发展规划的通知》	利用网络营销、节庆营销等手段进一步扩展客源市场规模，着力开发入境旅游市场，稳固张掖旅游形象及发展地位，拓展国际市场，进一步深化与周边地区的旅游合作，成为全省旅游业发展标杆。 统筹国际、国内两个市场，运用线下、线上两个平台，以营销创新开拓市场新空间，奋力提振入境游，加速拓展国内市场，着力发展省内游。 巩固亚洲、欧美、澳新传统客源市场，积极开发具有潜力的中东欧客源市场，适时开辟中西亚旅游客源市场，依托我省新开通国际航线，开拓远程入境客源市场
2016	《甘肃省人民政府办公厅关于印发甘肃省"十三五"开放型经济发展规划的通知》	中国兰州投资贸易洽谈会、敦煌行·丝绸之路国际旅游节和中国（甘肃省）新能源国际博览会等展会节会成为扩大对外开放和推动丝绸之路经济带甘肃省段建设的重要载体。 立足甘肃省区位和通道优势，把道路连通作为丝绸之路经济带甘肃省段建设的基础性工作，加快打通空中通道，新开辟了 11 条国际航线和 5 条国际旅游包机航线，截至 2015 年底，全省已开通 16 条国际和地区航线

资料来源：笔者整理。

此外，虽有入境游奖补政策，但可操作性不强，甘肃省主营入境游业务的旅行社大多采取境外包机、切位形式开拓入境游市场。为降低上述旅行社的经营风险，鼓励其以灵活多样的方式吸引入境游客，甘肃省实施的引客入甘奖补政策，其中包含对于入境游的奖补内容。但是目前奖补政策不够细化，涵盖领域不够全面，在具体审核操作时易产生不同解读，不利于奖补政策的落地和补贴资金的发放。

七、区域与国际合作

在区域与国际合作方面，甘肃省入境旅游发展主要面临着客源市场结构不平衡的挑战。甘肃省的入境旅游客源主要集中在港澳台地区和亚洲部分国家，而对于欧美等其他国际市场的吸引力相对较弱。这种不平衡的客源结构限制了市场的多元化发展。甘肃省需要加强与国际旅游组织的合作，开发更多符合国际游客需求的旅游产品和服务，拓展更广阔的国际市场。未来，需要进一步加强与其他省份和国际旅游组织的合作，共同开发旅游产品，提升整体竞争力。可以通过加入国际旅游组织、与其他国家的旅游部门建立合作关系、共同举办国际旅游活动等方式，提升甘肃省在国际旅游市场中的地位。从全球范围来看，旅游业有望继续保持增长态势。目前，甘肃省在境外客源市场的宣传力度不够，除了开通直航的中国香港和即将开通直航的马来西亚，其他客源市场的主动宣传促销资金投入少；没有针对性的入境旅游产品和线路，宣传推广方式有限，"走出去"的步伐不够大，精准营销手段有待加强。

第四节　发展入境旅游的经验借鉴

一、完善交通系统建设

交通条件是开展旅游活动的基础和前提，对于入境游客来说，旅游目的地交通系统的便捷程度会影响入境旅游者对旅游目的地的选择。2000~2019 年的相关数据显示，广东省入境旅游人次和入境旅游收入在全国 31 个省份中位列第一，是东部沿海地区入境旅游蓬勃发展的省份之一。广东省入境旅游得以蓬勃发展，与其省内交通系统的建设有着紧密的联系。特别是广州市，其四通八达的交通体系极大地促进了广东省入境旅游的发展。

广州市的交通网络较为完善，形成了一个高效、立体的现代交通体系。北部有白云国际机场，南部则有南沙港和高铁站，市内公路总里程达到 9046 千米，纵横交错的路网实现了城市的全方位连接，构建了一个"连接全球、辐射全国"的交通框架。广州作为全国公路运输的重要枢纽，已经形成了以"三环十九线"为主的道路骨架网络，能够快速连接全国各大城市。作为四大铁路客运枢纽之一，广州铁路枢纽已逐渐形成以广州南站、广州站、广州东站为核心，广州北站为补充的"三主一辅"布局，特别是随着武广和广深港（广深段）高铁的开通，广州与"泛珠三角"地区的交通实现了 4 小时内的直达。白云国际机场目前开通269 条航线，基本覆盖了全球主要城市。成熟的交通基础设施使广州成为众多入境游客的首选目的地。2024 年，广东省推出了"港车北上"和"澳车北上"政策，允许符合条件的香港和澳门车主通过港珠澳大桥珠海口岸进入广东省，这一措施极大方便了粤港澳大湾区旅客的出行，进一步推动了区域入境旅游市场发展。

二、优化旅游体验

（一）提高入境通关服务水平

入境服务也是影响入境游客选择旅游目的地以及赢得"游客回头率"的重要因素。目前，国内很多省份在入境服务方面都采取了相应措施，以此提高游客入境的便捷性。广东省广州市提供中转免签免费一日游活动。广之旅在广州白云机场 T2 国际到达大厅设立广州过境免签旅游柜台，为持中转联程登机牌或机票的国际旅客提供旅游咨询及广州中转免签免费一日游服务；陕西省推进

"智慧旅检"系统的不断升级，强化了先期机器检查和智能远程图像判读应用，通过大数据、人工智能等技术手段，实施旅客通关的分类管理和监控，实现了海关监管的数字化，使旅客通关过程更加便捷流畅，从而有效缩短了通关时间。

（二）加强平台建设，提高入境游客出行的便利性

入境游客在旅游目的地开展旅游活动，在食、住、行、游、购、娱等方面难免会遇到各种问题，为此一些省市采取了相关措施来提高国际游客的体验感和满意度。作为入境旅游蓬勃发展地区，北京首次对外籍来华游客推出一卡通国际卡"BEIJING PASS"。它进一步完善了多元化的支付服务体系，将交通出行、景区购票、商超购物等多个场景串联起来；此外，2024 年 3 月北京推出新版北京国际版门户网站，为外籍人士和外资企业提供一站式、多场景网上服务，还将依托"北京服务"品牌，在机场打造集支付、旅游、交通等咨询服务于一体的"北京服务中心"。2024 年上半年陕西省入境旅游也取得了较为可观的成果，这得益于相关平台的推行。2024 年 4 月 3 日陕西省推行"秦始皇帝陵博物院境外融合服务平台"，整合了该馆的票务系统平台（包含 39 个国家及地区、24 种语言、29 种货币），并接入银行、携程旅游 App 等平台进行融合连接绑定。外国游客只需要通过平台就可以绑定银行卡进行支付，实现境外游客的在线票务预订；陕西省内各大旅行社通过与工商银行深度合作，持 Visa、Master Card、银联等标识境外银行卡的游客可在景区内刷卡购票、购物，同时支持境外银行卡在 ATM 上提取现金，让游客体验一站式高效支付服务。

（三）充分挖掘本地旅游资源，打造精品旅游路线

旅游资源作为旅游目的地最为重要的旅游吸引物之一，其丰富程度、资源特色等也成为境外游客选择旅游目的地的重要因素之一。广东省根据自身资源优势以及客源市场需求，打造系列精品旅游路线，如深中通道休闲 4 天之旅（度假需求）、美食文化 5 天之旅（美食文化需求）、历史文化研学 6 天之旅（研学需求）、商务贸易 6 天之旅（商务需求）。湖南省则是"五张名片"齐出手，打造

张家界（资源名片）、韶山（经典红色名片）、长沙（都市休闲名片）、南岳衡山（历史文化名片）、城头山古文化遗址（农耕文化名片）。四川省成都市针对入境游客开发了 12 条精品旅游线路，涵盖自然风光、熊猫研学、美食体验、三国文化等多个方面。从成都大熊猫繁育研究基地+熊猫谷义工+熊猫主题邮局的《熊猫故乡　研学之旅》到在公园城市寻找惬意游览世园会的精品线路，从"竹""瓷"剔透、"锦""绣"明媚的《传承匠心　非遗之旅》到体验充满活力的动感成都的《悦动成都　动感之旅》；打造具备策展、秀场、艺术、体验、购物、游憩等功能的复合消费空间；融合"本土文化体验+国际潮流"，开展文殊坊汉服秀和沉浸式演出、宽窄巷子国潮时尚品牌发布秀、国际美食节等活动，讲好"青羊故事"，打造最具成都特色的消费体验氛围。

三、打造国际旅游人才高地

随着国内免签政策的推行，2024 年上半年中国入境旅游发展迅速，但也暴露出目前国内入境旅游市场存在的一些弊端，如外语导游短缺、管理人才匮乏等。为了解决相关问题，入境旅游较为发达的省市在人才培养方面也采取相关举措。广东省在人才培养方面采取了两大措施：加大高校专业建设和人才培养支持力度。近年来，广东省大力支持高校增设外国语言文学类专业，加强外国语言专业人才培养，明确提出鼓励高校增设共建"一带一路"国家和地区发展急需的外国语言专业；加强非通用语言专业人才培养，全省非通用语言类专业点达 29 个，涵盖 21 种非通用语种；加强旅游专业人才培养的对外合作，鼓励省内有条件的地市、学校与境外优质教育资源开展旅游人才的联合培养。陕西省在秦始皇帝陵博物院内各展厅入口，设立了专属"志愿讲解"服务台，来自中南大学的同学们以热情、真诚、专业的态度为游客提供中、英、日、法、西等语种的志愿讲解及服务工作。为了适应省内入境旅游的发展，四川省采取了增加双语字幕、培养小语种导游的举措，四川省内各大旅行社增加和培养更多小语种导游，如德语、法语、西语、俄语。

四、重视宣传推介

（一）利用网络手段，加强形象宣传

北京作为中国的首都，以及入境旅游较为发达的城市，其在宣传推介方面采取的措施也值得借鉴。"Visit Beijing"海外媒体平台推出了北京入境旅游便利化系列视频，内容涵盖了北京日常旅行、生活中的真实体验、最新探店体验、旅游达人推荐、App 支付技巧、交通出行攻略等实用信息。平台还提供全天候 24 小时在线服务，解答海外粉丝关于 App 使用、购票流程等问题，切实解决入境游客在实际场景中的困扰，受到广泛关注和热烈欢迎。四川省级财政统筹文化和旅游发展、宣传文化事业发展等专项资金，支持四川文旅形象国际媒体平台宣传，赴境外开展巴蜀文化"走出去""熊猫走世界"等国际性主题文化交流活动，通过打造国际传播产品，全方位、多角度、立体化展示四川省国际形象，吸引更多境外游客来川旅游。

（二）开展海外旅游推介活动，提高目的地知名度和影响力

广州依托境外推广中心进行全球推介，这些境外推广中心通过参展参会、专项推介、节庆营销等方式不断扩大广州旅游知名度和影响力，不断开发境外旅游市场；"三湘四水　相约湖南"湖南文化旅游推广活动走进墨西哥合众国、多米尼加共和国等中美洲国家，全面展示"三湘四水　相约湖南"文旅新形象，蓄力开拓中美洲旅湘市场；陕西省文化和旅游厅 2024 年首场海外旅游推介活动——"文化陕西"（柏林）旅游推介会在德国柏林中国文化中心举办，以"丝绸之路起点，兵马俑的故乡"为主题，利用文化旅游宣传片介绍陕西的历史文化、自然风光、美食特产、民俗风情等，并推介了两条经典入境游线路。

五、强化政策支持

（一）过境免签政策

截至 2024 年 7 月 15 日，国家移民管理局已在北京，天津，河北石家庄、秦

皇岛，辽宁沈阳、大连，上海，江苏南京、连云港，浙江杭州、宁波、温州、舟山，河南郑州，广东广州、深圳、揭阳，山东青岛，重庆，四川成都，陕西西安，福建厦门，湖北武汉，云南昆明、丽江、西双版纳等地的 37 个口岸实施 144 小时过境免签政策。该政策的推行是促进国内入境旅游蓬勃发展的重要因素。2024 年 12 月 17 日，中国过境免签政策全面放宽，外国人停留时间延长至 240 小时。而且，此次免签政策允许的入境口岸多达 60 个，且允许跨区域通行，即过境免签的外国人可以在 24 个省份允许停留活动区域内跨省域旅行。然而甘肃省并不属于以上地区，外国游客到甘肃省旅游还需要办理正常的入境手续。这也是制约甘肃省入境旅游发展的重要原因。因此，甘肃省要积极寻求政策方面的支持，推动省内入境旅游进一步的发展。

（二）入境旅游奖励政策

为了促进入境旅游市场进一步发展，部分省市出台了入境旅游奖励政策。为提振经营入境旅游业务旅行社的信心，北京市文化和旅游局恢复入境旅游奖励政策，安排 500 万元财政资金，用于入境旅游奖励。湖南省文化和旅游厅与省财政厅联合印发了《湖南省"引客入湘"入境旅游奖励办法》，设立团组人数奖、增幅排名奖、境外市场开拓奖和邀请境外考察奖四个奖项，加大对旅行社经营入境旅游业务的奖补力度。四川省率先实施入境游激励政策，下达省级文化和旅游发展专项资金，对符合条件的旅行社给予入境游客人次及远程市场特别激励，对符合条件的文化和旅游企业给予境外国际旅展及境外营销推广补助，鼓励旅行社引客入川。

六、创新区域合作机制

2024 年，北京举办了入境旅游发展大会，通过中外旅行商洽谈、战略合作签约、文旅资源推介及考察、旅游线路踩线等多种活动，为中外旅行商提供了一个深入交流和合作的平台。与此同时，陕西省文化和旅游厅在西安举办了主题为"丝绸之路起点·兵马俑的故乡"的陕西文旅推介会，向来自美国、英国、德国、瑞士等20个国家和地区的近50家境外旅行商代表推介陕西的旅游资源，并促进了陕西与境外相关国家的合作与交流。2024"你好！中国·天府四川"韩国旅行商踩线活动在成都成功举办。来自韩国首尔、釜山的旅行商受邀走进四川，实地考察四川的文化和旅游资源，与当地旅行行业单位开展交流活动。通过开展对外交流活动，搭建区域合作平台，探索国内外入境旅游发展双赢路径。

第五节　甘肃发展入境旅游的对策建议

一、促进内外循环，提振经济和消费

要站在立足新发展阶段，贯彻新发展理念，服务构建以国内大循环为主体、国内国际双循环相互促进的新发展格局的战略高度谋划甘肃入境旅游业的发展。经济发展水平是发展旅游业的重要支撑和保障。甘肃省要立足自身文化和旅游资源特色，聚焦重点优势产业，加强与共建"一带一路"国家和地区的交流合作和省际经贸合作，有效推进产业对接，推动省内优势产业、特色产品"走出去"，举办"甘肃省人游甘肃省""周边省份互助游""环西部游"等旅游促销活动，同时继续落实好旅行社"引客入甘"补贴等优惠政策，激发文旅消费潜力。

"夜间经济"是拉动消费增长的新业态。甘肃省要依托全省各地特色美食街区和夜市，吸引广大市民和游客品尝名宴、名菜、名小吃等甘肃省特色餐饮。鼓励主要商圈和特色商业街适当延长营业时间，开展形式多样的购物、餐饮、文化、健身、休闲娱乐等夜间酬宾活动。鼓励博物馆、图书馆等公共文化场馆夜间开放，举办夜间活动，激发夜间文化旅游消费活力。

此外，要通过创新消费模式来激励消费需求。随着互联网技术的飞速发展，人们的消费模式也发生了翻天覆地的变化。甘肃省要引导实体商业企业发展社群

营销、直播带货、"云逛街"，加快数字化、智能化改造和跨界融合，发展体验式、沉浸式、互动式消费新场景。以东西协作机制为纽带，线上线下融合开展消费帮扶活动。用好兰州、天水跨境电商平台，扩大优质消费品进口。提升5G网络覆盖水平，为培育"互联网+"新业态提供支撑。

二、改善配套设施，增强可进入性

旅游目的地的配套设施对游客的满意度和体验感有着较强影响，良好的硬软件设施是吸引游客进入的关键因素。

在硬性配套方面，甘肃省要改善基础设施水平，其中交通是重中之重。首先，甘肃省要优化航空交通网络，强化可进入性。甘肃省的地理位置和旅游资源分布决定了航空交通的便利性对入境旅游的影响至关重要，要尽快实现支线机场串飞与航线复航。推进陇南、甘南、敦煌等支线机场的"三角串飞"，同时注意统筹优化航班时间，提升支线航线之间的衔接性，形成省内高效的空中交通网络，解决游客"进得来""游得动"的问题。另外，可以利用兰州中川机场的枢纽地位，逐步开通国内重点客源城市与省内支线机场航线，逐步恢复兰州与东南亚（如马来西亚、新加坡、吉隆坡）和东北亚（如东京、大阪、首尔）等国际航线，将甘肃定位为连接共建"一带一路"国家和地区的重要节点。其次，甘肃省要加强铁路和公路的协同发展，推动高铁线路延伸覆盖更多景区，并提升旅游巴士网络的服务质量，通过多种方式联动进一步提升游客的流动性。

除了完善交通设施之外，甘肃要重点提升游客服务中心、集散中心、旅游厕所、标识系统等旅游服务设施建设，解决旅游服务设施分布不均、服务水平存在短板的问题，特别是在国际游客主要到达地（如兰州、敦煌等）强化服务能力。兰州中川机场T1航站楼是国际游客抵达甘肃的首个体验窗口，应从提升环境卫生、功能布局、语言标识等多方面着手。例如，可参考上海浦东国际机场和广州白云机场，在候机楼内引入非遗技艺体验、"丝绸之路"主题展览等本地特色文化展示空间，让游客在到达之初便感受到甘肃的文化魅力。

在软性配套方面，甘肃省要优化签证和通关政策，完善入境旅游便捷服务。联合海关、检验检疫、边防等部门进一步优化兰州市"过境免签""口岸落地签"等政策，推动更多国家纳入兰州"过境免签"政策范围，并开通多语种线上签证预约和办理通道，简化烦琐流程。同时，针对机场、酒店、景区等国际游客接触点，强化窗口行业服务意识，开展多语种服务技能培训，提升服务人员的国际化服务水平；简化通关手续，提高通关效率，降低抽检比例，为海外游客提供优质便捷的出入境服务。另外，甘肃省还应建立游客优先服务机制，省文化和旅游厅可以向边防（海关）整理报备省内主做入境游的头部旅行社名单，对名单内旅行社入境游团组予以优先礼遇，对大型旅行社的入境团组更要提供优先通关、绿色通道服务，提高入境游客的通关效率，增强游客的满意度。

三、创新旅游供给，提升旅游体验

旅游供给优化的核心是提升旅游资源、产品、服务、线路、接待和综合环境的协同能力。甘肃省应立足创新发展理念，推进旅游供给的创造性转化和创新性发展，满足入境游客多样化和高品质的需求。

关于旅游资源，甘肃省要依托丰富的文化遗产和自然景观，如敦煌文化、丝路文化、黄河文化等优质资源，努力构建"一个龙头、两大枢纽、四区集聚、四带拓展、区域联动"的旅游发展新格局。首先，"一个龙头"引领。敦煌作为甘肃省文化旅游的核心龙头，应深化文旅融合，提升莫高窟数字化保护与展示水平，打造丝绸之路文化的全球标杆。探索推出"夜游莫高窟""敦煌音乐节"等特色活动，将白天的遗产游览与夜晚的沉浸体验结合，提升游客停留时间和消费水平。其次，"两大枢纽"驱动。兰州和嘉峪关作为交通和文化集散枢纽，应分别强化城市文化旅游与长城文化旅游的品牌建设。兰州可探索推出"黄河游船+城市夜景"综合体验，嘉峪关可通过数字科技复原长城军事历史，增强游客的代入感。最后，"四区集聚、四带拓展、区域联动"。推进河西走廊、陇东南、甘南藏区、陇中黄土高原四大集聚区与黄河文化带、丝路文化带、长城文化带、草原文化带的联动发展，形成资源共享、差异化竞争的区域协同体系。

关于旅游产品，甘肃省应在现有资源基础上，整合周边省份的优质旅游资源，开发"一程多站"主题旅游线路。比如，推出"锦绣黄河之旅""壮美长城之旅"等省内精品旅游线路，强化黄河文化与长城文化的独特吸引力。深度参与"一带一路"国际文化旅游合作，与陕西、青海、宁夏、新疆联手打造丝绸之路旅游黄金线路，推出跨区域联动的"大九寨""大秦岭""甘青大环线"等产品，形成"资源互享、优势互补"的全域旅游格局。针对国际市场需求，开发主题化、定制化的旅游产品，如"丝路文化探秘""西北荒野摄影"等，吸引文化与生态旅游高端客群。探索"旅游+科技"，利用 AR/VR 等技术打造甘肃文化景观的沉浸式体验。例如，在麦积山石窟、炳灵寺石窟中增加虚拟还原的数字化展览。结合甘肃丰富的红色旅游资源，设计国际化视角的红色文化体验路线，展现中国近现代历史的独特魅力。

关于旅游服务，甘肃省要注意智慧化与国际化并举。一方面，要推进智慧旅游服务升级。优化"一部手机游甘肃"平台功能，增加多语言版本和入境游客专属服务模块，包括在线翻译、热门景点推荐、实时导航、紧急求助等功能，提升入境客的服务体验。推动甘肃文博场馆数字化转型，开发云展览、数字艺术等新业态，借助新媒体传播甘肃的历史文化内涵。另一方面，要强化服务能力提升。针对酒店、民宿、餐饮从业者，开展服务标准化与国际化培训，如简单外语交流、跨文化礼仪等，进一步提升接待能力。借鉴北京、上海经验，加强大巴和SUV 旅行车辆的无烟化管理，并推行绿色环保交通工具，为入境游客营造舒适的出行环境。

在接待方面，要注重打造便利化与国际化体验。首先，要提供便利化的支付与通信服务。推行"大额刷卡、小额扫码、现金兜底"的多元支付方案，让入境游客畅享无障碍支付体验。学习北上广经验，为入境游客提供境内可用的 SIM卡、漫游数据设备租赁服务，提升通信便利性。其次，要优化离境退税与综合服务。在兰州中川机场和主要旅游城市增设离境退税服务点，并通过智能化技术简化退税流程，提升游客满意度。最后，强化对边防和海关窗口人员的服务培训，为入境团队提供优先通关和一站式服务，提升服务效率与品质。

四、加强政策支持，注重人才培养

国家政策的支持是发展入境旅游的"强心剂"。根据文化和旅游部、中央宣传部、外交部等16部委联合印发的《入境旅游促进计划（2024—2026年）》，甘肃省要研究制定提振入境旅游发展的相关支持和奖励政策措施。首先，应完善政策设计与实施机制。甘肃省要深入研究制定支持和奖励政策，尤其是围绕"引客入甘"政策中的入境旅游补贴办法，明确实施细则，注重政策的精准性与可操作性。针对企业实际需求，优化政策框架，鼓励旅游企业通过开拓市场提升竞争力，同时确保政策资源的公平与高效分配。其次，要强化政策落实与监督。建立健全政策落实的监督机制，加强跟踪落实与督查问责，确保政策落地见效。建议引入定期评估机制，通过问卷调查、实地调研等方式，动态掌握政策实施效果并及时调整优化。针对入境旅游奖补政策的执行复杂性，建议由第三方审核公司提前介入流程操作，协助办理奖补的申报审核工作。通过流程标准化、审核专业化，提高申报效率与执行精度，确保补贴政策的落地实施务实高效。最后，要推动跨部门协同联动。在政策实施过程中，旅游、文化、外事、交通、市场监管等多部门要加强协调，形成合力。例如，与航空公司合作推出入境游客包机、切位奖励计划，推动形成"政府引导、企业参与"的入境旅游资源整合机制。探索设立"入境旅游发展专项资金"，对重点开拓国际市场的旅行社、包机企业、地接服务等主体给予适当奖励，形成入境旅游发展的长效支持机制。

复合型旅游人才是促进入境旅游发展的关键力量。甘肃省应以培养"懂外语、精专业、善沟通"的高质量复合型旅游人才为目标，从以下四个方面全面提升人才保障能力：第一，加强外语导游队伍建设。加强现有外语导游的深度培训，利用线上、线下相结合的方式，开展不同语种、不同业务场景的专项能力提升课程。例如，推出"丝路文化"专题讲解、"黄河文明"历史科普等内容，提升导游队伍的专业性和文化传播能力。针对小语种需求（如法语、德语、西班牙语），探索设立专项语言培训班，解决不同客源地导游语种覆盖不足的问题。第二，与院校联合培养人才。与省内外高校、职业院校开展深入合作，设立专门针对入境旅游的导游与服务人才培养计划，形成常态化、可持续的校企合作机制。例如，在兰州大学等高校开设入境旅游方向的专业选修课程，与甘肃省旅游企业共建实践基地，确保学生具备扎实的理论知识与实践能力。针对甘肃省入境旅游市场的特点，如丝绸之路文化主题、高端生态旅游需求等，重点培养能够服务于文化旅游深度体验、定制化旅游服务的高端复合型人才。第三，引进与留住高端旅游人才。制定具有吸引力的人才引进政策，重点引进既懂外语又熟悉甘肃文化的导游和管理人才。例如，为引进的高端导游和管理人员提供安居保障、薪酬激励和职业发展支持。提供长期职业发展机会与国际交流机会，如组织入境导游赴境外知名目的地交流学习，提升他们的跨文化服务能力与视野。第四，推动数字化赋能人才与服务。建立甘肃省导游人才数据库与动态管理系统，整合导游语种、业务能力、服务评价等信息，为入境旅游企业和游客提供快速匹配服务。利用人工智能与大数据技术，开发基于智能语音的多语言导览设备，减少小语种导游短缺的影响，同时提升游客自主旅游的体验。

五、高效推广宣介，加强区域合作

甘肃省入境旅游当前存在知名度低、宣传力度不足等问题，加之交通和经济条件制约，与外界的合作相对有限，因此，甘肃省需加大宣传力度，加强区域合作。

在推广宣介方面，甘肃已成功举办敦煌文博会、丝绸之路国际旅游节、公祭伏羲大典等活动，形成了具有一定影响力的文化旅游品牌。甘肃省还搭建了 Facebook、Instagram、Twitter、YouTube 四大海外社交媒体宣传矩阵，开展了"欢乐春节""部省合作""中外文化旅游年"等文化交流活动，并积极参与柏林国际旅游展、马德里国际旅游交易会等国际展会，邀请海外主流媒体制作甘肃旅游宣传片，初步形成了国际旅游目的地形象宣传体系。然而，要进一步提升甘肃的国际旅游形象，需要在宣传内容、形式和手段上寻求突破。一方面，应集中整合全省的优质旅游资源和文化符号，构建具有鲜明特色的甘肃省统一旅游形象，突出如敦煌文化、丝绸之路文化等核心主题，打造甘肃省国际旅游品牌。另一方面，可借鉴其他旅游目的地的成功经验，推出"旅游形象代言人""旅游推介大使"等创新宣传模式，通过具有国际影响力的名人、文化使者讲述甘肃故事。在当下，甘肃省还应利用大数据和人工智能分析精准锁定客源市场，开展分众化、个性化的推广，通过虚拟现实（VR）和沉浸式技术让海外游客在线感受甘肃文化，进一步提升甘肃旅游的国际传播力和影响力。

此外，甘肃省应积极推动区域合作，联合周边省份拓展入境旅游市场，共同打造丝绸之路国际旅游黄金线路，构建资源共享、优势互补、特色鲜明的主题线路产品体系。一是打造跨国长线自驾精品旅游线路"丝绸之路自驾之旅"，连接西安、兰州、西宁、银川、乌鲁木齐，再延伸至哈萨克斯坦、乌兹别克斯坦、土耳其等国家，吸引热爱冒险和文化体验的国际游客；二是策划国际宗教文化旅游线路"丝绸之路礼佛之旅"，以敦煌莫高窟为起点，贯穿甘肃省河西走廊、甘南夏河拉卜楞寺，再延展至重庆大足石刻、贵州梵净山及老挝琅勃拉邦、柬埔寨暹粒等佛教圣地；三是推出针对青少年学生的"丝路文化研学之旅"，以沿线历史文化名城为核心，设计具有教育价值的国际研学旅游线路；四是依托甘肃独特的气候与中医资源，开发"西北避暑养生之旅"，为国际游客提供高原避暑和中医养生产品。此外，应强化与主要客源国如日本、韩国的关系维护，通过政府、企业和民间多层次合作，深耕现有市场。同时，挖掘蒙古等与甘肃接壤国家的潜在市场，形成多元化的国际客源布局。为保障区域合作的深入推进，应探索区域联合营销机制，共同制定旅游优惠政策和市场推广方案，吸引更多国际游客加入"一程多站"的丝路之旅。通过深化宣传推广与区域合作，甘肃省有望提升入境旅游综合竞争力，实现旅游市场的高质量发展。

第九章　甘肃旅游强省建设的
创新实践与典型经验

　　旅游强省建设是旅游强国建设的重要组成和支撑。甘肃省高度重视旅游强省建设，聚焦高质量发展主题，加速构建"敦煌引领、丝路串联、网状协同、全域推进"的旅游业高质量发展新格局。甘肃省在积极探索和建设旅游强省的过程中取得了一系列宝贵的创新实践成果和亮眼成绩。根据甘肃省统计局数据，2023年全年，甘肃省共接待国内游客3.88亿人次，比上年增长187.8%；实现国内旅游综合收入2745.8亿元，增长312.9%。接待入境游客13.06万人次。旅游人均花费708元，比上年增加215元。① 甘肃旅游业的战略性支柱产业定位越来越凸显，在推动全省经济社会高质量发展的进程中发挥了重要的驱动作用。本章旨在归纳和总结甘肃在旅游强省建设过程中的一系列创新实践与主要经验，提炼甘肃旅游强省建设的典型模式，以期深化对旅游强省建设的理论与实践的认识，形成可复制、可借鉴的成果经验与可行模式，为新时代旅游业高质量发展和旅游强国建设提供有益的经验借鉴。

---

　　① 甘肃省统计局，国家统计局甘肃调查总队.2023年甘肃省国民经济和社会发展统计公报［N］.甘肃日报，2024-03-20（06）.

第一节 甘肃旅游强省建设的创新实践

创新是经济增长和产业发展的核心动力，是旅游产业高质量发展的关键动能。随着我国经济发展进入高质量发展的新阶段，旅游业的发展环境也发生了深刻改变，需要调整和优化旅游业的发展逻辑、动力与模式，向发展质量提升、产业结构优化和创新驱动转变。我国数字经济高速发展和数字基础设施不断完善，以数字技术为代表的新兴技术对旅游业发展理念、业态、产品、技术和模式等多元维度产生了深刻影响，为旅游业创新发展带来了新的机遇与活力。在推动旅游强省建设的过程中，甘肃省主要在理念创新、业态创新、技术创新、产品创新和营销创新五个维度取得了一系列创新实践成果。

一、理念创新：突出旅游业战略性支柱产业定位，推动文旅体制机制改革创新

（一）准确把握旅游业在甘肃经济社会发展中的战略定位

"发展为了谁，发展依靠谁"是经济社会发展的基本价值取向问题。因此，明确和树立为何发展旅游业和如何发展旅游业的科学发展理念是实现旅游业高质量发展和建设旅游强省的首要问题。中国旅游综合收入占 GDP 的比重长期超过 10%，在经济社会发展过程中释放出强劲的驱动协同作用和空间溢出效应。根据 2024 年世界旅游及旅行业理事会（WTTC）发布的研究报告，2024 年中国国内全年旅游收入预计为 6.79 万亿元人民币，创下历史新高，说明中国旅游经济正以超出预期的速度重振并进一步走向繁荣，建设旅游强国是

中国式现代化的重要组成部分。① 甘肃省在创新实践的过程中明晰和树立了建设旅游强省的原因和实施路径，突出了旅游业战略性支柱产业的定位，以推动文旅体制机制改革创新为抓手支撑文旅强省建设，为促进旅游业高质量发展提供了坚实的法治保障。

（二）突出旅游业战略性支柱产业的定位

改革开放以来，我国旅游产业的定位发生了较大的改变，从创汇产业变为被视为"国民经济新的增长点"的经济产业转变，最新定位为具备综合效应的"新兴的战略性支柱产业和具有显著时代特征的民生产业、幸福产业"。② 具体来看，2009 年，旅游业被定位为战略性支柱产业和人民群众更加满意的现代服务业。2016 年，旅游业被列为"五大幸福产业"之首，成为人民追求幸福生活的重要途径。随着旅游业不断发展成熟，其战略性支柱产业的定位越来越明确和重要。2021 年 11 月，甘肃省文化和旅游厅印发了《甘肃省"十四五"文化和旅游发展规划》，提出到 2025 年，文化和旅游强省建设取得重大进展，文化旅游治理体系和治理能力现代化水平不断提高，文化旅游成为甘肃省经济社会发展和综合竞争力提升的强大动力和重要支撑。2024 年 7 月，甘肃 14 部门联合印发了《关于贯彻落实习近平总书记重要指示精神和全国旅游发展大会精神推动旅游强省建设的实施方案》，明确提出要着力构建旅游业发展新格局，加快完善现代旅游业体系，打造世界知名、国际一流的重要旅游目的地，加快建设旅游强省。

（三）推动文旅体制机制改革创新

文化和旅游法治建设是依法治国的重要组成部分，是构建现代化旅游产业体系和治理体系的重要支撑，是实现旅游产业高质量发展的内在要求。甘肃省高度重视文化和旅游领域的法治建设，不断创新举措、优化文化和旅游领域的体制机制。甘肃省印发实施了《甘肃省文化和旅游系统关于开展法治宣传教育的第八个

---

① 雷妍．业内人士：国内旅游经济重振超预期　有三个关键［EB/OL］．（2024-06-10）［2024-12-01］．https：//travel.cnr.cn/dsywzl/20240610/t20240610_526737165.shtml．

② 宋瑞，保继刚，魏小安，等．旅游强国建设与旅游业高质量发展［J］．旅游学刊，2024，39（7）：16-27．

五年规划（2021—2025 年）》《甘肃省法治文旅建设规划（2021—2025 年)》《甘肃省文化和旅游厅关于加强社会主义法治文化建设的实施方案》等一系列规划文件，"甘肃省健全文化和旅游普法机制　推进法治文化建设创新发展"还入选了2022～2023 年度文化和旅游领域改革创新优秀案例。为进一步宣传法治文旅，甘肃省相关部门精心创作了法治文旅建设主题 MV——《法治文旅之歌》，包括了敦煌壁画、丝路祥云等甘肃特色文化和符号，在网络广泛传播。①

二、业态创新：推动旅游业与其他产业深度融合，构建"旅游+"大产业体系

（一）产业融合是经济社会发展重要趋势

产业融合能够从多维度打破产业间壁垒，促进生产要素跨产业流通，延伸产业链长度，创新新业态新模式。旅游产业具有显著的综合性、带动性和空间溢出性，具备和其他产业融合发展的良好基础和天然优势。推动旅游产业与其他产业融合发展是业态创新的重要模式。发展"旅游产业+""+旅游产业"等融合模式可以推动旅游产业与其他产业在更深层次、更广范围、更高水平融合，促使现代旅游业体系更加完善。

（二）促进旅游业跨产业深度融合，构建"旅游+"大产业体系

甘肃省以旅游产业为核心，积极培育文化体验、自驾游、研学旅游、乡村旅游、文旅康养和酒店民宿六条产业链，以夯实旅游产业发展基础，丰富旅游产业相关业态和旅游产品供给，推动旅游产业与文化、交通、康养等其他产业在更广范围和更深层次耦合协同，充分释放旅游业在经济社会发展中的重要作用。甘肃省紧握旅游产业这一战略性支柱产业，协同实施"旅游+"和"+旅游"产业融合体系建设工程。大力推动旅游业与文化、科技等其他产业多维深度融合，坚持以文塑旅、以旅彰文、以科技赋能旅游创新

---

① 马青彦. 着力打造甘肃文化和旅游法治建设新引擎［EB/OL］.（2024-08-12）［2024-12-01］. https：//wlt. gansu. gov. cn/wlt/c111313/202408/173966462. shtml.

发展，探索旅游业与教育、体育、交通、商贸等其他产业的融合发展模式，以产业融合协同促进相关产业发展，丰富旅游产品和服务供给，加速构建"旅游+"大产业体系。

（三）支持旅游和文化、科技产业等重点产业深度融合

科技是社会物质文明和精神文明演进的关键动力，正在全面地融入文化和旅游之中，推动文化和旅游深度融合与高质量发展。旅游与文化、科技深度融合是旅游产业发展的重要趋势，三者互融互促能够显著提升产业核心竞争力。早在2009年9月，文化部、国家旅游局就联合发布了《关于促进文化与旅游结合发展的指导意见》，明确指出文化是旅游的灵魂、旅游是文化的重要载体；加强文化和旅游的深度结合，有助于推进文化体制改革，加快文化产业发展，促进旅游产业转型升级。数字技术等新兴技术在文化和旅游融合中的应用广度不断拓展、应用场景不断丰富，形成了旅游与文化、科技深度融合的新趋势。甘肃省等地方政府和旅游目的地正积极开展文旅融合实践探索，涌现了一批具有代表性、创新性和可推广复制性的优质创新实践成果和案例。

三、技术创新：以数字技术赋能旅游创新链发展，将已有技术创新应用于旅游场景

（一）数字技术对旅游业创新发展至关重要

技术是产业之源，技术创新是产业发展和创新的重要基础。技术创新包括研发新技术和将已有技术进行创新应用，是创新最重要的维度之一。以现代信息技术为核心的新技术革命正在加速来临，全球正快速步入全新的数字经济时代。[①] 在数字经济时代，旅游产业发展的内外部环境和技术条件发生了质的改变，为技术创新和应用带来了新的可能和空间。以云计算、大数据、物联网、移动互联网、人工智能、区块链为代表的数字技术是新一轮科技革命和产业变革中

---

① 张辉，石琳. 数字经济：新时代的新动力 [J]. 北京交通大学学报（社会科学版），2019，18（2）：10-22.

创新最活跃、辐射最广泛和影响最深远的技术群。① 以数字技术和数据要素为核心的数字经济加速了技术创新与应用，为旅游产业带来了新的发展活力，数字经济新业态创新和拓展了旅游业高质量发展的动力与模式。甘肃省紧握数字经济发展机遇，加速探索数字技术等新兴技术在旅游产业的创新与应用，以技术创新推动旅游创新链构建和发展，丰富了相关技术的应用场景，显著推动了旅游产业质量和效益的提升。

（二）以数字技术赋能旅游创新链效能增加

全国各地发展旅游产业都面临着如何创新推进高速迭代的科技研发链、如何以数字技术等新兴技术拓展智慧互联的旅游价值链服务链和如何以数字技术赋能旅游创新链效能增加等重要课题。《甘肃省"十四五"旅游业发展实施方案》专栏2对科技赋能旅游业创新进行了专门规划，以逐渐明晰和解决这一难题。甘肃省正在规划依托旅游信息融合处理与数据权属保护文化和旅游部重点实验室，加强旅游大数据基础理论相关研究，为提升旅游创新链效能、推动旅游产业可持续发展奠定理论基础。甘肃致力于发展文旅科技项目，构建连接主要旅游景区、文化旅游场馆等旅游目的地的专用宽带网络，推动自动扫码闸机、智能识别摄像头等智能传感设备进入旅游景区和场馆，探索建设景区和场馆的智慧物联系统，规范文旅行业对旅游者个人信息和行为数据等数据的行为。

（三）基于旅游场景创新应用和发展已有技术，丰富智慧旅游产品和服务供给

旅游和文化领域为技术创新与应用提供了丰富的有效场景，成为科学技术创新的重要引擎。② 通过推进智慧旅游城市和智慧景区建设，甘肃省相关管理部门能够借助数字技术和数据要素实时分析和预测景区客流情况和预约信息，优化游客游览路线以提高游览体验，加强旅游活动的公共安全性。非物质文化遗产也是数字技术应用的重要场景，数字敦煌就是其中的典型代表。数字敦煌是一项基于

---

① 李晓华. 制造业的数实融合：表现、机制与对策 [J]. 改革与战略，2022（5）：42-54.
② 戴斌. 科技赋能文旅融合高质量发展 [N]. 人民日报，2024-05-16（09）.

数字再现技术的敦煌保护虚拟工程，主要包括虚拟现实、增强现实和交互现实三部分。截至 2023 年，敦煌研究院文物数字化保护团队共完成了敦煌石窟 295 个洞窟的壁画数字化采集，形成了海量的数字化成果。[①] 数字技术可以强化和重塑游客在参观游览文化遗产和文物过程中的视觉、听觉等多重感官体验，构建基于虚拟空间的数字孪生形态，拓展其存在和展示形式，增强用户与文化遗产和文物的互动体验，将图像声音感知和符号象征迁移至历史文化记忆，推动历史文化的传承和接续。

四、产品创新：深挖甘肃优势文旅资源，创新发展特色旅游产品

（一）甘肃拥有悠久的历史文化和丰富的旅游资源

作为黄河流域中华民族的发祥地之一，甘肃省有着优质的文化和旅游资源，包括自然、人文、历史、艺术、宗教、民俗等丰富种类，风景地貌独特、文化深厚、风土人情和美食充满魅力。2019 年，习近平总书记在视察甘肃时强调，甘肃要"利用独特的文化遗产和自然遗产优势，统筹旅游资源保护和开发，完善旅游设施和基础服务，放大文化旅游业综合效应"。[②] 基于具有核心优势的文旅资源创新开发具有市场竞争力的特色旅游产品，是甘肃省建设旅游强国的重要抓手。

（二）推动红色文化资源创造性转化和创新性发展

红色旅游是最具有中国特色的旅游产品，其主要是以中国共产党领导人民在革命和战争时期建树丰功伟绩所形成的纪念地、标志物为载体，以历史场所所承载的革命历史、革命事迹和革命精神为内涵，组织接待旅游者开展缅怀学习、参观游览的主题性旅游活动。甘肃省共有革命遗址 682 处，其他遗址 38 处；5 个全国重点红色旅游景区，占西部地区的 17.86%。以延安为中心、以"延安精神，

---

① 杜若飞. 基于数字技术的中国文化遗产保护与传播——以敦煌莫高窟为例［J］. 科技与创新，2022（1）：114-117.

② 谢环驰，鞠鹏. 习近平在甘肃考察时强调　坚定信心开拓创新真抓实干　团结一心开创富民兴陇新局面［N］. 人民日报，2019-09-23（01）.

革命圣地"为主题的"陕甘宁红色旅游区"是我国 12 个"重点红色旅游区"之一。① 基于优质的红色资源，甘肃省以资源转化和品牌培育双轮驱动创新红色旅游产品，打造以"追梦长征"为主题知识产权和品牌形象的红色文化旅游带，建设红色文旅融合发展示范区和文化产业集群。

（三）创新"诗意田园、陇上乡遇"的乡村旅游产品

乡村旅游是以乡村地区为活动空间、以乡村景观和文化为旅游吸引物的重要旅游形式，是存在于家门口的"诗与远方"。甘肃省具有发展乡村旅游的良好基础，拥有扎尕那、纳沟村、康家沟、毛寺村等众多蕴含西北风采和文化魅力的乡村。甘肃省高度重视乡村旅游发展和文旅振兴乡村工作，2024 年以来，投入5000 万元省级旅游发展专项资金，用以支持 5 个乡村旅游示范县、50 个文旅振兴乡村样板村建设。创新设计并推出 100 条乡村度假游精品线路产品，其中有5 条线路入选文化和旅游部 2024 年"乡村四时好风光"全国乡村旅游精品线路。2024 年 3 月，甘肃在以"诗意田园　陇上乡遇"为主题的中国甘肃乡村旅游发展指数暨乡村度假游产品发布活动上，甘肃通过具体数据生动展示和宣传了省内各市州乡村旅游产品。甘肃在传统乡村旅游的基础上，创新发展出集田园观光、农产品采摘、民俗体验、亲子休闲于一体的综合乡村旅游产品。以乡村住宿为抓手，增加乡村旅游者的停留天数，鼓励精品民宿建设，新晋甲乙级民宿 5 家、累计共 11 家，数量位列全国第二；12 个乡村入选文化和旅游部"四季村晚"示范展示点。② 2024 年上半年，甘肃省乡村旅游接待游客 8445.37 万人次，同比增长11.67%，实现乡村旅游收入 226.03 亿元，同比增长 18.44%。③ 根据市场需求不断优化创新的特色乡村旅游产品显著推动了乡村振兴和百姓生活水平提升。

---

① 王锐. 挖掘利用丰富红色资源　加强党员干部党性教育［EB/OL］.（2020-08-21）［2024-12-01］. http：//gs. people. com. cn/n2/2020/0821/c372498-34243562. html.

② 刘耀芳. 甘肃加快农文旅融合发展，持续推进文旅振兴乡村［EB/OL］.（2024-08-16）［2024-12-01］. https：//wlt. gansu. gov. cn/wlt/c108547/202408/173969059. shtml.

③ 马国顺. 质效齐升　跑出加速度——我省农业农村工作"期中成绩单"解读［N］. 甘肃日报，2024-08-15（05）.

五、营销创新：构建旅游数字营销矩阵，以网络热度为甘肃"引流"

（一）营销创新助力旅游"引流"

在数字经济时代，短视频等社交平台已然成为居民分享日常生活、"晒照""种草""拔草"的重要场所，旅游产品和品牌的市场环境和营销模式随之发生了深刻变化。基于平台的社交属性和大范围传播的优势，旅游业目的地的形象和流量越来越受到其在社交媒体平台投射形象的影响，旅游目的地政府部门不再是最重要的旅游目的地形象传播主体，形象主导权不断向媒介用户和旅游者转移。① 近年来，山东淄博、贵州台江和榕江、黑龙江哈尔滨、甘肃天水等先后引爆社交网络，成为流量网红城市，吸引了大量旅游者前往体验感受。甘肃省高度重视数字媒介上的营销工作，构建旅游数字营销矩阵，实施"短视频上的甘肃"工程，以很高的网络关注度大范围传播甘肃旅游目的地品牌，成功为甘肃区域旅游"引流"。

（二）构建旅游数字营销矩阵

在数字经济时代，社交媒体等数字媒介成为营销旅游产品、打造旅游品牌的重要场所。借助大数据、云计算、人工智能和 5G 等新兴数字技术，微小事物也可以成为品牌形象塑造和传播的重要载体。以爆火出圈的天水麻辣烫为例，天水麻辣烫的爆火起源于一段大学生创作的名为"建议全国普及甘肃麻辣烫"的短视频。在这场多元主体参与塑造的网络狂欢中，以地方特色美食为契机，吸引了越来越多的人参与其中，狂欢的对象也从美食拓展到了天水的历史文化与旅游景观，显著提升了天水这一国家历史文化名城的知名度和名誉度。通过在视频平台和社交媒体等数字媒介上广泛传播和讨论，甘肃旅游形象和文化得以创造性转化和创新性发展，把遥远的大西北变成了魅力的大西北，成为充满文化和魅力的象征，更新了甘肃旅游目的地形象，显著提升了甘肃旅游的知名度和竞争力。

---

① 夏杰长，张雅俊. 数字媒介与具身体验：旅游城市品牌的构建路径 [J]. 学习与探索，2024（3）：87-94.

（三）以网络热度为甘肃"引流"

甘肃省运营有"一部手机游甘肃""微游甘肃"公众号等数十个自媒体账号。近年来，甘肃旅游在社交媒体上的热度不断高涨，成功破圈，吸引了大量旅游者前往甘肃体验独特的文化、美景和美食，在"甘肃社火""天水麻辣烫"中充分感受"交响丝路·如意甘肃"的魅力。甘肃省文旅市场在短视频等社交媒体的推动下不断激发新的发展活力，为甘肃带来了大量的关注度、热度和流量。2023 年，东方甄选甘肃行活动热度高涨，引发甘肃文旅热潮。2024 年 3 月，天水麻辣烫在网络爆火，"暖心瓜州""敦煌老马"等相关话题也持续扩圈，成为新的流量经济。通过旅游者实地体验和社交媒体传播的协同路径打造了甘肃亲近、友善、接地气的旅游形象，成功叫响甘肃区域旅游品牌。甘肃省实施"短视频上的甘肃"工程，计划每年优选 10 家以上网络宣传及在线旅行社（OTA），联动线上线下协同开展营销活动，以甘肃文旅核心信息年曝光量 20 亿次以上为目标。

第二节　甘肃旅游强省建设的主要经验

一、加强政策引导与支持，扎实推进旅游业高质量发展

（一）高度重视旅游业发展的政策引导与支持

政策引导是产业发展的重要导向，为产业和相关企业提供了明晰的战略方向，通过详细的实施步骤和行动计划稳步推进产业发展，保障预期目标和效果的实现。科学系统的顶层设计有助于优化资源配置、提高资源利用效率、协调多元利益相关者的利益，进而引导和推动产业创新与高质量发展。甘肃省聚焦高质量发展主题，高度重视旅游产业的顶层设计，以加速建设旅游强省、充分释放旅游

产业的综合效益。基于平衡政府与市场、供给与需求、保护与开发、国内与国外等关键维度，结合甘肃省旅游业实际发展情况，甘肃省政府部门出台了一系列政策措施以支持旅游产业高质量发展，以科学系统的顶层规划设计支持甘肃旅游强省建设和旅游业高质量发展。

（二）不断细化旅游业发展的政策措施

随着甘肃旅游强省建设的有序推进，甘肃省相关顶层设计越来越系统科学和清晰明确。2021年12月，《甘肃省"十四五"智慧文旅发展规划》印发，对甘肃省智慧文旅发展进行了详细的规划，明确了重点打造"一平台"（"一部手机游甘肃"）、全面升级"一中心"（甘肃文旅大数据中心）、完善"三体系"（智慧文旅服务体系、智慧文旅管理体系、智慧文旅营销体系）、提升"三朵云"（支撑云、功能云、内容云）等九大重点任务。2022年6月，《甘肃省"十四五"旅游业发展实施方案》印发，强调要优化旅游空间布局，以构建科学保护利用体系、完善科技创新体系、健全品质旅游供给体系等七大体系为关键发展任务，将旅游业发展作为甘肃省"十四五"时期重要的工作组成，加强对发展过程中重大问题的研究，及时发现、尽快解决。2023年4月，《关于加大服务业重点行业扶持全面促进消费增长的若干政策措施》印发出台，针对服务业重点行业出台了15项促进消费增长的具体措施。其中，政策措施第一条为"创优品牌，充分挖掘文化和旅游消费潜力"，充分体现了相关部门对于文化和旅游产业发展的重视。2023年11月，专门针对旅游消费出台了《关于释放旅游消费潜力推动旅游业高质量发展的实施方案》，强调要丰富旅游产品供给和服务、激发旅游消费活力、提升入境旅游服务质量和旅游行业服务质效。2024年7月，甘肃省14部门联合印发《关于贯彻落实习近平总书记重要指示精神和全国旅游发展大会精神推动旅游强省建设的实施方案》，基于习近平总书记重要指示精神和全国旅游发展大会精神对甘肃省建设旅游强省进行了科学系统的规划与布局，成为甘肃省加速建设旅游强省的重要指导性文件（见表9-1）。

表 9-1 甘肃省旅游产业相关重要政策文件

政策文件名称	发布时间	发布部门	主要内容
《甘肃省"十四五"智慧文旅发展规划》	2021年12月	甘肃省文化和旅游厅	发展目标：智慧文旅架构体系更加完善、智慧文旅基础建设基本完成、智慧文旅产业体系逐步健全、文化旅游品牌影响力进一步提升。 重点任务：重点打造"一平台"（"一部手机游甘肃"）、全面升级"一中心"（甘肃文旅大数据中心）、完善"三体系"（智慧文旅服务体系、智慧文旅管理体系、智慧文旅营销体系）、提升"三朵云"（支撑云、功能云、内容云）、提升智慧文旅基础支撑能力、完善智慧文旅业态基础建设、推进公共数字文化建设进程、壮大数字文化产业、促进智慧文旅融合发展
《甘肃省"十四五"旅游业发展实施方案》	2022年6月	甘肃省人民政府办公厅	发展目标：甘肃省全省旅游业发展水平不断提升，现代旅游业体系更加健全，旅游有效供给、优质供给、弹性供给更为丰富，大众旅游消费需求得到更好满足。国内旅游蓬勃发展，出入境旅游有序推进，旅游业竞争力明显增强，努力实现旅游业更高质量、更有效率、更加公平、更可持续、更为安全的发展，实现旅游强省建设。 重点任务：优化旅游空间布局、构建科学保护利用体系、完善科技创新体系、健全品质旅游供给体系、拓展大众旅游消费体系、建立现代旅游治理体系、完善旅游开放合作体系、健全人才队伍建设体系
《关于加大服务业重点行业扶持全面促进消费增长的若干政策措施》	2023年4月	甘肃省人民政府办公厅	创优品牌，充分挖掘文化和旅游消费潜力：着力构建甘肃旅游省域品牌、区域品牌、企业品牌、景区品牌、精品线路、乡村旅游、星级服务等品牌体系。充分满足和挖掘游客消费需求，深入开展各类旅游主题推广活动，进一步提升甘肃文旅传播声量，努力将甘肃打造为国内外热门旅游目的地。 文体融合，提升体育健康消费供给水平：在场地可用、主题契合的旅游目的地融入更多体育内容、运动元素和消费业态，打造文旅体融合消费新场景。 提质升档，促餐饮消费品质化大众发展：注重培育多元化、大众化餐饮体系，平衡地区饮食差异，既能满足旅客地方美食尝鲜需求，又能照顾旅客自身饮食习惯。推动餐饮与文化、旅游、商业等业态融合，打造美食集聚区和地标街区，加大地方美食推介。 丰富体验，推动民宿消费特色化融合化发展：鼓励建设与自然环境融合、突出地域文化特色的度假酒店，满足旅客休闲、康养、娱乐层面的消费需求。尊重历史文化风貌，合理利用自然环境、人文景观、历史文化、文物建筑等资源，突出乡村民宿特色

政策文件名称	发布时间	发布部门	主要内容
《关于释放旅游消费潜力推动旅游业高质量发展的实施方案》	2023 年 11 月	甘肃省人民政府办公厅	总体要求：主动顺应居民旅游消费多元化升级趋势，创新消费场景，努力加大优质旅游产品和服务供给，创新培育一批国家 5A 级旅游景区、国家级旅游度假区和休闲街区，进一步激发消费潜力和活力，争取全省旅游人数和旅游综合收入年均增长分别保持在 25% 和 30% 以上，发挥旅游业推动经济社会发展的重要作用。 主要任务：丰富旅游产品供给和服务、激发旅游消费活力、提升入境旅游服务质量、提升旅游行业服务质效
《关于贯彻落实习近平总书记重要指示精神和全国旅游发展大会精神推动旅游强省建设的实施方案》	2024 年 7 月	甘肃省文化和旅游厅、省委宣传部等 14 个相关部门和单位	总体要求：深入学习贯彻习近平文化思想特别是习近平总书记关于旅游发展的重要论述，坚持守正创新、提质增效、融合发展，立足实际、着眼长远，科学布局、系统谋划，统筹政府与市场、供给与需求、保护与开发、国内与国际、发展与安全，聚焦高质量发展主题，着力构建"敦煌引领、丝路串联、网状协同、全域推进"的旅游业发展新格局，加快完善现代旅游业体系，打造世界知名、国际一流的重要旅游目的地，加快建设旅游强省，为建设旅游强国贡献甘肃力量。 主要任务：要重点推动旅游全域发展、打造高品质旅游目的地、培育特色旅游业态、加快文化和旅游深度融合发展、推动旅游安全有序健康发展、加强对外交流合作和旅游宣传推介等 6 个方面 31 项主要任务，加快完善现代旅游业体系，打造世界知名、国际一流的重要旅游目的地，加快建设"全域全季、惠民富民"的旅游强省

资料来源：笔者根据相关政策文件整理。

二、加速构建现代旅游产业体系，大力支持文旅产业链招商引资

2023 年《政府工作报告》指出，加快建设现代化产业体系是我国当前和今后一段时间的工作重点。随着我国进入高质量发展的新阶段，我国旅游发展也迎来了重要的战略机遇期，面临着加快构建现代旅游产业体系、实现旅游业发展提质增效的重要任务。旅游产业体系现代化是旅游业高质量发展的题中之义。近年来，甘肃省旅游产业快速发展，现代旅游产业体系正在构建形成，旅游治理水平

持续提升，不断释放出旅游产业的倍增效应。构建和完善现代旅游产业体系成为甘肃建设旅游强省的重要抓手和必答题。

（一）加速构建现代旅游产业体系

2021年11月，《甘肃省"十四五"文化和旅游发展规划》印发，提出要促进"文化旅游现代产业结构不断优化""现代文化旅游产业体系和市场体系基本健全"。甘肃省正加速构建和完善现代旅游产业体系，以驱动旅游业从传统的资源依赖型向创新驱动型转变，延伸旅游产业链和价值链，显著增加旅游产业的核心竞争力。甘肃省采取了一系列"组合拳"促进现代旅游产业体系建设。在产业链方面，延长产业链，提升产业链发展质量与韧性，完善产业生态，促进产业链全面升级和跨产业链深度融合。在生产要素体系方面，促进生产要素市场化配置，释放技术、资金、人力、数据等生产要素价值。在业态与产品体系方面，以红色旅游、乡村旅游、研学旅游、生态旅游、旅游演艺等旅游业态和产品为核心，完善现代旅游产业业态与产品。在市场体系方面，大力推动旅游消费市场增量提质，培育多层次旅游市场主体，打响甘肃区域旅游品牌。

（二）积极推进文旅产业链招商引资

文旅产业链的发展和完善需要一定的资金支持。为解决文旅产业链发展过程中的资金问题，甘肃省相关部门在多个经济发达城市举办了一系列招商引资推介活动，大力宣传"酒店民宿""人文体验""文旅康养""乡村旅游""研学旅游"等甘肃文旅产业链。2024年3月，"如意甘肃　沪上相遇"甘肃文旅产业链招商引资推介活动成功在上海举办，推介了甘肃部分市州的特色文旅产业项目，介绍了法旅集团等文旅企业在旅游开发运营方面的合作模式与成功经验。① 一方面，该活动成功宣传了甘肃省优质旅游资源、诚挚邀请上海市民前往游览体验；另一方面，该活动为上海企业了解、考察和投资甘肃文旅产业发展提供了平台，有力地促进了两地协同发展，紧握文旅产业发展机遇。近年来，甘肃省与上海等城市在文旅产业发展方面开展了深入交流和合作，基于旅游业发展新机遇，以推

---

① 施秀萍．甘肃文旅产业链招商引资推介活动走进上海［N］．甘肃日报，2024-03-24（02）．

动旅游产业高质量发展、文化和旅游融合为主线，举办了一系列文旅资源和产品推介活动，加速完善甘沪两地文旅产业链招商合作机制，搭建两地文旅产业合作平台，支持关键文旅企业深入交流学习和上海投资商投资甘肃文旅项目，取得了显著的成效。

三、丰富和优化旅游产品和服务供给，充分激发旅游消费活力

（一）丰富的旅游业态和产品是提升旅游市场竞争力的关键因素

旅游产业的业态和产品非常丰富多元，包括大众旅游、观光旅游、休闲旅游等传统细分旅游产品；红色旅游、乡村旅游、研学旅游、旅游演艺等新兴旅游产品；文化旅游、体育旅游、交通旅游等"旅游+"和"+旅游"融合产品。为解决旅游业态和产品相对单一和同质化的发展困境，甘肃省基于省区旅游资源禀赋、旅游者消费需求与偏好等，创新和丰富省内旅游产品和服务供给，激发文旅消费市场的巨大潜力与活力，以需求为引领实现高质量动态产品和服务供给。

（二）以丰富旅游产品供给和服务激发甘肃旅游消费市场

优质高效的旅游产品市场是建设现代旅游产业体系和旅游强省的关键。当前阶段，甘肃省旅游市场面临着一定的供需失衡矛盾，旅游产品供给以观光旅游和大众旅游为主，高质量供给不足，尚未能满足高速增长的旅游消费需求。此外，产品存在一定的低端和同质化问题，旅游人均消费较低，消费潜力尚未释放。① 甘肃省高度重视这一问题，以丰富旅游产品供给和服务为目标，建设文旅融合精品工程，大力开发锦绣黄河之旅、壮美长城之旅等精品旅游线路，建设旅游体验基地、非遗基地和红色研学基地，支持博物馆、美术馆等公共艺术场馆创建 3A 级旅游景区，发展旅游休闲度假产品，充分利用省内康养资源建设中医药养生、温泉沙疗等康养旅游示范基地。

旅游消费具有综合性、大众性和中高端性，是服务消费领域的重要内容，是消费提质升级的重要方向。甘肃省出台了一系列政策措施以释放旅游消费市场活

---

① 马婷婷. 文旅融合视域下甘肃文旅产业高质量发展研究［J］. 北方经贸，2023（6）：156-160.

力。2023 年 4 月，《关于加大服务业重点行业扶持全面促进消费增长的若干政策措施》印发，提出了 15 项促进服务消费增长的具体措施，其中第一条为"创优品牌，充分挖掘文化和旅游消费潜力"，共有十条措施与旅游消费直接或间接相关。2023 年 11 月，专门针对旅游消费出台了《关于释放旅游消费潜力推动旅游业高质量发展的实施方案》，强调要丰富旅游产品供给和服务、激发旅游消费活力，充分体现了相关部门对于文化和旅游产业发展的重视。具体来看，甘肃将继续修订和完善《"引客入甘"补贴实施办法》，实现消费惠民；根据市场需求创新甘肃旅游套票、年票等优惠政策；加强跨省区合作，协同打造丝绸之路黄金段文化旅游示范带、黄河文化旅游示范带等；大力发展夜间经济，提升过夜游客比例，创新塑造夜间文旅体验新场景，在敦煌夜市、嘉峪关·关城里景区等重点景区发展夜间文旅消费街区。

第三节　甘肃旅游强省建设的模式总结

　　将旅游业培育成战略性支柱产业、建设旅游强省需要旅游产业本身市场机制与保障性系统的协同运作，是一项复杂的系统性工程。近年来，甘肃省积极探索和建设旅游强省，着力构建"敦煌引领、丝路串联、网状协同、全域推进"的旅游业发展新格局和现代旅游业体系，促进旅游产业跨产业融合发展，加速发展文旅新质生产力，打造世界知名、国际一流的重要旅游目的地，形成了以支柱产业引领、以产业融合支撑、以新质生产力驱动和以文旅品牌赋能的旅游强省建设模式。

一、以支柱产业引领：将旅游产业打造为战略性支柱产业

（一）甘肃文旅资源丰富，文旅产业发展潜力巨大

作为较高层次的服务消费，旅游消费匹配了消费提质升级的趋势，为国内和

国际经济发展注入了活力。旅游业市场化程度高，发展势头强劲，具有显著的产业关联性和协同带动性，是促进区域经济增长、民生福祉提升和对外开放的重要产业。① 旅游业并非一般意义上的战略性产业。从内涵来看，将旅游产业打造为战略性支柱产业意味着旅游业在未来一段时期内处于产业序列定位中的重要位置，需要充分发挥旅游业的经济性、综合性、民生性和长期性意义和重要功能。②

对于文旅资源优质丰富、生态环境较为脆弱的甘肃省，旅游产业具备更强的创造就业岗位、促进经济增长、带动区域发展和保护生态环境的作用，将其打造为战略性支柱产业具备较强的合理性、可行性和重要性。③ 杨欢等（2011）基于人均旅游收入和旅游增加值占 GDP 比重对我国各地区的旅游业产业地位与发展定位进行了研究，将各地区旅游业发展情况分为了五类，而甘肃省属于第三类，旅游业发展较为滞后，旅游业的经济属性尚未完全释放；发展方略为因地制宜，统筹开发，突出特色，加快发展壮大旅游业。④

（二）巩固旅游业的战略性支柱产业地位，推进旅游强省建设

旅游强省建设必须结合省份的实际情况，遵循旅游业发展和旅游者行为规律，以市场为导向，以人民需求为中心，以经济效益这一产业属性为基础。从实际情况和发展基础来看，甘肃省旅游资源丰富，文化悠远厚重，但是经济基础较为薄弱，生态环境较为脆弱，生态保护难度较高，工业发展受到一定的限制。因此，甘肃省以旅游业作为战略性支柱产业是科学可行的。甘肃省文化和旅游资源优质，具备建设旅游强省的良好基础，但是也需看到，旅游业作为综合性产业，涉及环节和利益相关者众多，更需要多元主体的协同参与。甘肃对旅游业发展和旅游强省建设进行了详细科学的规划，应明晰旅游业的战略性支柱产业地位，加

① 宋瑞，保继刚，魏小安，等．旅游强国建设与旅游业高质量发展［J］．旅游学刊，2024，39（7）：16-27.
② 吕本勋，罗明义．旅游业作为战略性支柱产业的内涵与外延［J］．旅游论坛，2011，4（6）：40-44.
③ 荆艳峰．以旅游业为先导产业的经济结构调整模式探讨［J］．社会科学家，2011（7）：83-86+90.
④ 杨欢，吴殿廷，王三三．我国各地区旅游业产业地位与发展定位研究［J］．人文地理，2011，26（5）：76-81.

速将旅游业建设成为甘肃省的战略性支柱产业，从而实现从资源大省向旅游强省的转变。具体来看，甘肃省以实现旅游产业效益化、可持续性和均衡化发展为目标，不断提升旅游产品和服务供给质量，坚持守正创新、提质增效，促进旅游产业集聚和集群化发展，充分释放旅游产业对区域经济发展的带动作用和对周边地区的空间溢出效应，提高旅游业在甘肃省经济发展中的地位和贡献。

二、以产业融合支撑：促进旅游业与其他产业深度融合，筑牢旅游强省的底座

（一）技术、市场和场景：旅游业发展壮大的重要驱动力

在技术、市场、场景和创新等因素的引导和驱动下，旅游与文化、科技等其他产业不断互动互促、深度融合，释放出强大的乘数效应。产业融合需要协同推进"旅游+"和"+旅游"，将融合重点扩展到业态、市场、产品和技术等多个维度。甘肃省以产业融合为支撑，促进旅游业与其他产业在更广范围、更深层次、更高水平上实现融合，构建完善"旅游+"大产业体系，全面激活旅游与文化、科技等其他产业跨产业融合发展的动能。

（二）促进旅游与文化深度融合，坚持以文塑旅、以旅彰文

"积极推进文化和旅游深度融合发展"，这是习近平总书记提出的重要要求，是建设旅游强省、实现旅游产业高质量发展的关键举措，也是坚持以文塑旅、以旅彰文的应有之义。甘肃以文化和旅游产业融合为关键抓手，促进文化和旅游产业在资源、技术、功能、业务、空间和市场等多维度深度融合。比如，甘肃正规划建设4条文化旅游示范带。文化旅游示范带将串联甘肃东西向城市，联动乌鲁木齐和西安，有机融入"交响丝路"文旅IP和品牌，建设丝绸之路黄金段、黄河文化、红色文化、长城文化等文化旅游示范带，推出河西走廊文化遗产线路等精品路线，以文化旅游示范带和经济带为抓手，促进文旅深度融合。

（三）促进旅游与科技深度融合，丰富和优化智慧旅游产品及服务供给

旅游业作为劳动密集型产业，生产效率较低，限制了旅游业的进一步发展。

数字技术等新一代信息技术为旅游业发展带来了全新的可能，赋能旅游业生产效率提升和创新发展。甘肃省以数字技术为抓手，紧跟旅游消费新趋势，促进旅游与科技深度融合，开展智慧旅游产品供给工程，以丰富和优化智慧旅游产品和服务供给。玉门市"玉门之光"工业体验馆获评 2023 年文化和旅游数字化创新示范优秀案例。作为西北首个工业体验馆，"玉门之光"工业体验馆以特色工业体验为核心，充分利用数字技术沉浸式展示玉门的石油工业等工业体系，打造了集工业文化、沉浸体验、研学教育和文化旅游消费于一体的综合空间。① "玉门之光"工业体验馆搭建数字化文化体验线下场景，创新了数字文旅消费新场景，释放出新兴数字技术在引领和支撑文化和旅游行业发展与融合方面的重要作用。

（四）探索旅游业与其他产业融合发展

旅游业具有显著的综合性、联动性和溢出性，具备与其他产业融合发展的天然优势。甘肃省以构建完善"旅游+"大产业体系为重要目标，积极探索旅游业与其他产业融合发展的模式与路径，以充分释放旅游业与其他产业跨产业融合发展的新动能。具体来看，甘肃省正在推进旅游业与先进制造业、消费品工业、智慧农业、金融和教育等现代服务业融合发展，探索矿山公园、工业基地、酒文化博览园、红星基地等业态融合新旅游产品。

三、以科技创新驱动：培育旅游业新质生产力，探索旅游业发展新场景

（一）科技创新赋能是旅游业效率提升的关键

随着新一轮科技革命和产业变革持续深入，产业结构、消费结构和市场结构发生了深刻变化，具有高科技和高效能的新质生产力成为培育旅游等战略性新兴或支柱产业的重要动能。科技是第一生产力，创新是第一动力。旅游产业本来是低生产效率的服务产业，但新一代信息技术显著提升了旅游产业的生产力，推动了旅游产业现代化发展。因此，建设旅游强省必须充分释放新质生产力在引领、

---

① "玉门之光"工业体验馆上榜！［EB/OL］.（2023-10-25）［2024-12-01］. https：//wlj. jiuquan. gov. cn/wlj/xx01/202310/a38fea2954af4ece99be90c3394d249d. shtml.

驱动旅游产业高质量发展中的关键作用，向新质生产力要增长新动能，探索和丰富数字技术等新质生产力在文化旅游发展中的应用场景，促进科技和文化、旅游多维深度融合。

（二）培育旅游业新质生产力

旅游业新质生产力是突破传统经济增长模式和发展路径的重要抓手，以数字化应用和科技赋能文旅产业模式变革，实现旅游体验、文化、服务等全方位提升和高质量发展。[①] 以新质生产力驱动旅游产业高质量发展是一项系统性工程，需要诸多部门和利益相关者形成合力，协同建设旅游强省。甘肃省积极推动不同部门间通力合作、协同发力，不断优化跨部门合作机制，畅通资源要素在不同行业间的流动和共享，提高资源配置和整合效率，不断完善旅游产业发展的外部环境，构建适应旅游产业发展需求的科技支撑创新机制，形成新质生产力和旅游互相赋能的合力。甘肃省大力支持相关企业主体发展新质生产力，加速培育一批行业领军企业和优势企业，鼓励和支持旅游行业相关企业联合科技企业和科研机构等其他主体设立研究中心和技术研究院等机构，为旅游业发展提供强劲的发展动力。

（三）打造旅游业发展新场景

促进旅游与科技深度融合，丰富科技在旅游产业的应用场景。甘肃正加速推动旅游景区和目的地数字化、智慧化升级，研究制定相关数字化升级标准，推动云计算、大数据、人工智能、虚拟现实、增强现实等新一代数字技术广泛而深入地应用于旅游景点、景区和目的地的游览参观和日常管理活动中，如在线预约、客流动态监测和游客引导、入园无感通行、虚实结合的体验场景、智能餐厅、智能停车等，优化智慧游览、讲解和引导等服务，提供详细的点位导航和参观路线建议，大幅提升游客参观体验感和管理效率。甘肃省在推进技术创新与应用的同时，也十分重视新兴技术带来的安全和隐私问题，加强文旅大数据平台和数据使

---

① 刘沛林，徐硕．文旅新质生产力：内涵审视、支撑向度与实践路径［J］．旅游导刊，2024，8（3）：34-47．

用行为规范建设，健全旅游统计指标体系，推动公共数据有序开放共享，充分释放旅游、文化、交通运输、金融等公共大数据的价值，为旅游统计应用和决策提供科学数据支撑，助力旅游产业高质量发展。

（四）加强文旅复合型人才培育，完善新型基础设施建设

发展新质生产力有赖于人才和基础设施的协同支撑。一方面，甘肃省高度重视旅游行业人才培育和引进，不断提升行业人才素质。新质生产力在改变旅游产业发展模式的同时，也对从业人员素质提出了新的要求。旅游行业亟须大量既了解旅游业发展需求和规律又能掌握数字技术、具备较高数字素养的复合型人才。为此，甘肃省采取了一系列政策措施，科学制定中长期规划，如《关于推动文化和旅游深度融合实现高质量发展的实施意见》《陇南市旅游人才队伍建设中长期规划（2019—2029）》等文件强调了培育文旅人才的重要性并明确了具体的建设任务。另一方面，甘肃省新型基础设施建设持续推进，越来越完善。建设新型基础设施是以新发展理念为引领，以技术创新为驱动，以信息网络为基础，提供数字转型、智能升级、融合创新等方面基础性、公共性服务的物质工程设施，是支撑和驱动经济社会高质量发展的重要基础。甘肃省未来应进一步针对旅游产业发展需求，加速完善新型基础设施，以通信网络和数据算力设施为基础，释放数据的创新驱动作用，构建泛在智能的网络连接设施和云网融合的新型算力设施。

四、以文旅品牌赋能：讲好甘肃故事，唱响甘肃品牌

（一）品牌是文旅产品的核心竞争力

品牌是文化旅游产品等无形性产品的核心竞争力所在。品牌具有高价值、稀缺性、不可替代等特点，能够向消费者传递某种承诺，减少其风险感知。优质的品牌能够帮助消费者识别和区分产品或服务，实现差异化并促进消费。旅游产品具有典型的无形性特征，品牌和知识产权（Intellectual Property，IP）建设是旅游目的地形象传播、感知与塑造的重要工具，有助于推动地区和旅游目的地发展与创新。

（二）唱响甘肃品牌，擦亮甘肃数字名片

近年来，甘肃省不断加强旅游目的地品牌建设，积极打造世界知名、国际一流的旅游目的地。甘肃省规划和实施了一系列文化和旅游品牌、旅游城市品牌培育工程，以不断提升品牌和 IP 的国际知名度和影响力，推动富有中国文化内涵的产品和符号"出海"，推动更多国内外人民感受甘肃省地域文化的独特魅力。数字经济时代，城市品牌的书写权快速向网络转移，数字名片成为旅游目的地面向海量网络用户宣传自身的重要营销方式。甘肃省以魅力景观和文化为抓手，开展在国内外社交平台、微信公众号、国内外 OTA 平台等宣传和推广工作，利用数字名片展示和传播旅游目的地形象，以线上线下协同的方式举办各类节庆、赛事和营销活动，强化甘肃景观和特色文化魅力。

（三）讲好甘肃故事，提高旅游吸引力

《去有风的地方》《我的阿勒泰》等影视剧相继爆火出圈并带动当地旅游发展充分证明了"一部剧能够带火一座城"，"文旅+影视"成为打造优质旅游目的地形象、讲好旅游目的地故事的有效模式。甘肃省深入挖掘并提炼飞天、铜奔马、伏羲女娲、马家窑彩陶、黄河母亲等区域特色景观和文化符号，尝试以电视剧、短剧、迷你剧、短视频、小说等多种形式记录和传播，充分利用事件营销、主题形象营销、网络营销等营销策略，以旅游目的地文化和故事强化旅游目的地品牌。此外，甘肃省还基于自身特色文化创新发展文创产品，建设文创市集，创新非遗文化旅游精品线路，打造和优化《白马盛典》《官鹅盛典》《梦回天水》《天下雄关》等沉浸式文旅演艺体验项目，以沉浸式演艺讲好甘肃动人故事。

（四）打造世界级旅游品牌，深化国际旅游交流

2024 年 7 月印发的《关于贯彻落实习近平总书记重要指示精神和全国旅游发展大会精神推动旅游强省建设的实施方案》提出，甘肃省要打造世界级旅游品牌，建设一批兼具知名度、美誉度和区分度的世界级旅游品牌，将莫高窟、嘉峪关等 7 处世界文化遗产地建设成享誉中外的世界级旅游目的地。充分挖掘"丝绸

之路黄金段"资源优势，建立"数字丝绸之路"国际文化传播基地，建设敦煌世界文化旅游名城，加强与国际主流媒体的合作，助力甘肃省全面融入"一带一路"建设，促进《丝路花雨》、《大梦敦煌》、"丝路情韵"、"陇上非遗"等精品剧目和项目的国际数字化传播，推动优质中华文化出海，深化国际旅游交流。

第十章　奋力建设甘肃旅游
强省的实践路径

　　甘肃正在奋力推进旅游强省建设，成效初显，机遇与挑战并存。未来，为了更高质量地建设旅游强省，甘肃需要在推动旅游业改革开放、促进旅游技术进步、培育壮大旅游业市场主体、优化旅游业发展环境、推动旅游业融合发展、加强旅游业要素保障等方面协同发力，提升甘肃旅游业在国民经济和社会发展中的战略地位，提高甘肃旅游业在全国旅游业的位置，为全力推进旅游强国建设和中国式现代化贡献甘肃力量。

第一节　推动旅游业改革开放

一、改革开放是甘肃旅游强省建设的关键之举

　　我国旅游业因改革而生、因开放而兴。改革开放也为甘肃省旅游业的市场化、专业化和国际化发展提供了强大的动力和广阔的空间。改革开放40多年来，甘肃省旅游业迅速崛起，成为国民经济的战略性支柱产业和富民强省的幸福产业。

　　（一）改革开放促进甘肃旅游资源开发与利用

　　在改革开放政策的支持下，甘肃省旅游资源得到较为充分的开发和利用，甘

肃旅游业得以迅速发展，逐渐成为甘肃省的支柱产业之一。改革开放对甘肃自然和人文旅游资源的开发和利用产生了深远的影响。一方面，甘肃依托其丰富的自然和人文资源，通过改革开放，加强了对这些资源的整合和开发。例如，甘肃推广的"数字敦煌"，让文化从墙上"走下来"、从洞里"走出来"，使得更多的游客能够感受到敦煌文化的魅力。这种深度挖掘和现代技术的结合，使得甘肃的旅游资源得到了更有效的利用和传播。另一方面，改革开放推动了文化和旅游的深度融合，培育打造了文化旅游特色产品。通过举办各类文化节庆活动、推出精品旅游线路、打造主题旅游景区等方式，将文化资源转化为吸引游客的强大动力。这种融合不仅增强了旅游产品的文化内涵，也提升了文化的旅游价值。

（二）改革开放提升甘肃旅游的国际知名度

甘肃充分利用共建"一带一路"倡议带来的机遇，通过一系列战略部署和实际行动，将丰富的文化旅游资源转化为国际交流与合作的桥梁，其国际知名度和品牌形象力迅速提升，成为重要的国际旅游目的地之一。比如，甘肃通过构建"一个龙头、两大枢纽、四区集聚、四带拓展、区域联动"的旅游发展新格局，形成了以敦煌为龙头的文化旅游经济区，强化了兰州和敦煌的国际旅游枢纽站地位，打造了大敦煌文化旅游经济区、"中国黄河之都"都市文旅产业集聚区、"陇东南始祖文化旅游经济区"和绚丽民族风特色国际文化旅游经济区四大旅游经济区，以及丝绸之路黄金段文化旅游示范带、黄河文化旅游示范带、长城文化旅游示范带和红色文化旅游带四条文化旅游示范带。这些举措不仅促进了省内旅游业的发展，也吸引了国际游客的目光，提升了甘肃的国际形象。甘肃省还通过积极参与国际合作项目，与联合国教科文组织、联合国世界旅游组织等国际组织开展合作，学习国际先进的旅游发展经验的同时，将其独特的文化旅游资源向世界展示，有效增强了甘肃文化旅游的国际影响力。

（三）改革开放加快甘肃旅游业市场化进程

改革开放以来，得益于顶层设计的不断优化和市场化改革的深入推进，甘肃省的旅游市场化进程显著加快。甘肃省理顺了旅游资源管理体制机制，通过创新产权制度和优化资源产权结构，实现了旅游资源的所有权、占有权、支配权、使用权、收益权和处置权的分离与优化，有效提升了文化旅游资源的市场化运营管理能力与水平。甘肃省还做好了省级文化旅游发展的顶层设计，以明确发展目标、方向与思路，引导各级政府做好区域文化旅游发展规划，并保持规划的连续性、长远性。在深化景区市场化改革方面，甘肃省积极引进战略性投资企业，通过市场化手段激发旅游市场的活力。同时，通过组建大型旅游集团和扶持旅游小微企业，形成了多元化的市场主体结构，增强了旅游业的整体竞争力。甘肃还通过实施产业融合行动，挖掘了商务会展、生态康养、休闲度假等新业态的消费潜力，通过新业态拉动文化旅游消费。在探索生态旅游市场化经营方式、创新管理运营模式的进程中，甘肃走出了一条以核心景区带动"农家乐"发展的新型模式。在旅游形象营销模式上，甘肃全面打响了"交响丝路·如意甘肃"品牌，并辅以一系列创新营销活动和推广策略，如"环西部火车游"主题推广营销活动，成功入选全国旅游宣传推广典型案例。

（四）改革开放助力甘肃旅游转型升级

改革开放以来，在多项政策的支持下，随着旅游市场化进程的加快和市场机制的不断完善，甘肃省的旅游业不断转型升级。甘肃积极推动旅游市场化改革，注重引进战略性投资企业，在酒泉、嘉峪关、武威、张掖、甘南等地投资布局自驾游环线急需的露营基地、丝路驿站等配套设施；还通过组建大型旅游集团和扶持旅游小微企业，形成了多元化的市场主体结构，促进了旅游产品的多样化和高端化，推动了旅游产业的链条延伸和价值提升。甘肃还大力推进业态创新方面的改革，实施红色旅游发展计划，通过"红色旅游+"战略，支持红色旅游景区创建各级各类主题教育、红色研学基地，鼓励开发主题性、特色类红色旅游演艺和创意产品，构建了甘肃"长征丰碑"红色旅游品牌矩阵。甘肃省还注意乡村旅游的创新发展，把文化和旅游发展纳入乡村振兴行动计划，推动建设乡村旅游示范县、文旅振兴乡村样板村、乡村旅游精品线和聚集区，挖掘利用中医、中药、彩陶、陇绣、雕刻等优势传统文化技艺，打造了一批具有较大影响力的乡村工艺品牌和乡村旅游商品。

二、奋力推进甘肃旅游业改革开放

（一）创新资源开发机制，推动甘肃全域旅游建设

甘肃旅游资源丰富，但目前开发利用仍存在区域分割、同质化开发和资源浪费等问题。要推动旅游强省建设，必须创新资源开发机制，整合区域内自然和人文资源，形成优势互补的全域旅游格局。第一，通过设立"资源开发特区"试点区域，构建资源开发利益共享机制，可以打破行政区划的束缚，使资源整合更加高效。比如，将敦煌文化、祁连山自然风光和黄河文化等资源联动开发，打造跨区域旅游线路，吸引更多国内外游客。第二，全域旅游不仅要关注资源开发的深度，更要注重业态的多元化融合。比如，甘肃可通过引入休闲度假、康养旅游、文化创意等新兴模式，打造差异化、体验型的旅游产品，以增强旅游目的地的吸引力和竞争力。第三，引导社会资本投资文旅融合项目，推动大数据、物联网等技术在资源开发中的应用，提升资源转化率与管理效率。以上机制创新将加快资源开发进程，有助于提升甘肃旅游的核心竞争力，为其迈向世界级旅游目的地奠定坚实的基础。

（二）深化文旅国际合作，扩大甘肃旅游全球影响力

甘肃作为丝绸之路的重要节点，在全球文旅市场中具有独特优势，通过深化文旅国际合作，可以有效提升甘肃旅游的国际知名度和竞争力，进一步巩固甘肃作为丝绸之路核心旅游目的地的地位。第一，应依托共建"一带一路"倡议，与沿线国家共同开发跨境旅游线路，如联合打造"丝绸之路文化巡游"品牌，让更多海外游客能够深入了解甘肃的文化遗产。第二，应与国际知名文旅企业合作开发标志性项目。例如，在敦煌引入国际化的文化演艺或主题公园，增加甘肃旅游的吸引力和体验深度。与此同时，要在国际市场加强营销推广，通过在欧美、中东和东南亚等主要客源地设立"丝绸之路旅游推广中心"，配合社交媒体精准营销，提高甘肃在全球市场的可见度。第三，还可简化国际游客入境手续，

扩大电子签证或"落地签"试点范围，吸引更多国际游客。

（三）完善市场化机制，推动甘肃旅游消费升级

甘肃旅游的市场化程度虽然近年来有所提升，但依然面临产业结构单一、高端旅游产品不足的问题。要进一步激发市场活力，需通过完善市场化机制，推动旅游消费从基础性需求向高品质、多样化方向升级，塑造甘肃多元化的旅游消费体系，为其迈向高端旅游市场铺平道路。第一，构建以市场为导向的产品创新激励机制，支持企业开发具有高附加值的旅游产品。比如，敦煌的沉浸式演艺项目、虚拟现实导览以及黄河文化体验游等。第二，大力发展夜间经济、文化创意产业，丰富游客在甘肃的消费场景，延长游客的停留时间。例如，在兰州、张掖等城市建设高品质的夜间文旅街区，举办夜市、美食节等特色活动。第三，注重数字化赋能，通过智慧旅游平台为游客提供个性化的服务，如在线预订、智能导览和虚拟互动等，全面提升消费体验。

（四）扩大甘肃省旅游业对外开放，提升国际化水平与市场影响力

对外开放和国际合作是甘肃旅游业发展的短板，要通过加强国际合作和国际营销传播，全力展现甘肃旅游的独特魅力，把甘肃省旅游业推向全球。第一，深化国际化合作，融入全球旅游市场互动。甘肃应进一步深化与国内外旅游市场的合作，提升甘肃旅游的全球竞争力和国际化水平。通过积极参与共建"一带一路"倡议，推动与中亚及欧洲等地区的旅游合作；通过加强与丝绸之路沿线国家的旅游交流合作，积极参与国际旅游博览会，推动丝绸之路文化与甘肃自然景点的联动，吸引更多国际游客关注甘肃的旅游资源；加强甘肃在国际市场中的文化传播力，通过数字化平台和社交媒体渠道，传递甘肃的历史文化与自然魅力，提升甘肃旅游的全球知名度与吸引力。第二，通过实施丝绸之路文化翻译工程和国际文化交流平台等项目，推动甘肃文化走向世界，借力丝绸之路（敦煌）国际文化博览会等平台，加强与国际主流媒体、海外媒体务实合作，拓展海外市场，推动甘肃优秀文化走向世界。第三，实施旅游企业"走出去"战略，通过加强与共建"一带一路"国家和地区的合作，提升甘肃旅游产品在国际上的影响力和竞争力。

第二节　促进旅游业技术进步

一、技术进步是甘肃旅游业高质量发展的核心动力

（一）技术进步促进甘肃旅游业区域协同发展

技术进步在促进甘肃旅游业区域协同发展中扮演了至关重要的角色。例如，甘肃省积极推进与周边省份的旅游产业协同发展，通过资源共享、品牌共塑、市场共拓、信息共通等方式，加强了区域联动，激活了西北游。又如，甘肃与川滇藏青7个市州在基础设施互联互通、旅游大环线打造等领域开展了深层次合作，推动了交界地区市州互惠互利、合作共赢。此外，甘肃省文化和旅游厅打造的"一平台、一中心、三体系、三朵云"智慧文旅架构体系，全面提升了甘肃省文化和旅游智慧化发展水平，强化了"交响丝路·如意甘肃"品牌影响力。技术进步推动了区域间的合作和资源共享，为甘肃建设旅游强省奠定了坚实的基础。

（二）技术革新加速甘肃文旅产业升级

技术革新在推动甘肃文旅产业转型升级中扮演着至关重要的角色。在文物数字化保护和展示方面，甘肃省博物馆的"'数字甘博'管理服务平台"，利用实时数据采集技术、智能数据挖掘、虚拟现实等现代技术，整合了馆藏珍贵文物资源，提升了文物保护、研究和利用的效率与效果。该平台不仅加强了文物的数字化保护，还通过多种途径如手机端、大屏端和AR眼镜端等，为公众提供了便捷的文物信息获取途径。敦煌研究院的"寻境敦煌——数字敦煌沉浸展"则是数字化展示与体验创新的典范，该项目通过高精度立体还原技术，将敦煌莫高窟第285窟等文化遗产数字化，为公众提供了沉浸式的VR体验。这种创新的数字化展示方式，不仅使文化资源得到更广泛的传播，也为文旅产业的创新开辟了新场

景。此外，甘肃文旅大数据综合应用平台的建设，整合了全省文化旅游资源，运用大数据、人工智能等技术，全面提升了文旅服务的智能化水平，增强了目的地的吸引力和竞争力。这些技术的应用和创新，为甘肃文旅产业的转型升级提供了强有力的支撑，为甘肃文化的传承和发展注入了新活力。通过这些技术革新，甘肃文旅产业在数字化保护、展示体验、大数据平台建设等方面实现了质的飞跃，推动了产业的整体升级和发展。

（三）技术进步提高甘肃旅游业运营效率

技术革新在提高甘肃旅游业运营效率方面发挥了至关重要的作用，主要体现在智慧公共服务平台、智慧旅游景区建设和维护景区安全三个方面。比如，甘肃省通过构建"一部手机游甘肃"综合服务平台，实现了门票在线预订、VR 全景展示、AR 景区导航、数字导游、会员管理、文创产品销售、电商带货、监测管理等功能，极大地提升了旅游服务的便捷性和效率，通过整合吃、住、行、游、购、娱等文旅大数据六要素，衔接地图服务商、自媒体服务商、OTA 平台、金融服务商等数字资源，优化集成票务、导航、解说、预订、评价等一站式智慧旅游功能。再如，在智慧旅游景区建设方面，甘肃省鼓励 A 级旅游景区与"一部手机游甘肃"综合服务平台全面对接，通过 App、小程序普及语音导览服务，提供景区内的观光线路、主要景点的文字和语音信息，提供景区周边旅游资讯的查询，重点打造 VR 体验、景区直播、数字讲解等智能应用场景。这些技术的应用提升了旅游景区的智能化管理水平，提高了旅游服务的响应速度和运营效率，推动了甘肃旅游业的高质量发展。此外，技术进步使得甘肃能够通过智慧旅游景区建设工程，科学推进限量、预约、错峰旅游，实现资源高峰期合理配置、精确预警和科学导流，提升了旅游景区的安全管理水平，增强了对文旅安全事故的动态监测能力，有效防范风险。

（四）技术进步塑造甘肃旅游新体验

技术革新极大丰富了文旅数字化产品，能够为游客提供更深入、更多元、更互动的文化体验。首先，技术革新能够推动沉浸式的文化体验。例如，甘肃省博物馆的"'数字甘博'管理服务平台"利用泛在感知等实时数据采集技术、智能数据挖掘等海量数据处理技术、虚拟现实等新型数字化技术，整合馆内珍贵文物资源，构建数字平台，实现了文物信息共享，提高了游客对文物的了解和体验。其次，数字技术的革新创新了文旅产品，增强了文旅行业吸引力。例如，敦煌研究院的"寻境敦煌——数字敦煌沉浸展"项目，以 1∶1 毫米级高精度还原了莫高窟第 285 窟，打造了一个超写实的物理空间。通过 VR 技术，游客可以零距离观赏壁画、360 度自由探索洞窟细节，甚至参与壁画故事情节，将虚拟展品叠加到真实的景观中，创造出丰富的交互体验。在数字文旅探索者的带领下，让观众体验"真亦假时假亦真"的旅程，科技创新为文旅注入新质生产力，让传统文化"活"了起来。

二、全力促进甘肃旅游业技术进步

（一）构建智慧化管理体系，优化资源配置与风险防控

甘肃省文化和旅游产业的发展受到显著的季节性因素影响，为了更好地配置资源、提升游客体验，应充分利用信息技术促进旅游智能化管理。第一，需搭建"可查、可控、可管、可追"的分时段预约与多渠道预约平台，动态调整旅游容量管理，实现高峰期资源合理配置和科学导流。通过建设旅游景区数据监测设施和平台，加强数据的收集、分析与应用，可提升游客流量的精准预测和监测水平，为景区的交通调度、住宿预订、景点开放时间等提供科学依据。第二，甘肃需健全风险隐患防控与游客信息快速通知体系，提升风险预警与应急能力。鉴于气候风险对甘肃旅游的潜在威胁（如极端天气和自然灾害），应与大数据技术提供商合作，引入大数据分析技术，建立全省统一的气候风险监测和预警系统，加强实时监测和评估，为风险预警和应急管理提供数据支持，有效降低旅游活动中因气候原因引发的不确定性。第三，甘肃需健全旅游电子政务系统，构建旅游市场治理的"智慧大脑"。利用云计算和人工智能技术，通过统一的数据标准和接口，建立旅游市场治理平台，整合旅游业务数据、市场监管数据和游客反馈数

据，强化事中、事后监管与数据分析能力，优化市场动态监测、违法行为查处和信用监管机制，推动旅游市场的诚信经营和公平竞争。

（二）发展智慧化服务体系，提升服务便捷性与个性化水平

甘肃应以大数据为基础，加强智慧化服务体系建设，全面提升智慧旅游服务水平，满足游客多元化、个性化需求，提升旅游业的综合竞争力，进一步巩固旅游强省的地位。第一，重点推动景区数智化标识导引系统的改造升级，如普及电子地图、线路推荐和语音导览服务，进一步优化游客的游览体验。还应面向老年人等特殊群体推进适老化改造，优化线上线下服务流程，弥合"数字鸿沟"。针对入境游客支付系统不兼容的问题，应加快国际化服务体系建设，确保境外游客的支付便捷性与消费舒适度。第二，在服务信息化与自动化方面，甘肃应整合交通、住宿、餐饮等要素资源，打造一站式智慧旅游服务平台，提供酒店预订、电子门票购买和交通预约服务，优化游客的全旅程体验。在此基础上，利用大数据构建全省旅游数据中心和消费结算中心，留下消费与税收的互联网足迹，为甘肃旅游的持续发展提供资金与数据支持。第三，甘肃应构建以大数据驱动的游客行为分析机制，整合游客动态行为数据，根据用户偏好和旅行需求推出实时优化的游览路线推荐，提高游客的自由度和旅行体验的便利性。

（三）融合科技与文化资源，塑造沉浸式数字文旅新场景

甘肃应充分利用丰富的文化和自然资源，通过技术融合打造沉浸式数字文旅新场景，在文化和科技交融发展中开辟旅游发展的新路径，助力旅游强省建设。第一，以"数字敦煌"为示范，继续推动文化遗产数字化保护和旅游场景化开发。应用虚拟现实、增强现实等技术，开发数字化石窟游览、全息展演等互动体验项目，提升游客的文化感知深度与旅游体验新意。第二，丰富沉浸式智慧文旅场景的开发，推动无人智能游览、可穿戴设备和智能终端等在景区的应用。例如，在主题公园、博物馆等场所，结合增强现实、虚拟现实和人工智能技术，打造智慧旅游创新案例。甘肃还可引入互动展演、参与式教学等形式，增强非物质文化遗产保护单位的展示能力，让游客深度参与传统文化的传承与体验。第三，

在新业态培育方面，应深化文旅融合，以大遗址、古建筑和革命文物为基础，打造文化与科技深度融合的智慧旅游空间，推进文溯阁《四库全书》的数字化展示，实施"流失海外敦煌文物数字化复原"等工程。

（四）推动产业数字化升级，构建智慧旅游生态系统

甘肃应以人工智能和大数据技术为核心，推动旅游产业的数字化升级，构建智慧旅游生态系统。第一，应完善电子政务系统，整合涉旅数据资源，建设全省范围内的旅游信息共享与应用平台。通过实时动态分析游客反馈数据，可精准识别服务短板并进行改进，为游客提供更加优质的服务体验。第二，应深化科技与旅游的合作，加速智慧旅游示范区建设。在这些示范区中，积极引入大数据、云计算和区块链技术，优化景区管理、游客服务和市场监管流程。第三，甘肃应支持传统旅游消费场所进行数字化技术改造，与互联网平台企业合作，开发沉浸式演艺、数字艺术展览等新业态，通过科技创新驱动旅游产业转型升级。通过这些措施，甘肃可打造完整的智慧旅游生态系统，实现文旅产业高质量发展。第四，与国际在线旅游代理商（OTA）平台加强合作，通过全球在线预订渠道进一步扩大甘肃旅游的国际市场份额。

（五）以数字化为引领，推动甘肃建设世界级智慧旅游目的地

数字化技术的应用为甘肃省旅游行业的转型升级提供了重要机遇，也是实现未来开放与智慧化发展的关键方向。通过引入数字化技术，甘肃可以进一步提升旅游服务的智能化水平，同时扩大国际开放力度，显著提升甘肃省旅游的服务效率，为甘肃构建世界级智慧旅游目的地提供持续支撑，使其在全球旅游竞争中占据领先地位。第一，加快建设智慧旅游服务平台，提供多语言导览、实时翻译和在线互动服务，特别是面向国际游客，解决语言和文化障碍的问题。第二，推动景区数字化改造，推广无人化服务。比如，智能停车、无人售票、线上购票和电子导览等，提升游客的便捷性体验。同时，应利用大数据技术实现游客行为的精准分析，为产品创新和精准营销提供数据支持。

第三节 培育旅游业市场主体

一、强大的市场主体是甘肃旅游强省建设的基石

强大的市场主体不仅推动了旅游产业链的协同与资源整合，提高了市场竞争力和可持续发展能力，还吸引了资本与投资，促进了旅游企业集聚发展，增强了甘肃在国内外市场的影响力，为甘肃建设旅游强省构筑了强有力的基石。

（一）强大的市场主体促进产业链协同与资源整合

强大的旅游市场主体能够有效整合甘肃省内外的各种旅游资源，形成产业链的协同效应。甘肃作为一个地理跨度大、自然资源丰富的省份，拥有独特的文化遗产（如敦煌莫高窟、丝绸之路遗址等）和自然景区（如张掖大草原、黄河流域等）。这些资源的合理开发和利用需要大量的企业投入和市场主体的参与。旅游市场主体不仅能够通过资金和技术的投入推动这些资源的开发，还能够通过市场化运作将甘肃的文化、生态和历史特色转化为文化旅游、生态旅游、乡村旅游等旅游产品，为游客提供多样化的旅游选择。旅游企业通过深入挖掘地方特色，整合文化、农业、体育等多个领域的资源，创造出有特色的旅游线路和项目，进一步推动了旅游产业的集群化和高效化。市场主体的合作与整合，能有效促进产业链的完善，提升甘肃旅游的整体吸引力和竞争力，为甘肃旅游强省建设奠定坚实的基础。

（二）强大的市场主体提高市场竞争力与可持续发展能力

旅游市场主体的强大意味着更多的市场竞争，从而促进了甘肃省旅游企业的服务创新、产品创新和管理创新，使其自身可以更好地适应市场需求的变化，提供更加多元化和高质量的旅游服务，从而推动甘肃旅游业的可持续发展。以甘肃

省近年来发展的"智慧旅游"为例，许多旅游企业通过引入数字化技术，开发线上购票、电子导览等服务，提高了游客的便利性和旅游体验。再如，伴随自驾游、深度游、文化游等新兴需求的增长，甘肃省旅游企业也开始积极调整业务结构，推出符合市场需求的特色产品。旅游市场主体的强大还能够有效推动甘肃省生态保护和旅游开发的平衡，从而推动绿色低碳旅游的持续发展。

（三）强大的市场主体吸引资本投入和旅游企业集聚发展

旅游市场主体的强大还意味着更多的投资和资本的引入，尤其是在基础设施建设、景区开发、旅游产品创新等方面。随着甘肃旅游市场的逐步扩展，尤其是共建"一带一路"倡议的推进，甘肃省吸引了大量国内外投资者和旅游企业。这些企业不仅为甘肃旅游注入了资金，还带来了先进的管理经验和技术，促进了甘肃旅游产业的现代化和国际化。例如，甘肃省近年来通过政策引导和资金扶持，吸引了阿里巴巴、华侨城等知名企业的投资，一大批大型旅游企业在甘肃投资建园区、建景区、开发文旅产品，不仅促进了甘肃省旅游业的快速发展，也带动了当地经济的增长和就业机会的增加。随着旅游产业的发展，甘肃省逐步形成了旅游企业集聚区，推动了文化创意、酒店业、餐饮业等相关产业协调发展，丰富了甘肃省的旅游产业结构，为旅游强省的建设提供了充足的动力和资源支持。

（四）强大的市场主体提升旅游国际化水平与市场影响力

强大的市场主体不仅推动了甘肃省内旅游业的发展，还提高了甘肃在国际旅游市场中的影响力。随着共建"一带一路"倡议的深入实施，甘肃作为丝绸之路的重要节点，吸引了越来越多的国际游客和外资旅游企业的关注。甘肃旅游市场主体的强大，使得甘肃能够有效借助国际化平台，提升在全球旅游市场的知名度和影响力。甘肃的旅游企业通过国际化合作，不仅加强了与世界各国特别是中亚、欧洲等地区的文化与旅游交流，还在国际旅游展会、博览会等平台上展示了甘肃丰富的旅游资源，增强了甘肃在国际旅游市场中的品牌效应。例如，甘肃通过举办丝绸之路文化旅游博览会等活动，吸引了大量国际旅游投资，促进了国际游客的涌入。越来越多的外国游客前来甘肃旅游，不仅推动了当地旅游业的繁荣，也为当地文化与经济发展注入了活力。旅游市场主体通过社交媒体、旅游网站等平台进行海外推广和数字营销的手段，广泛宣传甘肃的旅游产品，增强了甘肃旅游的国际传播力，提升了甘肃旅游的全球知名度，进一步拓展了甘肃旅游的国际市场。

二、力促甘肃旅游业市场主体发展壮大

（一）加强政策支持与创新驱动，推动旅游市场主体快速发展

甘肃省应继续加大政策扶持力度，大力推动旅游市场主体创新。政府应为新兴旅游项目和创新型企业提供多维度的政策支持，包括财税优惠、创新基金、项目贷款支持等。特别是针对以数字化、绿色化、智能化为核心的智慧旅游、虚拟现实和增强现实技术应用、生态旅游等领域的创新型旅游项目，可以设立专项资金，推动旅游企业技术研发、产品创新以及运营模式的变革。为了鼓励更多本地企业走向市场前沿，甘肃还可以与国内外顶尖高校、职业院校和研究机构建立产学研合作平台，培养适应未来旅游发展需求的人才，尤其是具备跨界创新能力的人才（如文旅融合、数字旅游等领域的人才）；设立专项创新奖励基金、研发支持计划等，吸引国内外旅游行业的领军人物和高层次人才落地甘肃，为旅游企业提供技术支持和智力资源。

（二）完善企业服务体系，推动数字化转型与国际化发展

甘肃省应加大力度构建完善的旅游企业服务体系，帮助企业引进人才、数字化转型、创新管理，提升竞争力。第一，政府应加强与企业的合作，通过资金支持和技术咨询服务，推动旅游企业尤其是中小型企业搭建数字营销平台、智能旅游导览、在线支付系统等，进行数字化转型和实现智慧化管理，利用大数据、云计算、人工智能等新技术提升旅游服务的效率和质量，同时降低运营成本。推动智慧景区的建设，引导企业应用智慧化手段进行游客流量管理、服务质量监控等，以提升游客满意度和企业效率。第二，甘肃应加大对企业国际化的支持力度，通过搭建国际化服务平台，帮助企业开拓海外市场，提升甘肃旅游品牌的国

际影响力。具体措施包括帮助本地企业参加国际旅游展会、加强与共建"一带一路"国家的合作等。同时，甘肃应鼓励本地旅游企业学习国际化的管理经验和先进技术，培养具有全球视野的管理人才，提升甘肃省旅游产业的整体竞争力。

（三）推动差异化发展与产业协同，打造旅游产业集群效应

在推动旅游市场主体差异化发展方面，甘肃应通过政策引导大型企业聚焦于高端旅游项目和基础设施建设，中小型企业则可以在文化旅游、生态旅游等细分领域发挥优势，推动地方特色资源的深度开发，推动"旅游+文化""旅游+农业""旅游+体育"的多元化融合，推动生态旅游、田园旅游、农事体验等新兴业态的发展。这不仅可以带动地方经济，还能提升旅游企业的市场竞争力。在推动旅游市场主体差异化发展的同时，应更加注意产业之间的深度协同发展，通过建立"旅游产业联盟"，打破各个行业之间的壁垒，促进旅游企业与农业、文化、体育等行业的联合开发，推动资源共享和优势互补，推进协同创新。此外，甘肃还可以推动旅游企业与大数据、人工智能等高新技术企业的合作，共同开发创新型的旅游产品与服务，提升产业整体竞争力。

（四）挖掘地方特色资源，推动市场主体创新发展

甘肃省作为丝绸之路的重要节点，拥有丰富的历史文化资源和独特的自然景观，深入挖掘和创新性地市场化运营这些地方特色资源，有助于推动旅游市场主体的多元化和创新发展。甘肃省应鼓励本地旅游企业与创新团队合作，开发具有地方特色的创新性旅游产品，尤其是将文化、生态、历史等元素与现代旅游需求相结合，推出个性化、定制化的旅游产品。甘肃还应注重生态旅游和绿色康养产业的创新发展，可以在张掖大草原、天水武山等自然景区，结合生态保护理念，发展生态康养、绿色酒店、森林浴场等新兴业态，为游客提供更高质量的自然体验，推动旅游市场主体的多元化发展，增强市场竞争力。在创新性地开发地方特色资源的基础之上，应结合市场化运营，举办国际性文化旅游活动（如丝绸之路国际旅游节、敦煌文化博览会等），提升旅游市场主体的创新动力。

第四节　优化旅游业发展环境

一、发展环境是甘肃旅游强省建设的重要基础

（一）行业环境增强甘肃旅游产业活力

近年来，甘肃省通过政策引导，促进业态多元化、资源整合、基础设施建设和可持续发展，显著改善了全省旅游行业发展环境，推动旅游产业转型升级和多元化发展。甘肃省先后出台了一系列政策措施，如《甘肃省"十四五"文化和旅游发展规划》，为旅游业发展提供了更加完善的制度环境。甘肃省还重视优化行业经营环境，促进旅游企业创新和提升经营效益。首先，甘肃省加大了对旅游企业的政策扶持力度，推出了包括简政放权、审批流程优化、税收减免、项目资金支持等多项激励措施，减轻了企业的运营压力；通过创新扶持资金、金融支持、市场推广等方式，推动了新兴旅游企业的成长和壮大，引导其投资开发多个具有地方特色的文化旅游项目。例如，敦煌莫高窟的数字化修复和展示项目，不仅通过技术创新提升了旅游的文化价值，也为相关企业带来了可观的经济效益。其次，甘肃省致力于提升企业的经营管理水平，推动旅游企业的规范化、现代化运营。甘肃通过推动"智慧旅游"技术的应用，大力推动旅游企业在智能化服务和信息化管理方面取得了突破，实现数字化转型，降低运营成本，提高了服务质量。

（二）消费环境提升甘肃旅游吸引力

甘肃省着力改善旅游消费环境，推动消费模式的升级，提升了旅游市场的活跃度和吸引力。甘肃省在优化消费环境方面注重提升游客的消费体验，推动从单纯的景点参观向深度文化体验、休闲度假等多元化旅游模式转变。近年来，甘肃

省大力发展夜间经济和全域旅游，打造了如敦煌夜市、兰州的"黄河文化"夜游等特色项目，丰富了游客的消费内容，提升了游客的整体消费欲望和消费水平。例如，兰州的"黄河文化街区"通过复兴地方特色文化，吸引了大量游客夜间消费，不仅带动了餐饮、手工艺品等行业的消费，还提升了当地夜经济的整体氛围。甘肃省还推出了"生态+旅游"的消费模式，以黄河流域和张掖大草原等自然景区为基础，鼓励生态农业与旅游产业的融合发展，推出了生态旅游产品，如生态农场体验、绿色酒店和露营等新型消费方式。旅游消费环境的优化，不仅增强了游客的消费意愿，还提升了甘肃作为旅游目的地的吸引力。便捷的支付方式、丰富的消费选择和高质量的服务，构成了一个良好的消费生态，有助于促进旅游业的持续增长，并加速甘肃省从传统的旅游目的地向现代化、国际化旅游目的地的转型。

（三）生态环境助力甘肃全域旅游发展

作为一个自然景观丰富且生态资源独特的省份，甘肃通过一系列生态保护和修复措施，为旅游业的可持续发展提供了坚实的生态基础。第一，加强生态保护与修复。甘肃省深刻认识到生态保护与旅游业发展的相互依存关系，实施了多项生态保护措施。例如，甘肃省大力推动黄河流域生态保护和高质量发展的战略，通过加强生态环境修复，恢复水源地和湿地，确保黄河沿岸生态环境的可持续性。这些生态保护措施为游客提供了优美的自然景观和高质量的旅游体验。第二，推动绿色旅游和生态旅游发展。甘肃省将"绿色旅游"和"生态旅游"作为旅游业发展的重要方向，依托丰富的自然资源，积极打造具有地方特色的生态旅游产品。近年来，甘肃省以张掖大草原、祁连山等自然景区为核心，推出了生态农场体验、绿色酒店和露营等新型旅游产品；还通过建设生态保护区和生态旅游示范区，推动了生态旅游产业的发展，并取得了较好的成效。第三，实施生态文明建设。甘肃省将生态文明建设纳入旅游强省战略中，以"绿水青山就是金山银山"为指导思想，加强了对森林、湿地、草原等自然资源的保护，推行绿色、低碳的旅游业发展模式。

二、不断优化甘肃省旅游业发展环境

（一）加强行业环境建设，促进旅游产业转型升级

旅游业是综合性很强的产业，相关行业环境是旅游业优质高效发展的重要支撑。加强行业环境建设，需要从以下两个方面发力：第一，深化旅游市场治理，提升行业治理能力和市场透明度。甘肃省应进一步深化旅游市场治理，强化数字化和智能化监管手段，推动大数据、物联网和人工智能技术在旅游行业监管中的应用，确保市场更加透明、高效、可控。通过建立"智慧监管"平台，实时监测市场动态，提前识别和预警旅游市场中的风险，提升风险处置的及时性和精准性。同时，推动完善跨部门协作机制，加强文化市场投诉举报系统建设，提升社会公众的参与度。政府可通过定期发布行业运行报告和风险预警，加大旅游行业的公开透明度，引导游客选择合规的旅游产品和服务。此外，推动文明旅游和文明服务的信用体系建设，将消费者、企业和旅游目的地的信用状况作为市场准入和评估的重要依据，进一步规范市场秩序，促进全省旅游行业的高质量发展。第二，支持旅游企业创新发展，推动产业转型升级。甘肃省应继续加强政策扶持，推动旅游企业在规模化、品牌化和国际化等方面取得突破。大力支持一批特色化、品牌化、专业化的中小微企业，着力扶持一批扎根农村、心系农民的乡村旅游企业，全力培育一批具有国际竞争力、行业影响力的旅游龙头和骨干企业。推进文化旅游规划策划、创意设计、管理咨询、营销推广等专业机构和服务企业的发展。特别是对具有地方特色的文化旅游项目，应重点扶持其发展，推动其在市场上的独特定位和国际化进程。例如，敦煌莫高窟的数字化修复项目，不仅提升了文化价值，还为相关企业提供了新型商业模式，形成了可持续发展的文化旅游产业链。

（二）优化消费环境，提升旅游市场消费质量

旅游业直接面对消费者，消费环境的状况直接决定旅游市场是否有序高效。优化消费环境，重点有以下三个方面：第一，建设现代化旅游综合体和休闲服务区，丰富旅游消费选择。随着旅游需求的日益多元化，游客对于休闲、购物、娱乐、餐

饮等一站式服务的需求愈加强烈。因此，甘肃省应注重建设功能齐全、便捷高效的现代化旅游综合体和休闲服务区，增强游客体验的多样性和便捷性，延长游客在甘肃的停留时间，促进旅游消费。同时，现代化综合体和休闲服务区应注重融合地方特色，打造如丝绸之路文化、黄河文化等文化主题的体验空间，通过互动展览、文化演出、创意市集等形式，让游客在购物和休闲的同时深度体验甘肃省独特的历史文化。此外，结合丰富的自然资源，甘肃省可以建设更多面向家庭、亲子及高端旅游市场的休闲度假区。例如，在张掖、陇南等地，利用当地的生态景观资源，打造生态农业与文化相结合的旅游休闲区，为游客提供农耕体验、生态旅游以及户外探险等多元化的消费场景。随着国内游客尤其是年轻人和家庭游客对个性化和深度体验的需求增加，休闲服务区的内容不仅要提供购物和餐饮，还要注重文化、生态和娱乐的融合，提升游客的综合体验，激发其消费潜力。第二，大力发展夜间经济与全域旅游，推动消费模式多样化和高品质化。甘肃省应大力发展夜间经济，丰富游客的消费场景，延伸旅游消费的时间段，推动更多元化的消费模式和文化产品的消费。在此过程中，甘肃可结合本省独有的文化资源和地域特色，重点发展文化主题的夜间经济。例如，敦煌夜市可以融入更多的丝绸之路文化元素，结合现代商业化和旅游元素，吸引游客品尝地方特色美食、购买手工艺品、参与民俗体验活动等，同时利用数字化手段提升体验感，如通过 AR 技术还原历史文化场景，打造沉浸式文化体验空间；兰州的黄河文化夜游项目，可以通过夜间游船、灯光秀、文化表演等形式展现黄河文化的魅力，并且结合餐饮、购物等多重功能，打造一站式夜间消费体验。对于全域旅游的发展，应通过全省资源的整合，结合地方特色进行创新，提升各地的旅游产品供给能力。应继续建设一批具有地方特色的夜间文化街区、夜市和文化公园等，进一步推动文化与旅游的融合，提升游客的消费质量，增强游客满意度。第三，推动智慧旅游服务，提升游客的便利性和消费体验。随着科技的不断发展，旅游行业的数字化转型已成为提升游客体验和优化消费环境的重要途径。甘肃省应大力推动智慧旅游服务建设，通过应用电子支付、数字化旅游平台等方式，简化支付、服务、信息查询等环节，推动游客消费模式向数字化和高效化发展，提高游客的整体体验感。例如，甘肃可以加大投入，继续开发整合多种功能的智能旅游平台，涵盖景点信息查询、在线购票、导览服务、电子支付等多项功能，让游客无须携带现金，利用手机就能完成全程消费，提升游客的消费便利性，进一步加强对旅游市场需求的把握，优化市场供给和资源配置，从而提升整体旅游产业的竞争力。同时，甘肃还应推动"智慧景区"的建设，利用5G、人工智能等技术分析客流情况，智能调度服务人员，避免拥挤现象，提高景区的运营效率和游客的安全体验。另外，普及人工智能机器人，为游客提供定向导览、智能讲解等服务，提升游客的沉浸感和参与感，提升旅游产品的吸引力和消费者的忠诚度，促进旅游市场的可持续发展。

（三）强化生态环境保护，推动绿色旅游可持续发展

旅游业绿色低碳发展，是甘肃建设旅游强省的必然要求。这就需要在生态环境建设方面苦下功夫。第一，推动旅游业低碳绿色转型。随着环保意识的增强，越来越多的游客开始青睐绿色、低碳的旅游方式，甘肃应在各大旅游景区和休闲度假区等地方的旅游设施建设中推广绿色建筑与节能环保技术，实施节水节电和绿色低碳升级改造，改善旅游消费环境。在兰州、敦煌等旅游城市的新建项目中，推行绿色建筑标准，利用太阳能、风能等可再生能源，减少传统能源消耗。遵循绿色低碳的旅游发展规划，在重点生态旅游目的地如张掖、陇南、祁连山等地，建设生态文明教育场馆，向游客普及环保理念，宣传绿色旅游的价值和重要性，倡导"主客共享"的生态旅游发展机制。例如，可以在兰州的黄河文化区建立生态展示中心，向游客展示黄河流域的水土保护和生态恢复成果，深化游客对生态保护的认识。在产品设计上，甘肃省可以在祁连山、甘南等地区推出"绿色康养游""生态科考游"等低碳生态旅游探险项目，吸引对环保和生态保护有高度关注的游客。第二，避免低水平重复建设和过度开发。在旅游业发展过程中，甘肃省必须严格遵守生态红线，保护敦煌莫高窟、张掖丹霞、祁连山等这些不可再生的独特的自然景观和文化遗产，且应成为旅游发展的首要任务。尤其在生态敏感区域，如祁连山脉、黄河流域、张掖大草原等地，应禁止过度开发，避

免在生态脆弱区域盲目建设商业设施。为此，甘肃省可以加大对生态旅游项目的支持力度，推动"绿色节能环保项目"在旅游行业中的应用，鼓励旅游企业落实"三节两减一替换"的绿色运营标准，减少自然资源消耗。例如，在敦煌地区，减少传统景点的商业化开发，大力推广低碳环保的文化旅游项目，继续利用数字化技术保护和展示文化遗产，避免传统人工开发的负面后果。第三，推进生态旅游产品集约化、低碳化、绿色化发展，实现速度、结构、质量、效益相统一，构建高品质、低能耗、多样化的生态旅游产品体系。甘肃省拥有丰富的生态资源，如祁连山的原始森林、张掖的丹霞地貌、甘南的草原等，有效整合这些资源，推出高质量的生态旅游产品，将显著增强甘肃旅游的吸引力和市场竞争力。鼓励生态旅游的集约化发展，遵循"绿色开发、低碳运营"的旅游产品开发和服务设计原则。例如，在甘南藏区，可以开发生态文化游和民族文化游，结合当地独特的藏族文化和自然景观，打造深度文化体验和自然探险相结合的旅游线路；在祁连山脉和张掖大草原，可以开展生态摄影游、探险游等项目，提升游客的参与感和互动性。通过产品和服务的集约化，甘肃能够提升游客的消费体验，增强其对生态保护的认同感。甘肃省还应大力培育生态旅游品牌，推出一系列以"绿水青山"理念为核心的生态旅游品牌，推动地方特色的生态旅游产品向更高品质和绿色发展转型。

第五节　推动旅游业融合发展

一、融合发展是壮大甘肃现代旅游业体系的内生要求

（一）融合发展促进旅游资源多元化开发

甘肃作为丝绸之路的核心区，拥有丰富的文化、自然和生态资源。境内的敦

煌莫高窟、张掖丹霞地貌、黄河文明遗址等独特资源构成了甘肃旅游的核心吸引力。然而，这些资源长期以来面临"独立开发、缺乏互动"的问题，导致旅游产品单一、体验度不足，难以满足多样化市场需求。"旅游+科技""旅游+文化""旅游+体育"等跨行业、跨领域的资源整合可以有效解决这些痛点，推动甘肃省旅游资源的多元化、特色化和价值最大化，使旅游资源焕发新的生机。近年来，敦煌不仅通过传统遗址观光吸引游客，还融合现代科技与文化创意，打造沉浸式演艺、虚拟现实体验等创新性产品；张掖将丹霞地貌与摄影、户外探险等活动结合，吸引不同兴趣群体。而且，深度融合有助于破解资源开发与环境保护之间的矛盾。甘肃的天水武山、祁连山草原等面临着过度开发的风险，通过"生态旅游+研学旅游"的融合发展模式，不仅可以提供低碳、绿色的旅游体验，还能培养游客的环保意识，推动旅游业可持续发展。

（二）融合发展提升旅游业全链条竞争力

甘肃省旅游业近年来发展迅速，但产业链条短、景区周边的基础设施不完善，以及住宿、餐饮、购物等配套服务不足的短板比较突出。而且，甘肃省旅游业对文化、科技等相关产业的带动效应有限，无法形成完善的产业生态。这些问题的解决，依赖于产业深度融合，以实现旅游业与相关产业的协同发展，增强全链条竞争力。通过深度融合，甘肃可以推动"旅游+"模式的延展。例如，"旅游+农业"能够将乡村旅游与农产品销售结合，吸引游客参与采摘、农事体验等活动，增加农业附加值；"旅游+文化"则通过开发文化创意产品（如敦煌元素的文创周边）提升消费转化率；"旅游+科技"则能促进智慧旅游的推广，提升旅游体验的便利性和个性化。值得注意的是，深度融合发展还能够弥补甘肃旅游产业的区域分布不均问题。目前，甘肃旅游资源的开发主要集中在兰州、敦煌等热点区域，而其他区域的资源未能充分利用。通过"区域融合"，甘肃可以敦煌及其热点景区为核心，串联嘉峪关、张掖等地，打造"丝绸之路文化旅游带"，延长游客逗留时间、提升区域消费能力。

（三）融合发展促进区域经济协同发展

甘肃作为西部欠发达地区，区域经济发展整体水平较低，且区域间发展不均衡问题突出。如何通过旅游业带动区域经济协调发展，是甘肃省现代旅游业建设的关键课题。而旅游业的特点决定了其具有较强的带动性和溢出效应，通过与其他产业的深度融合，可以有效推动区域经济协同发展，实现共建共赢。深度融合可以推动旅游产业链的延展，使旅游业成为区域经济增长的重要引擎。例如，在甘南藏族自治州，可以结合当地独特的藏族文化与草原生态资源，发展以民俗体验、生态康养为特色的综合旅游项目，带动周边经济发展。同样，在临夏州和定西市等经济较为薄弱的地区，可以依托"红色旅游+乡村振兴"模式，打造既有社会价值又有经济效益的旅游项目，推动区域经济的共同繁荣。

（四）融合发展满足游客多样化需求

随着旅游市场的转型升级，游客对高质量体验、文化深度体验和个性化服务的需求显著增加。在新形势下，甘肃旅游业若依旧以传统观光为主，则难以吸引高端游客，也难以满足市场多样化需求。深度融合发展可以整合多元资源和各类产业，丰富旅游产品供给，打造更具吸引力的体验，满足游客多样化需求。甘肃的沉浸式实景演出《又见敦煌》便是成功案例。甘肃还可以通过"康养+旅游"的发展模式，利用其独特的气候与自然资源，开发如温泉疗养、草原瑜伽等健康旅游产品，吸引中高端游客群体。对于日益成为市场主流的个性化和定制化的旅游服务，利用人工智能、大数据等科技赋能，构建智慧化服务平台，为供需双方提供个性化路线推荐、景区智能游览、在线预订等全程智能化服务，将显著提升游客的整体体验感。而且，深度融合所带来的产业联动，有助于甘肃打造"全域旅游"目的地，让游客不仅在景区内享受服务，还能在交通、餐饮、购物等环节获得一致的高品质体验。

二、积极推动甘肃旅游业融合发展

（一）加强文化与旅游深度融合，丰富甘肃旅游文化内涵

文化和旅游业融合发展是大势所趋，势在必行，甘肃省具备文旅融合发展的天然优势。为此，需要从以下两个方面全力推进文旅融合：第一，实现遗产活

化，打造品牌标识。坚持以文塑旅、以旅彰文，充分利用长城、长征和黄河三大国家文化公园甘肃段遗产，打造"华夏文明传承创新区""万里长城""九曲黄河"等文化地标。在传统文化和艺术资源的保护与传承方面，采取生产性传承的方式，将本土文化与现代产业相结合。积极推进"非遗+旅游"行动计划，通过讲述甘肃的故事，传播甘肃的文化，让更多人了解和认识这片土地。打造丝绸之路、世界石窟长廊、千里河西走廊、华人寻根圣地等高品质文化旅游品牌，让这些品牌成为甘肃文化旅游的金字招牌。通过联合影视、出版、印刷、演艺等多个领域，创新性地组织举办了一系列非遗展演活动和重点展会。这些活动不仅让传统文化焕发新生，也为"东亚文化之都"和"如意甘肃"的旅游品牌增添了光彩。此外，从历史遗迹到现代文化，从传统艺术到现代创意的各个方面，形成一个全方位、多层次的文化展示和传播网络。通过构建一个华夏文明在甘肃的中华文化标识体系，让甘肃的文化走向世界，让世界了解甘肃，共同见证这片土地上文化与旅游的辉煌未来。第二，深挖文化元素，衍生文旅产品。围绕甘肃独特的敦煌文化、丝路文化、石窟文化、简牍文化、五凉文化、西夏文化、始祖文化、黄河文化、长城文化、民俗文化、红色文化、航天文化等优势资源，进行合理性利用和创造性转化。首先，深入挖掘本土古今音乐、舞蹈、书法、美术、民俗、诗词、典故、著作等文化元素，将这些元素融入文化产品的开发中。其次，通过打造"丝路文化、如意甘肃"旅游产品，打响以敦煌莫高窟及敦煌文博会为代表的大敦煌文化旅游品牌，以及以伏羲文化发祥地天水及公祭伏羲大典为代表的世界华人寻根祭祖品牌。再次，大力培育网络文学、数字艺术、线上演播、数字出版、元宇宙等新兴文化产业。通过创意设计，将文旅数字产品与甘肃的历史文化相结合，如开发以甘肃历史文化为背景的网络游戏，以及通过虚拟现实技术重现甘肃的历史场景，让游客体验沉浸式的历史文化之旅。最后，积极开拓海外市场，将甘肃文旅进一步推向国际市场。通过国际文化交流活动，如敦煌文博会，展示甘肃的文化魅力，吸引全球目光。

（二）创新发展研学旅游，提升甘肃旅游教育与体验价值

研学旅游，兼具社会价值和经济价值，如今很受学校和家庭追捧。高质量发

展研学旅游，需要从如下两个方面发力：第一，创新开发研学旅游产品。一方面，充分利用国家红色旅游经典景区，如会宁红军会师旧址等，打响知名红色旅游品牌。用好长征文化公园，讲述甘肃的红色故事，如红军三大主力的胜利会师。支持红色旅游景区创建各级各类主题教育、红色研学基地，如会宁红色文化遗址保护利用项目，推出一批红色旅游精品线路，例如"北上会师·创建革命根据地"长征胜利线，让游客在旅行中感受红色文化的力量。另一方面，以科普教育为主要目的，加快设置科教研学旅行线路和课程。通过打造主题鲜明、课程精良、体验丰富、运行规范的研学教育示范基地，满足大中小学生个性化研学需求。比如，以敦煌研究院、甘肃科技馆、艺术馆及各级各类博物馆为载体，推出一批文化研学系列产品。这些产品将涵盖敦煌文化、丝路文化等，让学生在实践中学习和体验甘肃深厚的文化底蕴。又如，依托钢城嘉峪关、酒泉航天城等工业科技重地，发挥甘肃冰川冻土、沙漠化防治、生物医药等重大科技成就优势，创新开发一批工业科技旅游景点，展示甘肃在工业和科技领域的发展及成果，让学生亲身体验科技的力量和工业的魅力。第二，严格规范研学旅游市场。制定研学旅游相关产品、服务、营地、基地等标准，发挥研学旅游标准引领作用。鼓励相关行业组织根据研学旅游市场发展需求，开展相关的质量标准制定工作。制定详细的研学旅行工作规程，包括活动方案、行前备案、应急预案等，确保活动的每个环节都有明确的指导和监督。建立严格的安全管理制度，包括活动目标、内容和地点的选择，以及对目的地安全性的评估和管理。制定详尽的应急预案，包括安全预警机制和科学有效的安全保障体系，确保在遇到突发事件时能够迅速有效地应对。建立研学旅行基地的准入标准和退出机制，确保只有符合安全、教育质量标准的基地才能参与研学旅行活动。

（三）挖掘休闲农业和乡村旅游潜力，助力甘肃乡村振兴

休闲农业和乡村旅游潜力，是甘肃乡村振兴的主要依托，必须全力以赴加快发展。第一，打造特色旅游目的地，推进文旅振兴乡村。改善农村基础设施和环境条件，优化乡村旅游公共设施，提升乡村文化风貌。实施乡村旅游精品示范工

程和乡村旅游赋能乡村振兴工程，推动乡村旅游示范县、文旅振兴乡村样板村、乡村旅游精品线和聚集区的建设。发展少数民族特色村寨和民族文化旅游示范区，保护和传承少数民族文化，同时为游客提供独特的文化体验。以旅游通道为纽带，促进生产要素在城乡之间自由流动，带动农村富余劳动力与土地资源要素向旅游业转移，促进城乡基础设施均等化，形成城乡一体化旅游产业体系和休闲空间。第二，结合农业体验，培养农村发展新业态。打造以自然山水、历史人文、红色激情等为主题的旅游线路，并结合生态农庄度假旅游线路，以此引领旅游向纵深发展，全面拓展旅游空间。结合美丽乡村建设发展旅游农业，开发农业体验、亲子互动、参与劳动等形式多样、特色鲜明的旅游产品，以此吸引游客。强化农产品质量安全监测预警，推行食用农产品达标合格证制度，规范生产主体开具、使用合格证，确保农产品质量安全。探索"线上开网店+线下实体店"的创新模式，打通农产品进城入市的销售渠道，建立农产品从生产源头到终端销售的全新产业链模式。提升电商服务功能，充分利用乡村网络站点优势，构建网销服务体系。培育网络新零售，在大型电商平台开设旗舰店，形成多样化多层次的全网营销体系。

（四）发展康养旅游产业，打造国际健康休闲旅游目的地

康养旅游是备受关注的新业态，甘肃具备大力推进康养旅游的现实基础。未来，要从如下两个方面推进甘肃康养旅游业发展，使之成为国内外知名的健康休闲旅游目的地：第一，遵循生态保护原则，打造康养体验产品。康养旅游的开发必须建立在保护生态环境的基础上，这不仅是对自然资源的尊重，也是可持续发展的必然要求。同时，打造具有地方特色的康养旅游品牌，深度挖掘本地资源的康养属性和文化内涵，如利用当地的温泉、森林、湖泊等自然资源，结合当地的历史文化，塑造独特的康养旅游形象。依托甘肃深厚的中医文化底蕴和中药材种植优势，发展针灸、推拿等传统疗法，以及中药材产业，推动中医药养生保健旅游的发展。打造参与体验性高的产品，包括互动式的康养活动、体验式的养生课程、个性化的健康咨询等，使游客在康养活动中得到深度体验，满足其康养需

求。促进旅游与中医药产业的深度融合，丰富品药茶、吃药膳、泡药浴等中医药主题旅游场景，积极开展中医药观光游和养生体验游，让游客在旅游中体验中医药的魅力。第二，通过整合医疗、旅游、文化、体育等资源，构建一个多元化、综合性的康养服务体系。推进和完善康养旅游产业链与产业集群，包括上游的康养产品开发、中游的康养服务提供、下游的康养市场营销等。重点推动温泉、康养、膳食养生食品等相关的康旅产业的发展。例如，开发具有地方特色的温泉度假村，提供专业的康养服务，以及推广当地的膳食养生食品，如中草药、有机食品等。同时，积极开展国际合作，引进国际先进的康养旅游理念和技术，提升国内康养旅游的国际竞争力。

（五）融合体育与旅游元素，拓展甘肃旅游市场新增长点

体育与旅游融合发展越来越普遍，展现出很好的发展潜力。推动体育与旅游业融合发展，拓展旅游业市场新动能，需要从如下两个方面发力：第一，完善体育旅游服务体系，打造体育旅游示范项目和产业集群。突破传统体育旅游观光模式的束缚，充分利用甘肃多样化的地形地貌、自然景观以及地理气象优势，开发多元化、多层次体育旅游市场，提升体育旅游产业体系竞争力。着力拓展体育旅游新产品、新业态，重点发展天上、水上、山地户外、冰雪等引领性强的时尚运动项目。体育产业和旅游产业基础设施建设要向体育旅游倾斜，推动各地加大对体育旅游公共服务设施的投入。鼓励各地将体育旅游与市民休闲结合起来，建设一批休闲绿道、自行车道、登山步道等体育旅游公共设施。深化体育旅游赛事改革，加强赛事与地域的匹配度，让具有代表性的体育赛事成为重点旅游资源，形成赛事产业综合效益和溢出效益。第二，提高体育旅游安全保障，加强体育旅游市场推广。一方面，针对体育旅游安全制度缺乏、运营问题突出、安全预警平台缺乏等问题，完善体育旅游安全制度，加强体育旅游安全培训。建立专业化的体育旅游救助体系，增强体育旅游参与者的安全意识，提高避险救助能力。另一方面，根据目标客户群体的需求和喜好，体育旅游企业可以制定相应的营销策略，进行品牌定位和市场分析。鼓励和支持各地旅游、体育部门采用多种形式加强宣

传，引导社会各界支持体育旅游产业的发展。通过举办体育赛事、推出特别的旅游线路或者与知名体育明星合作，提高品牌知名度和影响力。通过多渠道的宣传推广，包括社交媒体、旅游展会、合作伙伴关系等，提升甘肃省探险旅游的知名度和吸引力，吸引更多的游客参与其中。

第六节　健全旅游业要素保障体系

一、要素保障是甘肃旅游强省建设的重要支撑

（一）高素质人才提升甘肃旅游服务质量与竞争力

《甘肃省"十四五"旅游业发展实施方案》中提出，加强旅游人才培养的政策扶持。人才要素对甘肃旅游强省建设具有多重积极影响。首先，优质人才能够增强旅游服务的精细化和高效化，直接提升游客的满意度与忠诚度，提高甘肃旅游的品牌竞争力。其次，人才驱动有助于促进旅游产品的创新升级，高素质的研发团队和运营团队能够将甘肃的自然与文化资源转化为具有高附加值的旅游产品，例如，主题旅游线路、沉浸式文化体验和智慧旅游平台。再次，人才的聚集能够带动产业链上下游的协同发展，为甘肃省的旅游经济注入持续动能。最后，旅游人才培养与储备为甘肃省旅游业的长期发展奠定了基础，不仅能适应当下市场的变化需求，还能够支撑甘肃在未来的世界旅游目的地竞争中占据重要地位。

（二）资金保障甘肃旅游项目开发与基础设施建设

资金是旅游项目开发和基础设施建设的关键，也是甘肃建设旅游强省的重要支撑。首先，资金的充足供应直接推动了旅游基础设施的建设与完善，提高了甘肃旅游业的服务能力与游客接待能力，增强了甘肃作为旅游目的地的吸引力。其次，资金保障促进了旅游产业链的延伸和高附加值产品的开发。例如，支持创建

智慧旅游平台、文化体验项目及高端度假区，这些创新项目为甘肃旅游的国际化与品牌化提供了重要支撑。最后，稳定的资金流入为甘肃旅游经济的长期发展提供了动力支持，不仅解决了当前发展中的资金短缺问题，还为未来的可持续发展奠定了财力基础。

（三）基础设施和公共服务强化甘肃旅游综合竞争力

基础设施建设和公共服务为甘肃旅游强省建设提供了多方面的支撑。首先，交通基础设施的改善直接增强了甘肃作为旅游目的地的可达性，甘肃的主要旅游景点与全国乃至全球的游客实现了便捷连接，游客到达甘肃的成本大大降低，进一步激发了旅游消费潜力。其次，信息化基础设施的建设提升了旅游的智能化服务水平。游客能够通过智能导览、在线预订等手段，享受到个性化、便捷的旅游服务，这不仅提升了游客的体验感，也增强了甘肃旅游的国际竞争力。此外，智慧旅游平台的搭建促进了旅游资源的高效配置和精准营销，帮助甘肃更好地进行市场拓展，吸引更多国内外游客。在公共服务方面，旅游服务设施的完善和服务质量的提升，使得游客在甘肃的旅行体验更加愉悦和满意。高标准的服务设施和专业的服务团队，让游客能够更加舒适地享受旅游过程，提升了甘肃作为旅游目的地的综合吸引力和竞争力。同时，环保设施的完善也帮助甘肃提高了景区的环境质量，减少了旅游活动对自然资源的负面影响。

二、健全甘肃旅游业发展的要素保障体系

（一）加强旅游人才培养，提升服务创新与管理能力

在人才资源的开发与培养方面，甘肃省未来应进一步加强旅游人才的培养，以支持旅游业的高质量发展。第一，优化人才引进制度。在充分认识旅游发展人才缺口的基础上，积极引进高层次人才、复合型应用人才以及急需紧缺型人才，涵盖但不限于文旅企业家、景区规划师、文物管理者、旅游演艺和文化创意专家，以及熟悉媒体宣传和国际传播市场的运营人才。第二，建立人才培养和使用机制。一是加强文化和旅游理论研究及高校学科与专业体系建设。实施国家级、

省级非遗传承人群培养计划，构建"中职—高职—本科—研究生"校企协同育人系统工程，支持"导师+团队+项目"培养模式，结合传统传承方式和现代教育，拓宽人才培养渠道。二是加强对旅游从业人员的指导和培训。通过举办线下人才训练营以及线上"云讲堂"等培训班，提升高端人才、紧缺人才以及一线服务人员的职业素养，建设"如意甘肃旅游人才基地"。三是健全旅游人才激励机制。完善旅游从业者创新创业、评价考核、选拔任用、福利待遇等政策体系。建立服务评价体系，大力推进省级"金牌导游""金牌管家""高级讲解员"的评选和认定工作，并搭建优秀人才风采展示平台。

（二）创新投融资机制，增强旅游项目的资金保障能力

为了支持甘肃省旅游业的快速发展，未来应进一步创新投融资机制，增强旅游项目的资金保障能力。第一，完善旅游财政资金保障机制，提高财政资金使用效益。旅游项目通常具有投入高、周期长、收益预期难的特点。一是通过设立必需资金、专项资金、特批资金、备用资金等旅游发展基金，充分发挥财政资金的基础支撑作用。将符合条件的旅游项目纳入地方政府债券支持范围，确保旅游业的初期发展得到财政支持。充分利用现有资金渠道，如甘肃省长城、长征和黄河国家文化公园建设及文化产业发展专项资金，支持优势文旅产业项目和企业发展。二是建立健全财政资金监督管理机制，确保资金的合理分配和有效使用。鼓励金融机构开发适合旅游业特点的金融产品，完善旅游消费金融、信贷、保险服务，引导产业基金投资旅游产业。第二，支持旅游企业融资，鼓励社会资本参与旅游业。一是吸引外资参与甘肃旅游业的投资和融资，争创国家旅游与金融合作示范区。鼓励金融机构开发适合旅游业特点的金融产品，引导产业基金投资旅游产业。二是金融管理部门应支持旅游企业通过上市、再融资、并购重组以及发行公司信用类债券等方式进行融资，拓宽旅游企业的融资渠道。三是加强多方合作。强化政、企、银三方合作，建立财政、基金、银行和社会等多元投入的旅游投融资机制。针对招商难、融资难、引资难的问题，通过拓展融资渠道、创新合作模式，规范文化金融中介服务机构的发展，构建一个合法且高效的甘肃旅游建

设投融资体系。

（三）加快完善基础设施与公共服务，提升旅游综合竞争力

甘肃省应进一步加大基础设施建设力度，优化旅游公共服务体系，以提升游客的整体体验和旅游目的地的市场竞争力。第一，加快完善交通体系，加强基础设施建设。完善"快进慢游"交通体系建设，加快推进中川机场三期扩建工程、西成铁路甘肃段、平庆铁路等重大交通项目建设，推动旅游目的地与交通干线、支线实现互联互通。优化机场、车站、码头与景区间的接驳服务，探索"大交通+落地租"的租车模式，实现租车服务的多点还车便利性。加快房车营地、电动汽车充电设施等基础设施的建设，提升游客的出行便利性。在旅游旺季，增设临时公共停车场，提升景区的接待能力和服务水平，为游客提供更快捷的出行条件。第二，提升旅游公共服务设施，加强基层文化能力建设。完善游客中心、旅游风景道、休闲驿站、停车场、旅游厕所、旅游道路标识体系等公共旅游服务设施。同时，加强老年人、孕婴童、残疾人等特殊群体的服务设施建设，如无障碍通道、母婴室、医务中心等。加强基层文艺院团建设，增加公益惠民演出和旅游驻场演艺等公共文化服务，规划标志性文化场馆如省古籍博物馆、黄河流域非遗中心等。第三，提升旅游安全保障水平，加强旅游风险管控。围绕道路安全、景区安全、设施安全、消防安全等方面，完善警示标识和安全防护设施，加强高风险旅游设施的定期检查和常态化排查，强化文化场馆、景区景点、星级饭店、等级民宿等的消防安全管理。做好 A 级旅游景区、文博场所、文化场馆等流量管控，加强高峰期流量控制和疏导分流，通过信息共享开展旅游气象灾害风险预估，提高旅游突发事件应急处理能力与自然灾害防范应对能力。

后　记

本著作是中国社会科学院甘肃国情调研基地资助计划的阶段性研究成果。甘肃历史文化悠久、自然景观资源丰富多彩，发展旅游业有得天独厚的优势。近年来，甘肃提出要加快建设"全域全季、惠民富民"的旅游强省，推动旅游业高质量发展行稳致远。围绕这一目标，甘肃做了大量工作，并取得了显著成效。面向未来，甘肃如何深入推进这一工作，在建设旅游强省的道路上蹚出新思路，提炼出新经验，为建设旅游强国贡献甘肃力量和甘肃智慧，很值得研究和挖掘。基于这一背景，且考虑到我们团队的研究特长，我们决定把"奋力建设旅游强省的甘肃实践"作为中国社会科学院甘肃国情调研基地 2024 年度重点调研内容。

2024 年，我多次带队赴甘肃兰州、武威、甘南、临夏等地进行实地调研，得到了甘肃省社会科学院、甘肃省文化和旅游厅、甘肃地方文旅部门以及许多文旅企业的大力支持。这些机构为我们的实地调研提供了诸多便利，还帮我们选择了许多有价值的调研场景和调研对象，有力地支撑了我们的研究和写作工作。尤其是甘肃省社会科学院科研处处长刘玉顺同志，不仅全程参加了实地调研，而且每次调研前都会帮我们策划调研方案和收集有关素材。甘肃省文化和旅游厅还专门为我们组织了一次座谈会。参加座谈会的有：甘肃省社会科学院副院长董积生，甘肃省文化和旅游厅副厅长王治纲、非物质文化遗产处处长王爱萍、政策法规处副处长吴永斌、产业发展处副处长保建元、节会与宣传推广处副处长惠健、国际及港澳台处副处长王秀、资源规划与乡村旅游处副处长苏怀志，甘肃文旅产业集团副总经理金世胜，甘肃公航旅集团副总工程师蒋真堂，甘肃金轮宾馆有限公司执行董事栾守伟，兰州黄河生态旅游开发集团有限公司副总经理梁贵平。与会的领导、专家和企业家介绍了甘肃旅游业高质量发展、甘肃旅游强省建设、甘肃旅游业企业运行和旅游消费市场等的基本情况，并就我草拟的本书写作大纲进行了热烈讨论，提出了许多宝贵意见。他们专业且接地气的意见拓展了我们的研究思路，对本书的写作帮助很大，我要向他们表达最真诚的感谢！中国社会科学院科研局和财经战略研究院的领导一直非常重视甘肃国情调研基地的工作，为我们开展调研提供了很多便利和支持，我要向中国社会科学院科研局和财经战略研究院的领导与同事们表达我最衷心的敬意和感谢！

2024年9月，在甘肃的调研结束后，我召集课题组再次讨论写作框架，明确了写作要求与分工。参与本书稿写作的有：夏杰长、杨明月、王文凯（中国社会科学院财经战略研究院）；刘睿仪、张雅俊、丁雪怡、陈佳馨（中国社会科学院大学商学院）；吴文智、段晓宇（华东师范大学经济与管理学院）；孙盼盼、黎晓颖、蔡萍（华侨大学旅游学院）；王鹏飞、胡争燕（洛阳师范学院地理与旅游学院）；季雪飞（北京外国语大学国际新闻与传播学院）。具体分工如下：序言（夏杰长）；第一章（刘睿仪、王文凯）；第二章（丁雪怡）；第三章（夏杰长、刘睿仪、陈佳馨）；第四章（刘睿仪、陈佳馨、夏杰长）；第五章（杨明月）；第六章（王鹏飞、胡争燕）；第七章（吴文智、段晓宇）；第八章（孙盼盼、黎晓颖、蔡萍）；第九章（张雅俊、夏杰长）；第十章（孙盼盼、季雪飞、黎晓颖）。本书初稿完成后，由夏杰长、孙盼盼和刘睿仪负责统稿修改，定稿成书。

这部书稿，既是对我们团队在甘肃围绕"建设甘肃旅游强省"开展的实地调研的全面总结，也是我们研以致用治学理念的又一成果展现。我们深知，几次实地调研和座谈会肯定不足以掌握甘肃旅游业发展的全貌，且旅游业又是综合性很强的行业，不是凭几章篇幅的研究就可以全面概括和深透挖掘的。我们期待在甘肃开展更加深入务实的调研工作，拿出更接地气、更高质量的研究成果回馈中国社会科学院甘肃国情调研基地的资助和甘肃省社会科学院等部门对我们调研工作的关心与支持，也恳请同行专家和各位读者多提宝贵意见。

夏杰长

2025 年 1 月 6 日